天下文化
BELIEVE IN READING

敬以本書獻給「天下文化」四本專著的作者
他們都是我們要念念不忘的台灣經濟發展功臣

——高希均，天下文化創辦人

2020 年 10 月 台北

台灣經濟發展4大功臣

工作與信仰
台灣經濟社會發展的見證
李國鼎 著

1

李國鼎
（1910 － 2001） 享年 91 歲

敢想、敢説、敢做、敢愛的財經首長
與「科技教父」

台灣創造經濟奇蹟的歷程

1949 - 1952

實施農地改革、幣制改革。

1951 - 1965

有效利用美援。

1953

開始有計畫建設，促進經濟發展。

1958

落實出口政策，推動外匯貿易改革。

1960

實施「19點財經改革方案」，並頒訂「獎勵投資條例」。

1962

建立「資本市場」，便利企業籌措資金。

2
孫運璿

（1913 − 2006）享年 93 歲

第一位工程師性格的政治家：
強烈的責任感、愛國心
與重大貢獻

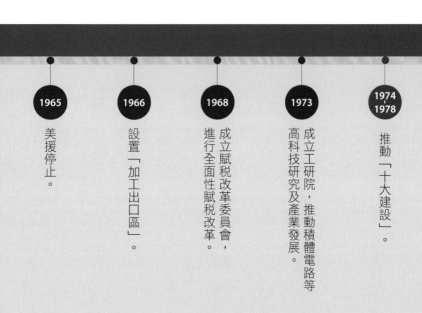

1965
美援停止。

1966
設置「加工出口區」。

1968
成立賦稅改革委員會，進行全面性賦稅改革。

1973
成立工研院，推動積體電路等高科技研究及產業發展。

1974-1978
推動「十大建設」。

財經企管 BCB715

台灣經濟再奮發之路

擷取過去70年發展經驗

葉萬安——著

目　錄

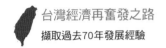
出版者的話
台灣要在「二十年失落」後重振雄風
——經建功臣葉萬安的諍言

高希均

一、百年來的中國與台灣

二十世紀的頭二十年（1900-1920），中國在貧窮落後與被列強分割下求生存。以青年學生為主，以「民主」與「科學」為號召的「五四運動」，就在 1919 年 5 月在北京展開。

八年的中日抗戰（1937-1945），中國軍民付出千萬人生命的慘重代價，贏得中國人打敗外國人的民族自尊，並且光復台灣，台灣得以脫離日本五十年的殖民統治。1945 年中國被稱為世界五強之一。

可惜好景不常，中國又面臨國共內戰。20 世紀中葉，共產黨在 1949 年成立了中華人民共和國。先後在毛澤東、鄧小平、江澤民、胡錦濤、習近平領導之下，中國首先「站起來了」，逐漸「富起來了」，此刻「強起來了」。

4

海峽這一邊，1949 年國民黨領導的中華民國政府遷台。1986 年民進黨成立，打破了一黨獨大，民主政治在台灣誕生，茁壯。

台灣自 1996 年總統由人民直選後，民進黨在 2000-2008 年陳水扁八年執政，後續在 2016 年由蔡英文執政進入第五年；國民黨的馬英九則在 2008-2016 年執政。

二十一世紀的頭二十年（2000-2020），大陸持續推動改革開放，經濟上已變成全球經濟第二大國；台灣二十年來發展方向迷失：內有朝野對立與內鬥，外有兩岸關係的僵持，近有美國政府強力主導下，變成被利用的棋子，主動與被動的購買超過能力的大量軍火。

二、產生了「五個必然」

四十年前在聯合報發表「天下哪有白吃的午餐」一文後，從 1996 年直選總統以來，最大的白吃午餐「討好者」與「製造者」，竟是參選的政治人物與競選政見。選民在聽到一片討好聲中模糊了判斷與是非，忘記了自己的原則與責任。這些慷他人之慨的提倡「新」白吃午餐者的特色是：

- 以統獨、族群、正名、制憲、反中等意識型態的

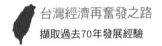
議題，激化內部的分裂與少數人的情緒，來贏取
選舉。

● 再以國家資源、納稅人的錢以及政府舉債，不斷
對特定團體、縣市、區域、年齡、產業……透過
補助、獎勵、研發、施惠、公共建設等名目，製
造出更多的官商勾結、地方勢力、各種財團，並
且造成獨占與壟斷的既得利益者。

這些好聽與煽動的說法，產生了五個必然的後果：
（1）從政者的「討好」替代了「求好」；（2）既得利益
者的要求愈來愈大膽；（3）只要想出冠冕堂皇的計畫名
稱，經費就可通行無阻；（4）正派經營的意志愈來愈
弱；（5）財政赤字愈來愈不可收拾。台灣正站在慌張的
十字路口。

三、嚴峻的國內外大環境

1970-1980 年代生命力旺盛的台灣小龍，已變成今
天溫水中的青蛙，欲振乏力。這是一個沉痛的轉變。這
就是為什麼葉萬安先生這本書的原書名是《為什麼台灣
經濟由盛到衰？》是如此的一針見血刺痛著我們！

有識之士早就看到台灣一步一步地走到這個結局。

我只是目擊及評論者之一。1980 年代末，台灣在浩浩
蕩蕩的民主潮流中，沒有政變與流血，贏得了華人世界
第一個走向民主國家的讚譽。

令人惋惜的是：除了「投票」的民主，其他的配套
完全欠缺，造成台灣民主根基未堅，民主規章未建。在
一波又一波的選舉中，以仇恨、對立、內鬥來贏取選票
聲，「民粹」乘勢而起，「政治正確」替代理性決策。當
國民黨是執政黨時，在立院受到杯葛，議事癱瘓；當民
進黨變成執政黨時，立刻靠投票變成「一黨治國」。

基本上來看，自 1980 年代後期啟動民主列車後，
造成台灣經濟欲振乏力的遠因有三：

1. 台灣之弊：不擇手段的爭權、奪利以及官商勾結。
2. 台灣之病：政治及法律上缺少是非、黑白、對錯。
3. 台灣之痛：
   (1)「白吃午餐」持續擴大。
   (2)「決策錯誤比貪汙更可怕」，「錯誤決策認真執
       行」。
   (3) 多數「新台灣人」的表現愈來愈走向「明哲
       保身」與「小確幸」。

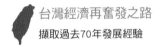

難怪資深媒體人張作錦先生要感嘆:「誰說民主不亡國?」但也需要提醒:「誰說壞人沒惡報?」

四、尋找翻轉的可能

幸虧台灣是衰,還沒有全垮;台灣是有病,還沒有進入太平間。五十六年前(1964)我從助理教授開始教書,自後從未間斷探討一國經濟的盛衰、一個世代的教育發展,以及一個社會追求和平的重要。

以台灣發展為焦點時,自己的注意力聚焦於:如何凝聚與時俱進的、台灣需要的現代觀念:政黨與民主如何運作,政府應該如何有效治理,企業應該如何創新求變,人民應該如何自求多福?

如果這些論述真能感動有政治權力的人,以及握有選票的選民,那麼台灣可以東山再起,重振雄風。

政府的領導人和握有權力的首長及民代要記住三組關鍵詞:

- 它不是權力、名位、財勢。
- 它是和平(兩岸)、開放(台灣)、幸福(人民)。
- 沒有穩定的兩岸交流,就沒有安定的台灣發展。

我們社會要對「五個沒有」牢記在心：

- 沒有開放與發展，一切空轉。
- 沒有教育與科技，一切空白。
- 沒有民主與法治，一切空洞。
- 沒有財富與分享，一切空談。
- 沒有文明與和平，一切落空。

執政時的國民黨，一遇到兩岸問題，就格外小心、遲疑。為什麼？關鍵因素之一是社會上總有一股強烈的四分之一的反對聲音，它完全不成比例地掩蓋了及嚇阻了其他的可能選項。這就是「民主」變成「民粹」的一個可怕後果。

台灣近年來面臨的問題與歐美相似：產業結構趕不上科技、薪資普遍過低、貧富差距、老齡化、少子化明顯上升、社會福利無法及時調整、稅率不敢調增等。

台灣還有另一組根本性的經濟問題：那就是競爭力衰退、投資不振、輸出減少、人才外流、國際空間不足、簽訂自由貿易協定不易。這些影響台灣經濟長期成長的問題，幸運的是這些棘手問題，完全與兩岸關係的改善相關。

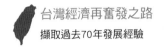
　　民選出來的總統及立法委員要有智慧與勇氣來面對,處理僵持的兩岸關係,目前台中美三邊的緊張情勢,不是沒有可能化危為安。可惜的是,當台灣被美國政府利用,用來對付國力逐漸逼近的中國大陸時,兩岸關係發生了質變,美方還要台灣大幅增購軍火以自衛,那真是愚不可及。

　　自 2007-2008 全球金融危機後,大陸居然奇蹟般地已經變成了全球第二大經濟體。一世紀以來,貧窮的中國怎麼可能已經是今天美國國債第一大債權人?大陸近十個省份的 GDP 已超過或接近台灣。

　　大陸即使在新冠疫情中,仍然鼓吹「中國不稱霸」「中國要緊密地與全球經濟合作」「中國鼓勵企業參與鄰國的建設」。

　　太平洋夠大,可以容納二強,德國早在 2018 金融危機後,傳出了中國將是明日世界「首席小提琴手」的聲音。

　　我們站在中華民國自身利益立場,應當自信地提出:讓大陸的「和平崛起」變成「中華興起」──結合大陸、台灣、香港、澳門。在彼此平等、相互尊重的原則下,共同構建中華民族的興起。

　　十九世紀的地緣政治在地中海,二十世紀在大西

洋，二十一世紀移到了太平洋。台灣曾有過輝煌的經濟起飛，曾推動了華人世界第一個民主社會；自 1996 年李登輝宣布「戒急用忍」後，台灣跌跌撞撞，既自卑，又自負；想開放鬆綁，又膽小退縮，台灣像溫水中的青蛙已逐漸失去力道。

五、蔡總統釋放與對岸討論共處之道

台灣必須設法加快在兩岸對等、尊嚴、透明大原則下，與大陸交流、合作、整合，讓「台灣蛙」再顯活力，跳上第二大經濟體的肩膀，登高望遠，看到各種機會；曲直向前，發展各種可能；進一步，結合「小而美」的台灣與「大而壯」的大陸，共同來「找到出路，走出活路。」

令人驚喜的是蔡總統在今年雙十國慶文告中宣示：願與北京對話，彼此尊重理解，討論和平共處之道，共存之方。蔡總統向北京領導人習近平呼籲：正視台灣聲音，共促兩岸和解。這正符合我多年來的期望：以和平替代戰爭，是兩岸相處的唯一解方。

六、經建老臣提供諍言

葉萬安先生這位台灣財經界幾乎是碩果僅存的老

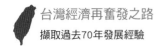

臣，九四高齡不僅思路清晰，且記憶特佳。在「無欲則剛」的退休生涯中，應「天下文化」之邀，遍查各國資料，細算台灣經濟成長的潛力，增訂《為什麼台灣經濟由盛到衰？》的大著，其愛國熱忱與專業精神，真令我們後輩由衷欽佩。

原版（中華民國慶祝百年時 2012 年出版）對台灣經濟盛衰已有權威性的評述。去年（2019 年 11 月）再增添了增訂版序及〈歷任總統經濟施政成果比較〉（約 1 萬 2000 字）。此刻之新版中，又增加了他振筆疾書的 2 萬字，提供了今後發展方向的諍言。這位六十多年前的經建功臣，在強烈的愛國情操的推動下，再貢獻出生命中最大的智慧。

當他看到了雙十文告中蔡總統宣示願意與對岸改善兩岸關係時，想必與大家一樣地興奮，這實在是「對的政策」與「好的開始」。

（作者為遠見・天下文化事業群創辦人）

增訂二版序
新冠肺炎疫情後台灣經濟再奮發

　　2020 年以來，爆發新冠肺炎疫情衝擊全球，許多活動遭到停擺，全球經濟大衰退。而台灣由於當局處理得當，人民的全力配合，受創較輕，多數活動可以照常進行。因此 8 月初受到遠見・天下文化事業群創辦人高希均教授邀請至其創辦的「93 巷人文空間」，座談其在《遠見雜誌》8 月號所寫的一篇短文〈四年內人均 GDP 邁向三萬美元〉。我應邀參加，先提出我的看法講了半個多小時，然後一面吃簡餐一面和參與者討論，共花了兩小時，這種方式的討論沒負擔，既輕鬆又愉快。

　　不過會後高教授要我將所談內容寫成文字，做為去年出版的拙作《為什麼台灣經濟由盛到衰？》增訂二版的第一篇，而將新書定名為《台灣經濟再奮發之路》；並且為新書親自撰寫「出版者的話」，不僅為新書增添光彩，更扭轉我近年來對台灣經濟前途悲觀的看法，轉

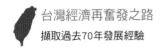
為「正面」思考,將我有限的餘年對台灣經濟的再奮發,略盡棉薄,故樂於為之。

訴說「人均GDP」的痛苦經驗,講過去「用對人、做對事」的故事

在拜讀高教授大作提到「人均GDP」時,我講了兩段「人均GDP」的痛苦經驗。在高教授指出今後四年「人均GDP」是否能達到3萬美元,要看執政當局是否「用對人、做對事」。提起「用對人、做對事」,又使我回想起台灣光復初期真是篳路藍縷,經濟面臨崩潰邊緣,執政當局不知克服多少艱難險阻,終於創出一片天,成為亞洲四小龍之首,其關鍵因素就是執政當局「用對人、做對事」,而且完全放手,不加干預。這我又講了三個案例故事。

今後四年「人均GDP」能否達到3萬美元,正因今年遭遇新冠病毒肆虐,其對未來全球經濟的影響如何,目前尚難預測。不過,鑑往知來,可先了解2008-2009年金融海嘯對全球經濟的衝擊做為參考,再來探測新冠病毒對未來經濟的影響,應是可行的方式。

金融海嘯加速縮短中國 GDP 與美、歐的差距

2007 年美國發生次貸危機，引爆 2008-2009 年金融海嘯，對全球經濟遭受重大打擊。不過中國大陸執政當局有效因應，所受衝擊較美歐為輕。以美元計的各國 GDP，在金融海嘯當年及以後的 2008-2019 年平均每年增加率，與金融海嘯前的 2001-2007 年比較，中國大陸下降了 25.3％，低於美國的萎縮 34％；而歐盟由於金融海嘯的衝擊，引發債務危機，更導致歐元的大幅貶值，致其以美元計的 GDP 平均每年增加率暴跌 97.1％，即 GDP 平均每年增加率只有 0.3％，歐盟經濟幾呈停滯。因此，金融海嘯衝擊全球，但由於各國因應能力的高低，致使中國大陸 GDP 提前超越日本，成為全球第二大經濟體：亦加速縮短與美、歐 GDP 間的差距。更使中國大陸在金融海嘯後的 2019 年的 GDP，較海嘯前的 2007 年增加額，占全球 GDP 增加額的比例高達 37.2％，是歐、美 GDP 增加額占全球 26.2％ 的 1.4 倍多，中國真正成為帶動全球經濟成長的火車頭。

新冠肺炎病毒將使中國 GDP 提前超越美國

新冠肺炎病毒於 2020 年初在中國武漢地區爆發，

快速流傳；雖然當局迅速採取圍堵封城緊急對策，但已波及各地，加上圍堵封城，阻擋人流，對經濟已造成嚴重傷害，估計 2020 年第一季經濟成長率自過去成長 6％以上銳減為負 6.8％，可見傷害之嚴重。不過，中國在圍堵封城，阻擋人流後，疫情已受控制；在醫療方面中西醫合併療法，使死亡人數不致擴大。至 2020 年 10 月 16 日中國確診人數僅 8 萬 5659 人，死亡 4634 人，均較很多疫情嚴重國家緩和很多。

同時，中國採取強力救濟措施與解除圍堵，廠商逐步恢復開工與營業。雖然部分城市尚有零星確診，繼續管制，以及美國全力封殺、斷鏈，使復工不是很順利。但實際上中國第二、三季經濟已向上回升，經濟成長率分別恢復 3.2％及 4.9％的正成長。

因此，國際間各大經濟預測機構預估各主要國家 2020 年經濟成長率，中國是唯一低度正成長的國家，致使以美元計的中國 GDP 將增加 2.1％，明年可有相當幅度的反彈，但今後十年全球不確定因素大增，加以美國的封殺，中國經濟發展也不會很順利。估計今後十年（2020-2029）以美元計的中國 GDP 平均每年增加率，將較病毒爆發前衰退 33.9％，高於金融海嘯後的衰退 25.3％。顯示新冠病毒對中國經濟的衝擊，遠大於金融

海嘯的衝擊。

至於美國，在 2020 年初新冠肺炎病毒在中國武漢爆發時，美國總統川普不僅輕忽，還宣稱美國最健康，不會受到感染，完全沒有準備採取任何預防措施。待 2020 年 3 月間美國受到新冠病毒感染，美國號稱是世界上有最好衛生保健系統，卻一發不可收拾。甚至川普夫婦同染新冠肺炎；川普還發燒、血氧濃度過低，緊急送往軍醫院進行高強度的治療。住院三日有效，川普即急於出院返回白宮，到處趴趴走，主持造勢競選活動，且在演講時除去口罩，是最壞的示範。

至 2020 年 10 月 16 日，美國確診人數已高達 830 萬人，占全球確診總人數 3940 萬人的 21.1％；美國因病毒死亡人數已高達 22.4 萬人，占全球因病毒死亡總人數 110 萬人的 20.4％；而美國人口 3.3 億人，占全球總人數 77.4 億人的 4.3％，顯現美國遭受新冠病毒衝擊之嚴重。

因此，美國 2020 年第二季經濟成長率，自第一季正成長 0.3％，驟降為負 9.5％，IMF 估計美國全年經濟成長率將萎縮 4.3％，遠高於金融海嘯時 2009 年的負 2.5％。2021 年會反彈，但不夠強勁，未來十年不確定因素太複雜，加上美國內部的族群失和，皆不利於未來

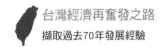
的經濟發展。估計未來十年（2020-2029）美國 GDP 平均每年增加率，將較病毒爆發前萎縮 45.5％，較金融海嘯後衰退 34％ 更嚴重。

根據以上的估計，中國以美元計的 GDP，2022 年即趕上歐盟 27 國 GDP 的總和，2026 年中國 GDP 將超過美國，成為世界經濟第一大國，21 世紀進入中國人世紀。

四年內台灣「人均 GDP」三萬美元係保守估計，不難達成

新冠病毒對台灣經濟的衝擊與其他主要國家比較不大，至 2020 年 10 月 16 日確診人數 535 人，死亡 7 人，可以說很輕微；這是因為執政當局及早封島，人民配合的好，出門都戴口罩，並保持適當距離。不過，因及早封島中斷人流，致使 2020 年第二季來台旅客人數驟減 99.6％，台灣觀光事業遭到重大打擊，失業增加，消費大減，致第一季民間消費減 1.55％，第二季更萎縮 4.98％，是過去沒有的現象。

但出口因斷鏈後的轉單效應，2020 年 1-9 月還能有 2.4％的正成長，這全賴對中國大陸及香港出口增加 13.3％的貢獻；因對大陸及香港以外地區出口減 4.6％。

雖然執政當局在政治上採「親美抗中」策略，但經濟方面對大陸的依賴不減反增。去年對大陸及香港出口占總出口的 40.2％，2020 年 9 月升至 46.3％。2019 年對大陸及香港出超 738 億美元，2020 年將超過 800 億美元，幾乎超過總出超的一倍，即對大陸及香港以外的地區是入超。估計 2020 年對大陸及香港出口占 GDP 22％，可見台灣經濟倚賴大陸之重。

至於 2020 年全年經濟成長率，因受疫情較輕，據行政院主計總處估計，有 1.56％的正成長，是同年全球少數經濟正成長的國家之一，因此，2020 年台灣 GDP 據主計總處估計是 2 萬 7371 美元。

至於今後四年「人均 GDP」3 萬美元的目標能否達成？據報載，這 3 萬美元目標的訂定是國發會為編擬下一個「四年經建計畫」，經過詳細研究規劃，在經模型推計未來四年各年經濟成長率平均為 2.6％至 3.4％，再推估「人均 GDP」可達 2 萬 9006 美元至 2 萬 9584 美元，四捨五入就是 3 萬美元。

不過，2020「人均 GDP」是 2 萬 7371 美元，四年內達 3 萬美元，平均每年只增加 2.3％，反低於四年計畫 2.6％至 3.4％實質經濟成長率。但國發會估計未來四年消費者物價每年上升 1％至 1.5％，再加上 2020

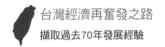

年人口已負成長、新台幣升值，顯然未來四年「人均GDP」3 萬美元的目標相當保守。因此，只要未來四年不發生戰爭、沒有重大突發事件，應不難達成。

為台灣經濟再奮發努力

去年（2019）我撰寫《為什麼台灣經濟由盛到衰？》，指出政黨惡鬥、內耗的結果。實際上，1987 年前總統蔣經國改革開放，「解除戒嚴」、「開放黨禁、報禁、開放國人至中國大陸探親」，其目的一方面使中華民國邁向民主化，另一方面解除凍結近 40 年的兩岸關係，共同邁向和平發展。

沒想到繼任者修憲，於 1996 年將總統改為人民直選，誤以為人民投票直接選總統就是民主，誠如高希均教授在出版者的話指出：「除了『投票』的民主，其他的配套完全欠缺，造成台灣民主根基未堅，民主規章未建。在一波又一波的選舉中，以仇恨、對立、內鬥來贏取選票聲，『民粹』乘勢而起，『政治正確』替代理性決策。當國民黨是執政黨時，在立院受到杯葛，議事癱瘓；當民進黨變成執政黨時，立刻靠投票變成『一黨治國』。」

尤其民進黨執政，除惡整在野黨，置國民黨於死

地外,更將國家大政自過去的「經濟掛帥」,改為「政治掛帥」,不僅經濟在國家大政方面列為次要,更要為政治服務,經濟哪能不腐敗。民進黨為求永久執政,「搞台獨」、「去中國化」,引進外力支持,抱美國人大腿,大買美國軍火,排擠國家基礎建設與國民福利支出;更採取「親美抗中」大戰略,致使兩岸關係急凍、斷絕兩岸官方交流,緊張局勢升高,隨時有爆發戰爭的可能,致台灣對外一籌莫展。誠如高教授所講的:「沒有穩定的兩岸官方交流,就沒有安定的台灣發展。」

可是未來十年、甚至二十年,世界經濟將是中國大陸的天下,兩岸關係緊張,官方僵持惡鬥,將使台灣經濟失去再奮起的機會。好在今年(2020)雙十國慶,蔡英文發表國慶談話,被解讀為對大陸釋出善意,以及外交部長吳釗燮表態不尋求對美建交、國安會前祕書長邱義仁亦表示:「台灣不會搞台獨,除非瘋了。」我希望蔡政府改弦易轍,既然不承認「九二共識」,就應另想其他辦法與大陸相處。言行一致,重新建立彼此互信的基礎,積極開拓新機運,研擬改善兩岸官方關係的「和平相處之道」。台灣經濟的再奮發並非不可能,只在國家領導人的一念之間。

　　最後要感謝高希均教授的建議，並親撰「出版者的話」，這是作者的榮幸，也為本書增添光彩。還有遠見‧天下文化事業群的總編輯吳佩穎、書系主編蘇鵬元，以及其他工作同仁為本書增訂二版付出很多心力，深表謝意。

葉萬安

2020 年 10 月 20 日於台北

推薦序
台灣經濟自由化的大功臣

孫震

　　葉萬安先生應遠見・天下文化事業群創辦人高希均教授之請，將他最近 30 年所著有關台灣經濟自由化的重要文稿六篇，加上他為 1985 年行政院經濟革新委員會研討成果總報告所撰的總結報告，結集成為這本書，囑我寫序，我覺得十分光榮。

　　萬安兄是我 50 年的老友。1961 年 2 月我服完預備軍官役，經王作榮先生延攬，到他所負責的行政院美援運用委員會經濟研究中心工作，萬安兄是王先生介紹我認識的第一位同事。當時我的職位是薦派十二級，也就是薦派最低級處員，而萬安兄已是資深專員。他從台糖公司轉任經濟安定委員會的工業委員會，再經工業委員會改組到美援會任職，經驗豐富，對台灣的經濟統計更是如數家珍。

　　我記得在美援會經濟研究中心時，他和王先生在同一間辦公室，主要負責經濟統計的蒐集和整理工作。

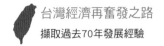
此一重要工作的成果後來編成《Taiwan Statistical Data Book》，每年補充最新資料，更新出版，多年以來成為國內外經濟學者研究或欲了解台灣經濟最完備、最方便的統計手冊。

我還記得萬安兄工作專注，導致背痛，有一段時期腰部裝上鐵架，仍然不肯休息。我們今天使用行政院經濟建設委員會提供的這本《Data Book》，都應感念萬安兄當年的辛勞。

我負責的工作是經濟研究，並為當時的副主任委員尹仲容先生和祕書長李國鼎先生草擬文章和演講稿。萬安兄不僅在工作上給我很多指教，在生活上也給我很多幫助，讓我順利度過離開學校、初次就業的困難調適階段，開始認識美援會的一些同事，適應環境，進入狀況。

我奉派的第一件重要任務，是為尹仲容先生準備一篇國防研究院為紀念中華民國建國 50 年向他邀稿的〈對外貿易制度沿革〉。為了達成此一任務，我勤跑南港中央研究院圖書館，花一個多月時間，撰成一篇大約一萬五千字的長文，分析民國以來對外貿易與外匯制度的沿革，重點置於 1958 年 4 月 12 日開始到 1961 年 6 月 1 日完成，將新台幣對美元從多元匯率簡化為單一匯率的外匯貿易改革方案，就是萬安兄在本書第五章所說的台

灣經濟的第一次自由化措施。

　　經過這一次外匯與貿易改革，台灣經濟從進口替代、保護國內產業轉變為出口導向，以出口擴張帶動國內產業發展，導致 1960 年代和 1970 年代的快速經濟發展。貿易從入超轉為出超，就業狀況從失業到達充分就業，於 1970 年代後期為台灣經濟贏得亞洲四小龍或四小虎（the four young dragons／tigers）的美譽。

　　1963 年政府為因應 1965 年美援終止，將美援會改組為國際經濟合作發展委員會，簡稱經合會，我於翌年回到台大經濟系任教。其後數年完成學位，教學研究之餘，也關注國家經濟發展，勤於發表意見。

　　1973 年政府將經合會改組為經濟設計委員會，我接受徵召，從台大經濟系借調經設會任副主任委員，再度與萬安兄共事，迎戰 1970 年代波濤洶湧的經濟問題。

　　這時正值台灣對外貿易順差擴大，外匯準備劇增，導致貨幣數量快速增加，物價膨脹，新台幣升值應有助於緩和此一情勢。這年 10 月發生第一次世界石油危機，助長台灣物價上漲，使國內物價在固定匯率下超過國外水準。1974 年世界經濟陷入衰退，台灣出口困難，失業嚴重，解救經濟困境最簡單有效的方法是將新台幣適度貶值。然而政府態度遲疑，在前後兩種情形下，都不

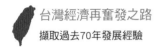
願輕易變動匯率。

這段時期，我主張新台幣匯率應隨國際收支變動適時調整，而在美國康乃爾大學任教的兩位中央研究院院士——蔣碩傑先生和劉大中先生則主張採取「浮動匯率」（floating exchange rate）；劉先生並認為政府不願採用浮動匯率制度是因浮動二字讓人想起大陸時期「人心浮動」，所以建議用「機動匯率」代替「浮動匯率」。

1978 年 7 月政府將新台幣對美元匯率從 38：1 升值為 36：1，同時並宣布將匯率制度從行之多年的固定匯率改為機動匯率。不過這時台灣並無可以自由交易的外匯市場，新制之實際運作，尚有待其後相關法規制度的修訂與安排。

1977 年 12 月，政府將經設會改組為經濟建設委員會，提高層次，擴大功能，由中央銀行總裁俞國華先生兼任主任委員。經建會的英文譯名 Council for Economic Planning and Development，更足以顯示這個機關在台灣經濟發展中所扮演的重要角色。

1978 年 5 月蔣經國先生就任總統，原經濟部長孫運璿先生受命組閣，出任行政院長。孫先生在經濟方面一個重要理想是在台灣擇地建立一個自由貿易區，唯議論多時，未能得到可行方案。據聞李國鼎先生建議迅速

自由化,將全台灣發展成自由貿易區。我自己則主張從自由化進入國際化,使台北市和高雄市兩個大都會區各國商賈雲集,以繁榮台灣經濟,增強台灣安全。

自由化和國際化當然必先做好制度化的安排。我並於 1981 年 12 月行政院通過經建會所提出的「民國 71 年至 74 年台灣經濟建設四年計畫」中加入下面一段話:

> 健全經設法規,提高行政效率,鼓勵民間參與,減少行政干預,以維護自由市場制度及價格機能的運作;有秩序的引入外來競爭,以提高技術,平衡物價,為公私企業開創一個開放競爭而秩序井然的發展天地,為社會大眾建立一個公平、祥和而朝氣蓬勃的生活環境。

我記得經設會第二任主任委員楊家麟先生有一次對我說:「一種主張如果你覺得是對的,就應不斷提倡、不斷鼓吹,直到大家都如此說,忘記最初由誰提出,就會見諸實施。」

1984 年 5 月俞國華先生出任行政院院長提出「自由化、國際化、制度化」的政策宣示,1985 年的經濟革新委員會經過六個月討論,提出七大冊報告書,包含

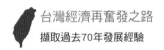
五十六項革新方案，將自由化、國際化、制度化的理念
加以落實，萬安兄稱之為「台灣經濟第二次自由化」，
實在是 1970 年代以來很多人努力的結果。而萬安兄從
經設會到經建會，從擔任綜合計畫處處長、經濟研究處
處長到副主任委員，全面參與，鍥而不捨，有很大的貢
獻。他是台灣經濟自由化的大功臣！

　　我有幸以學者身分受聘為經革會委員，參與討論，
未因 1984 年職務變動從這一場台灣經濟發展的盛會缺
席。我請萬安兄容許我引用我在《台灣經濟自由化的歷
程》（三民，2003）中一些話，為他這本大著作一注腳
（foot note）：

　　　　我們如果說經濟自由化自始就是政府為台灣經濟發
　　　展所設定的政策原則，顯然並非事實。但是如果我
　　　們想用一句話表達台灣過去 50 年的經濟政策，那
　　　就是漸進的經濟自由化……。（p.4）

　　　　……

　　　　台灣的決策者過去如果對經濟自由有更多的了
　　　解、更大的信心，因而更大膽推行自由化，則台灣
　　　的經濟發展應會有更好的表現。（p.4）

　　　　……

回顧民國 70 年代台灣經濟自由化的過程,雖然觀念上已予接受,制度上也力求配合,唯初期遲疑不決,後期迫於情勢,急轉直下,可謂太晚又太猛(too late and too big),致使經濟付出若干不必要的成本。追根究柢,不能不說對自由化缺少充分的認識,因而沒有完全的信心。(p.130)

（作者為台灣大學名譽教授）

2011 年 11 月 28 日

29

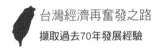
增訂版序
台灣經濟總體檢

　　台灣選舉頻繁，2018 年剛舉辦「九合一」選舉，2020 年初又要舉行總統大選，因此選舉語言特別多，真假難辨，政府怕影響選舉，特嚴查假新聞。可是當今國家領導人蔡英文為了競選連任，一再強調她執政以來的政績，誇稱「現在是台灣經濟 20 年來最好的狀況」。但去年競選高雄市長的韓國瑜則說：「台大法律系畢業出來的三位總統，這些年來把台灣競爭力搞殘廢了。」而他最近被國民黨推選為明年總統大選的候選人。兩位總統候選人說的當前經濟情況，可說是南轅北轍，叫人民到底相信哪一位說的是「真」話，哪一位說的是「假」話，製造「假新聞」，騙選票。

　　在參與及研究台灣經濟發展逾 70 年老兵的我，對當前經濟情況早已了然於胸，一看就知道誰對誰錯，但一般人民不一定能了解；為避免誤導，我引用官方正式發表的幾項重要經濟指標，來評比歷任總統經濟施政成

果及原因探討，送給朋友指教及參考。

2019 年時，老友遠見・天下文化事業群創辦人高希均教授建議，將該事業群慶祝中華民國百年為我出版的《從管制到開放：台灣經濟自由化的艱辛歷程》一書，出增訂版，加入〈歷任總統經濟施政成果比較〉，將原來只列到 1995 年的〈台灣經濟發展大事年表〉補充至現在；此外，以前各文大多是以數字為文的依據，而該等數字都是經過整理加工分析的結果，如能將 70 年來重要經濟統計原始數列做為增訂版的附錄，讓讀者就原始數列自行研究分析，其結果可與書內原文作比較，以增進學習機會與對台灣經濟發展能有更深層了解。

我雖早已入耄耋之年，當年已經 94 歲，而且還動了腰椎及心臟手術，住院五個月，體重減少 20 公斤，尚在復原中；但毅然樂於接受高教授建議，一方面可讓更多人了解 70 年來台灣經濟發展「由盛到衰」的歷程，證明兩位總統候選人，哪位說的是「真話」，哪位說的是「假話」要騙選票，另一方面也考驗我的耐力。

從經濟掛帥到政治掛帥

我要說明增訂版與原書的不同。

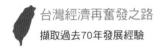
　　一是書名由《管制到開放》改為《為什麼台灣經濟由盛到衰？》。

　　另外，增加〈歷任總統經濟施政成果比較〉一文。在〈人均 GDP 邁向 3 萬美元之路〉中，我回顧台灣造就經濟奇蹟的原因，以三個故事說明「用對人，做對事」對經濟發展的重要性，並分析台灣人均 GDP 邁向 3 萬美元之路的可能性。另外，在〈歷任總統經濟施政成果比較〉一文，我利用八個重要經濟指標，包括經濟成長率、失業率、實質總薪資增加率、以美元計的每人 GDP 年增加率、高低所得分配差距、台灣出口在世界排名與亞洲其他三小龍比較、台灣經濟成長率和全球經濟成長率比較，以及台灣每人 GDP 增速與主要國家及地區比較等，再按不同時期國家領導人，如蔣經國（有時含兩蔣與嚴家淦時代）、李登輝、陳水扁、馬英九及蔡英文等不同階段經濟施政成果比較，結論真是一代不如一代。

　　然後再以兩蔣與嚴家淦時代與李、陳、馬、蔡，分成兩階段，按政府體制、國家發展目標、領導人風格、閣揆及財經首長任期、財經首長特質及重要改革、決策與重大建設等探討其原因。最重要的是早期階段雖是戒嚴時期、一黨專政，但施政卻是以經濟建設為主，建設

國家現代化為目標，過程中不知克服多少艱難險阻，且能創造「經濟奇蹟」，故被稱為「經濟掛帥」時代。

而後期階段自 1996 年總統改為人民直選，各黨以爭取選票能執政為追求目標，經濟施政不僅淪為次要，而且要為政治服務，故被稱為「政治掛帥」時代，再加以政黨惡鬥內耗，經濟怎能不每況愈下。

我於 1953 年進入「經濟安定委員會工業委員會」，擔任研擬「第一期經濟建設四年計畫」助理開始，到後來主持各期四年計畫的設計和編製，以及重要經濟政策及因應方案的建議，尤其在 1970 年代兩次石油危機期間及以後，國際經濟動盪波濤洶湧，而以出口為導向的台灣更受到嚴重衝擊，政府不得不採取因應措施，如「紓解當前工商業困難中小企業與外銷工業輔導方案」（1981 年）、「復甦經濟景氣促進工商業發展方案」（1983 年）、「輔導中小企業因應新台幣升值方案」（1987 年）。第二次石油危機時，蔣經國總統改為「以價制量」政策（1979 年）。1984 年俞國華接任行政院長時，推出經濟「自由化、國際化、制度化」基本政策，以及 1980 年代中期總體經濟失衡，出超擴大，貨幣供給額暴增，台灣錢淹腳目，股市狂飆。政府乃決定於 1989 年 3 月實施經濟穩定方案後，調整總體經濟失衡、抑制貿易

出超，以及採取強烈緊縮措施，貨幣供給額增加率即自「穩定方案」3月公布時的30％，三個月後的6月驟降為負7.4％；股價指數狂飆到1990年2月10日的1萬2495點高峰，之後狂瀉，於同年10月31日跌至谷底的2912點，下跌近萬點，泡沫經濟揭破，雖不少股民受害，但整體經濟恢復正常運作。上述這些因應方案及政策，都是我與經建會同仁共同研擬提出的建議，被政府採納實施。至1991年初股市再度上升，經濟亦開始恢復正常，且蒸蒸日上。此時我在經建會及其前身服務亦近40年，應盡的任務已經完成，遂於1992年初退休，雖然照規定經建會副主委為政務官，並沒有退休年齡限制。

1993年行政院改組，連戰接任院長，提出「建設台灣成為亞太營運中心」政策，指示經建會研擬實施計畫，也是透過經建會主任委員蕭萬長接受我的建議。我退休後曾多次到大陸探親及查訪，發覺當時台商在大陸如雨後春筍般的興起。因此，我構想台商與跨國企業策略聯盟，待兩岸三通後共同到大陸投資或技術合作，產品進軍國際市場。因大陸改革開放後，把多年累積的競爭潛力釋放出來，未來將有20至30年的好光景，如台灣與南韓。台灣站在巨人肩上同步發展，到21世紀即

可立於不敗之地，遂提出上述建議。

當 1995 年初經建會完成「建設台灣成為亞太營運中心計畫」報院核定後實施，各方都認為是極具前瞻的計畫，在政府各部門努力下，一年間即有 20 多家跨國企業來台與本地企業策略聯盟，期待兩岸三通後共同進軍大陸。但沒想到當時總統李登輝不僅未開放兩岸三通，而且祭出「戒急用忍」政策，訂定一套嚴格管制兩岸經貿往來的法規，跨國企業因此失望而去，「建設台灣成為亞太營運中心計畫」亦胎死腹中。

當時我在報上看到「戒急用忍」四字，即深感情況不妙；認為「戒急用忍」政策不僅阻礙兩岸經貿發展，將更種下未來經濟「由盛到衰」的禍根。加以政黨輪替，2000 年陳水扁就任總統，以「意識型態」治國，無預警停建「核四」，震驚海內外，後雖恢復興建，但傷害已造成，次年台灣淨投資即驟降近 40％，使該年經濟淪為 50 年來首次負成長。陳水扁為了打拚經濟，於 2001 年邀請朝野政黨、學術界、企業界及勞工界代表 120 人，召開「經濟發展諮詢會議」（簡稱經發會），本人也被邀請，對兩岸關係的討論結果是建議「積極開放、有效管理」，被陳水扁總統改為「積極管理、有效開放」，採取鎖國政策，兩岸關係遭凍結。陳水扁第二

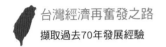

任藉第二次金融改革貪汙，更無暇顧及國政，因此經濟情況不斷下滑。

2008 年第二次政黨輪替，國民黨馬英九擔任總統，他以「和中、友日、親美」、「不統、不獨、不武」的主張，以及「開放與鬆綁」為施政主軸，改善兩岸關係，不僅三通直航，且與大陸簽訂 ECFA 等 23 項協議，有恢復「建設台灣成為亞太營運中心計畫」的趨向，但時機錯失，一方面大陸這十多年來經濟發展快速，其GDP 已超越日本，成為世界第二大經濟體，已非當年的大陸；另方面原來在野的民進黨已執政八年，力量壯大，杯葛力極強，再加於立法院的不配合，許多政策不能執行；且又爆發「太陽花運動」，政府未能有效處理、失能，政府威信盡失；再加於已列預算的軍公教退休年終獎金停發，又失信於民，怨聲四起，經濟哪能不再度下滑，2015 年的「馬習會」亦未能挽救。馬英九支持度降至個位數，讓蔡英文完全執政。

2016 年第三度政黨輪替，民進黨的蔡英文接任總統，並掌握立法院多數，三年多來不僅以「意識型態」治國，不接受「九二共識」，更以「去中國化」為施政主軸，使馬英九辛勤建立的兩岸官方溝通管道斷絕，兩岸關係陷於谷底；並利用立法院多數暴力通過若干改革

分化族群，及成立數個東廠機構，追殺在野的國民黨。民進黨政府雖提出八千億元的「前瞻計畫」，卻被認為是買票計畫，經濟更是一蹶不振，致使 2018 年「九合一」選舉慘敗。

更荒唐的是敗選後的民進黨縣市長幾全奉召中央升官，組成「敗選團隊」，又對新選上的國民黨縣市長施壓；更將「公投」關入鐵籠，完全藐視人民的選擇。最近以國安為由修訂「國安五法」，現要訂「中共代理人法」，以政治操作限制言論自由。以「民主進步黨」主席蔡英文出任總統三年多來，大多數施政都是開民主化的倒車。

甚至 2019 年 7 月爆發負責總統維安的總統府侍衛室特勤官員，利用蔡總統出訪的專機及特殊通道走私香菸超過一萬條，竟然總統府侍衛室動用總統府五輛專車運送私菸，真是胡作非為膽大包天，驚爆全台。

2019 年 7 月底工業總會公布《2019 建言白皮書》，工業總會祕書長蔡練生表示，三年多前工總就已提出台灣正面臨「五缺六失」的困境，使台灣整體投資環境急速走向崩潰，如今「五缺六失」仍沒有改善，顯示蔡政府執政三年多來在經濟施政方面沒有盡到應有的責任，經濟發展怎能不節節敗退下來。

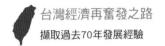

　　早在 2008 年初我曾撰寫一篇短文，題目是〈蔣經國到陳水扁，龍頭變龍尾〉，刊登在該年 1 月 14 日聯合報民意論壇。我是利用代表經濟發展優劣的幾項重要經濟指標，比較蔣經國、李登輝及陳水扁三任總統經濟施政績效，與亞洲其他三小龍比較，所獲得的結論。今天我將利用這些指標，將時間延長到馬英九及蔡英文總統時代的經濟施政績效與其他三小龍比較，如表 0-1。

　　根據表 0-1 所示，蔣經國時代在五項指標中四項排第一，一項排第三，仍為四小龍之首；李登輝時代即降到第三，陳水扁時代在五項指標中，有四項排第四，淪為四小龍之末了；馬英九時代雖略有改善，但仍有三項排第四，四小龍之末的位階並未改變；到蔡英文時代，五項指標有四項排第四，與陳水扁時代相同；而且以美元計的每人 GDP，在蔣經國時代香港及新加坡每人 GDP 只較台灣高五成左右，可是到蔡英文時代，就高出一倍以上了。尤其出口世界排名，蔣經國時代是世界第 11 位出口大國，為開發中國家之首；較南韓出口排第 13 名，高兩名；可是到蔡英文時代劇降到第 18 名，較南韓的第 6 名落後 12 名之多；現在台灣不僅是四小龍之末，更不知道被拋到何處去了。

表 0-1 亞洲四小龍經濟發展成果比較

蔣經國時代

	經濟成長率 （平均每年%）	每人 GDP （美元）	出口金額 （億美元）	出口世界 排名	痛苦指數 （%）
年	1978-87	1987	1987	1987	1987
台灣	9.1	5,350	537	11	2.5
南韓	8.1	3,505	473	13	6.1
香港	8.4	8,447	485	12	7.0
新加坡	6.7	7,857	287	19	5.2
台灣排名	**1**	**3**	**1**	**1**	**1**

李登輝時代

	經濟成長率 （平均每年%）	每人 GDP （美元）	出口金額 （億美元）	出口世界 排名	痛苦指數 （%）
年	1988-99	1999	1999	1999	1999
台灣	6.9	13,819	1,237	14	3.1
南韓	7.5	10,319	1,437	12	7.4
香港	4.2	25,185	1,739	11	2.2
新加坡	7.9	22,597	1,147	15	2.7
台灣排名	**3**	**3**	**3**	**3**	**3**

陳水扁時代

	經濟成長率 （平均每年%）	每人 GDP （美元）	出口金額 （億美元）	出口世界 排名	痛苦指數 （%）
年	2000-07	2007	2007	2007	2007
台灣	4.9	17,814	2,467	16	5.7
南韓	5.4	22,883	3,720	11	5.8
香港	5.3	30,624	3,500	12	6.0
新加坡	6.4	38,031	2,990	14	4.2
台灣排名	**4**	**4**	**4**	**4**	**2**

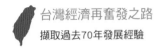

馬英九時代

	經濟成長率 （平均每年%）	每人 GDP （美元）	出口金額 （億美元）	出口世界 排名	痛苦指數 （%）
年	2008-15	2015	2015	2015	2015
台灣	2.8	22,400	2,803	17	3.5
南韓	3.1	27,325	5,270	6	4.3
香港	2.7	42,691	5,110	7	6.3
新加坡	4.6	53,626	3,510	14	1.4
台灣排名	3	4	4	4	2

蔡英文時代

	經濟成長率 （平均每年%）	每人 GDP （美元）	出口金額 （億美元）	出口世界 排名	痛苦指數 （%）
年	2016-19	2018	2018	2018	2018
台灣	2.4	25,026	3,361	18	5.1
南韓	2.6	31,792	6,050	6	5.3
香港	2.8	50,890	5,690	8	5.2
新加坡	2.8	56,746	4,130	15	2.5
台灣排名	4	4	4	4	2

注：痛苦指數＝失業率＋物價上漲率。

資料來源：行政院主計總處、WTO 各期年報。

　　在原文中我只點出，台灣家庭可支配所得按戶數五等分位估計的最低所得 20％家庭每戶所得與最高所得 20％家庭每戶所得比較，差距愈來愈大，表示所得分配惡化。其實最低所得的 20％家庭，約 300 萬人，近十

多年來其可支配所得已不敷生活消費的需要，累計赤字已超過 3000 億元，他們不是動用過去的儲蓄，就是借債度日，過著辛苦的生活。

我 60 多年前追隨多位前輩財經首長們，在台灣經濟領域開疆闢土，不知克服多少阻力與困難，辛苦建立的大好江山，親眼看著這些晚輩們做官與政黨利益置於國家與人民之上，分贓式的把大好江山一塊塊的切光，陷人民於痛苦之中，怎不令人痛惜。每當我回憶或講述或寫這些事蹟時，心裡都在滴血啊！

重大經濟改革前後大不同

另外，這份增訂版還把經濟發展大事年表延長至 2019 年。

從 70 年來台灣經濟發展大事年表可以清楚看出，在兩蔣及嚴家淦主政的 42 年間（1946-1987），所推動的重大改革、政策及重大建設，有下列六項特點：

1. 所推動的改革、政策及建設都是福國利民的，創造大量就業機會，失業率降到 2％以下，達到充分就業，人民所得大幅提高，生活水準亦大幅提

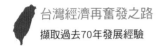
　　升。

2. 部分推動的改革及政策極具前瞻性，且有未雨綢
　　繆的效果，將大問題化為小問題、小問題則化之
　　於無形。

3. 部分推動的改革與政策，不僅克服當前所面臨的
　　困難，且能為未來的發展奠定基礎，使未來的發
　　展順利更上一層樓。

4. 建立各種公開、公平且充分競爭的市場，使台灣
　　自「管制經濟」邁向「市場經濟」，除兩岸外，
　　幾已成為經濟全面自由化。

5. 在經濟發展策略方面，自「進口替代」快速邁向
　　「出口導向」政策，在產業結構方面，先奠定農
　　業建設基礎，同時發展農產加工業及勞力密集工
　　業，繼之發展重化工業，再規劃及推動高科技產
　　業發展，循序漸進的發展，避免許多阻力與困難。

6. 在 1980 年前後，完成未來高科技產業發展的方
　　案、有關法令規章的訂定、相關機構的設立，以
　　及高科技人才的培育等，都已完全具備有利於未
　　來高科技產業的快速發展，繼續創造繁榮。

　　而後階段李登輝、陳水扁、馬英九與蔡英文主政

32 年間（1988-2019）的施政，亦有下列五項特點：

1. 除李登輝主政時代實施的「全民健康保險」，馬英九推動的「兩岸三通直航」、「免入境簽證」國家與地區大幅增加，參加國際組織會議，以及蔡英文推動的「前瞻計畫」等，多少還有些利國福民的效果外。其他所有改革與施政，幾乎看不到任何利國福民的績效。

2. 李登輝所祭出的「戒急用忍」政策，不僅阻礙了「建設台灣成為亞太營運中心計畫」的實施，使其胎死腹中，且成為台灣經濟發展「由盛轉衰」的主要根源，在沒有破解之前，可能禍延數十年。

3. 陳水扁推動的二次金改，「公營銀行民營化」是玩假的，名不符實，銀行得以逃避立法監督，使其發展緩慢，至今台灣金融業仍是現代化國家最落後的行業之一。

4. 馬英九主政時代，爆發「太陽花運動」學生占領立法院逾 20 天之久，執政當局完全未能有效處理，顯示國家領導人的懦弱、缺乏魄力與擔當，威信盡失，怎能治國。

5. 蔡英文當選時曾呼籲今後要「謙卑、謙卑、再謙

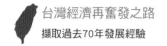
卑」，但完全執政後卻完全反其道而行。她強力推動的公教年金改革，不僅違背「信賴保護原則」，更撕裂社會，且有違法與違憲之虞。她以立法院多數暴力強行成立的若干東廠機構，要將在野的「國民黨」置於死地，以便讓「民進黨」一黨獨大，得以永久執政，造成全體社會的不安。將個人及政黨利益高於國家與人民之上，經濟怎能好轉？

再從兩階段所列大事紀來看，在兩蔣與嚴家淦主政時代，幾乎全是利國福民的大事，只有退出聯合國與日、美斷交為非經濟大事，但因其影響我經濟發展至巨，故將其列入大事年表中。

可是後階段的李、陳、馬、蔡主政時代的大事，非經濟的大事幾乎超過一半；因這許多政治的改革施政，不僅分化族群，衝擊社會穩定，更破壞投資環境使其更為惡化，影響投資，是台灣經濟「由盛轉衰」的罪魁禍首，因而將其列入。讓讀者看大事年表，可一目了然前段「經濟掛帥」與後段「政治掛帥」，政府在其中扮演的關鍵角色。這些影響經濟至深且遠的非經濟因素不能忽略。

最後我要指出的是，在前段兩蔣與嚴家淦主政時

代，雖是一黨專政、戒嚴時期，但國家領導人能夠知人善任，在財經方面完全授權，絕不干預，完全由財經首長放手去做，充分發揮他們的才能與智慧，方能克服戰後瀕臨崩潰的經濟，創造全球矚目的經濟奇蹟。

　　而後段李登輝、陳水扁、馬英九及蔡英文主政時代，他（她）們都是民選總統，有民意基礎，所任用的各部會首長完全聽命總統發號施令或看其臉色辦事，若不能配合，即隨時換人。財經首長如何有自己的抱負與政策主張？這樣的治國方式，不衰敗亦難。

　　此外，本書附錄還增加 70 年來重要經濟統計原始數列。包括重要經濟指標、總體經濟國民所得帳的重要數據、人口與人力，以及對外貿易進出口總額、進出口產品別及地區別的原始數列，供有興趣的讀者參考，自行研究與分析，我不再做說明。

　　不過我要指出的是，本附錄所有統計數列與新增〈歷任總統經濟施政成果比較〉文所引用數據，都是到目前為止政府所發布的最新數據。由於政府統計機構的精益求精，不斷根據聯合國規範及國際趨勢常做調整，故前後發布的數據略有差異。因此本書以前各文所引用的數據，有部分可能與現今發表的不同，如國民所得最新統計是根據聯合國於 2008 年研訂的國民經濟會計制

度（簡稱08SNA）調整，並往前追溯到 1981 年，不過前後差異不大，不影響各文所獲的結論，故未修訂。

最後本增訂本能夠出版，首先要感謝遠見·天下文化事業群創辦人高希均教授的建議，及該事業群資深行政副總編輯吳佩穎、編輯部主編蘇鵬元的指導，以及其他工作同仁為本書的編輯與出版事宜付出很多心力，深表謝意。還有行政院主計總處綜合統計處、國勢普查處及財政部統計處有關同仁，提供 70 年來有關重要統計原始數列，盛情可感，在此一併致謝！

葉萬安

2019 年 8 月 5 日於台北

自序
知興替才能創未來

　　遠見・天下文化事業群創辦人高希均教授，在偶然
的機會看到本人有關台灣經濟自由化的幾篇舊作，詢以
可否將相關舊作整理出書，列為該事業群慶祝中華民國
建國百年出版書籍之一，獲此殊榮，自當樂於遵辦。

　　回顧台灣近六十年來的經濟發展，從傳統的農業社
會轉變為現代的工商業社會，民間企業的興起和壯大無
疑扮演著關鍵角色。此一充滿活力的民間部門之所以能
夠在台灣蓬勃發展，從制度經濟學的角度剖析，應歸功
於政府適時推動實行解除管制（deregulation）的經濟政
策，或所謂的經濟自由化。

　　台灣光復伊始，經濟尚未脫離戰爭陰影，基於國家
安全和社會穩定的考量，各種形式的經濟管制無所不
在，但基本上仍然是在私有產權和自由經濟的制度框架
下所做的政府干預。當經濟逐漸恢復正常，為促進民間
產業發展以帶動經濟成長，政府即開始逐步解除經濟

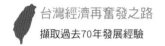

管制，最為彰顯者即為拓展出口，政府採取重點突破
方式，針對對外貿易部門進行經濟自由化。例如，外
匯貿易改革方案、設置加工出口區等，因而提升出口產
業的生產效率，快速發展出國際競爭力，台灣一些產
品（尤其是勞力密集產品）遂能在國際市場上占有一席
之地，這種經濟自由化稱為「局部解除管制」（partial
deregulation）。

出口產業蓬勃發展的結果，雖為台灣創造出「經濟
奇蹟」，但也帶來若干負面衝擊，諸如：在固定匯率制
度及外匯管制下，外匯大量累積造成的通膨壓力、對
美國出超導致的貿易摩擦、保護國內市場造成的資源
浪費和消費者福利損失等等，政府乃直接在貿易、外
匯、金融、財稅、產業等領域，從法規制度層面進行
系列性的自由化改革，此為「全面解除管制」（general
deregulation）。

再者，1979 年中國大陸宣布實施對外改革開放政
策，亦即對全世界各個國家或地區進行漸進式的解除經
濟管制，設置經濟特區即為一例。為避免台灣出口導向
型的經濟發展因而遭受不利影響，政府必須正視對中國
大陸單向的全面經濟管制問題，「推動兩岸經貿關係正
常化」於焉列入議程，但由於政治因素的介入，此一解

除經濟管制的政策推動實為一漫長複雜的過程，至今仍未完成。

　　本書即是本人根據親身經歷所撰、有關台灣經濟自由化的論述文章或演講稿匯集而成，因此主要聚焦於上述「全面解除管制」和「兩岸經貿關係正常化」兩方面。審視近 30 年來政府在經濟方面所推動的重大政策，當以 1984 年行政院俞國華院長推動的經濟「自由化、國際化、制度化」政策，與 1993 年行政院連戰院長推動的「建設台灣成為亞太營運中心」政策莫屬。本人在此兩大經濟決策過程中均扮演一些角色，且在排除經濟全面自由化執行所遭遇的阻力中，盡了一些化解的努力。如今將有關的演講稿及文章彙集出書，相信對了解台灣過去 30 年來推動經濟自由化的艱辛歷程，當具相當參考價值。

　　台灣經濟在 1970 年代後半期，對外貿易自入超轉為出超。同時儲蓄率超過 30 ％，且超過投資率而產生超額儲蓄。進入 1980 年代初期，更不論經濟景氣榮枯，出超及超額儲蓄仍持續擴大，其占國內生產毛額（GDP）比率亦不斷上升。這種對外與對內經濟失衡的擴大，顯示台灣經濟發展已到一個新的轉捩點，不再是短期的景氣變化，而是制度性、結構性問題。政府若干

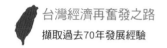
經濟政策,已有調整的必要。

另方面,台灣有一些產業歷經長期保護,至 1981 年前後,已有相當基礎,保護政策大致上已善盡其扶植幼稚產業的功能。但再持續保護下去,除消費者將付出龐大代價外,勢必亦將影響到產業效率的提升。因此,必須全面加以檢討。

當 1984 年初檢討前一年經濟成長及當年經濟預測時,發現 1984 年貿易出超將急遽擴大,在當時外匯嚴格管制下,所有出超外匯均由中央銀行收購,所釋出的強力貨幣即使不考慮乘數作用,如不採取沖銷措施,將使當年的貨幣供給額增加率劇增至 50%,對經濟及物價穩定必將產生嚴重衝擊。

本人將以上情勢立即向當時經建會俞國華主任委員報告,並指出過去部分經濟政策,如鼓勵出口、限制進口、管制外匯等,已到功成身退的時候,若不改弦易轍,必然會產生更大的後遺症。俞主委聽後表示,茲事體大,應與有關財經首長商量,並指示本人繼續研究並提出全盤書面分析,再向行政院長報告。

1984 年 2 月行政院孫運璿院長病倒,蔣經國總統提名俞主委接任行政院長。當俞主委來到本人辦公室辭行時,除感謝本人對國家所做貢獻,並告知立法院通過

其任命案後，當天下午的記者會已請記者先將問題提出，有關經濟方面的問題要請本人先擬答覆稿。當時聯合報記者沈蓉華問及俞院長上任後的經濟發展政策重點，本人遂乘此機會向俞院長請示，可否以前次向主任委員所作報告，將當前的鼓勵出口、限制進口、管制外匯等政策，改變為進出口並重的經濟全面自由化政策作答覆。他隨即同意將「自由化、國際化、制度化」作為未來經濟發展的基本政策。於是，1984 年 5 月 26 日台灣各報立即刊出此一重大政策變革消息。

台灣自 1950 年代後期推動經濟局部自由化之後，即少有進一步的自由化政策，其間雖經許多經濟學者不斷提出改革建議，但並無任何首長敢做巨大變革。俞國華院長毅然作此重大決策的勇氣與魄力，深受當時經濟學界肯定與敬佩，本人只是扮演臨門一腳的角色而已。

1988 年美國「華美經濟及科技發展協會」會長程杭生教授來訪，邀請本人於 1989 年 1 月 14 日在舊金山該會 1989 年年會中，就俞院長的經濟全面自由化政策作專題演講。於是本人就將對俞前主委的報告加以補充作為演講內容，題為〈現階段我國經濟政策之檢討與前瞻〉，後刊登在《自由中國之工業》月刊 1989 年 3 月號，現列為本書第三章。惟為使讀者易於了解其內容，

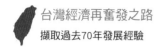
題目改為〈經濟自由化、國際化、制度化的決策背景〉。

俞國華院長退休後，史丹佛大學講座教授劉遵義來訪。俞前院長請其餐敘，邀本人陪席，並囑將前文帶十份備用。席間劉教授表示，對俞前院長任內所做經濟全面自由化之決策，其對國家長期發展的卓越貢獻，深表敬佩。俞前院長隨即將前文贈送劉教授，並說明此決策背景在葉副主委的文章已有詳細分析，供其參考。

經濟「自由化、國際化、制度化」的基本政策，俞院長除在答覆記者提問時先行宣布，就任院長後於同年6月12日第一次向立法院作施政報告時，更正式宣告經濟「自由化、國際化、制度化」是政府今後施政的基本方向。同年7月19日行政院院會通過經建會所提「經濟自由化」落實方案（原名為「當前貿易鉅額出超因應方案」），但真正付諸執行時卻遭遇到相當大的阻力。根據國外實際經驗，自由化為一漫長過程，無法一蹴可幾，有賴長期不斷努力。於是本人在職務所及範圍又做了幾項努力。

首先是在1984年11月6日蔣經國總統主持的財經會議中，本人報告俞院長所作的經濟「自由化、國際化、制度化」的重大決策，獲得總統的肯定與支持。

其次，本人又向執政黨國民黨政策委員會報告，題

為〈當前我國經濟政策努力之方向——經濟自由化的背景與展望〉，也獲得與會委員的讚揚與支持，因此將該講稿列為本書的第四章，標題改為〈經濟自由化的挑戰〉。

此外，當時推動經濟全面自由化的最大阻力來自既得利益者的抗拒，加上 1985 年全球經濟不景氣，影響所及，台灣經濟成長率自上年的 10.6％劇降為 5.1％，更加深推動經濟自由化的困難。不過，此時行政院為因應國內外經濟發展環境的顯著變化，以及振興國內經濟，成立經濟革新委員會（簡稱經革會），本人奉命籌劃。該會為國內產、官、學三方面共同組成，本人認為該會應是研討如何落實經濟自由化的大好時機，於是在規劃經革會組織、討論議題及運作時，即將經濟「自由化、國際化、制度化」作為經濟革新的基本方向。經革會分別就財稅、金融、產業、貿易及經濟行政五方面進行檢討，研提改革建議。在六個月的研討議事中，與會者始終秉持「自由化、國際化、制度化」的基本信念，並作為研擬各項興革建議的重要依據。

實際上，早在經革會成立半年前，經建會為落實經濟全面自由化的執行，曾委託四位教授研究，其中：外匯自由化委託梁國樹教授（前央行總裁彭淮南當時為其

共同研究人）、金融自由化委託潘志奇教授、貿易自由化委託劉泰英教授、投資自由化委託侯家駒教授，他們都提出精闢的研究報告。1985 年 5 月經革會成立時，這四位教授都被聘為經革會委員，他們的研究結果，自然都成為經革會研討的重要議題。因此該會最後向行政院提出五十六個革新建議方案中，許多重要議案都可以明顯看出「自由化、國際化、制度化」的精神。

這種廣泛的討論，不僅讓與會者對討論的議題有深刻的體認與共識，更透過媒體的深入持續報導，使各政府機構或社會大眾，對於經濟自由化的理念和內涵，都逐漸有了明確的認識與了解，此對日後自由化的全面落實執行，自有極大助益。有鑑於此，本書特將經革會總報告中的總結報告摘記，並以〈落實經濟自由化的建議方案〉為名，列為本書的第九章。

落實經濟自由化政策的另一挑戰，就是政府各主管部門因本位立場所肇致的保守心態。例如：財政部對大幅降低關稅的質疑，因當時關稅收入仍占總稅收相當大的比例，高居稅收的第二位；產業主管部門則認為農業與民間企業，多數體質仍然脆弱，如解除進口管制並大幅降低進口關稅，該等產業將禁不起大量進口的衝擊；外匯主管部門則鑑於早期外匯短缺的困境，雖然對外貿

易已由入超轉為出超，外匯存底大量累積，仍然認為外匯是稀有資源，不能輕言取消外匯管制。於是經濟自由化的落實執行仍然步履維艱，本人雖不斷與財經主管們溝通，一再希望彼等放棄管制、保護的觀念，落實執行自由化措施。但不僅未能說服對方，有時反被譏為理論之談，書生之見。

不過，本人並不氣餒，最後終於想出利用經濟學最基本的供需曲線圖，於 1987 年春天的經建會委員會議中加以分析指出，政府如再不取消出口優惠、大幅降低關稅、開放進口、解除外匯管制，任由新台幣在出超不斷擴大的情況下持續升值，一旦升值過頭，一般只擔心會打擊出口，抑制經濟成長，增加失業；卻不知在繼續保護國內產業、管制進口與外匯的情況下，一旦新台幣過度升值，進口大幅增加，將會使國內產業遭到反淘汰，產業結構產生逆向調整，整體經濟效率下降，嚴重衝擊台灣經濟。

與會的財經首長聽取本人分析報告後，終於同意檢討他們所主管的政策與措施，尤以中央銀行張繼正總裁最為積極，率先將「管理外匯條例」修正，由「原則管理、例外開放」改為「原則開放、例外管理」，使解除外匯管制向前邁進一大步。貨幣過度升值，進口大幅增

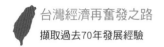

加,如何造成產業結構逆向調整,請見本書第五章〈匯率、貿易自由化與產業結構調整〉的分析。

本人曾就該文的分析架構,分析大陸未來可能面臨的升值問題,預警大陸當局應做未雨綢繆的準備,向大陸召開的兩次學術研討會中提出報告。

一是 1998 年 9 月應上海社科院之邀,參加該院為慶祝 40 年週年慶所舉辦的國際學術研討會,報告題目是〈邁入 21 世紀的中國大陸將面臨「人民幣升值」與「市場開放」孰先的抉擇〉,該文後收錄於該院 2000 年 12 月出版《邁向 21 世紀的上海、中國與世界經濟》一書中。

二是 2001 年 4 月應北京大學之邀,參加該校舉辦的「經濟全球化與兩岸及港澳地區經濟整合前景」學術研討會,本人提出報告〈中國大陸市場大幅開放前人民幣不宜快速升值〉。在兩次會議中均引起熱烈回響討論。

在北大研討會中本人所提之報告,後傳到大陸國家外匯管理局局長郭樹清手中,特邀本人約同兩位外匯管理實務的專家,參加該局與中國金融學會所舉辦之「海峽兩岸外匯管理」學術研討會時,郭樹清局長面告,我在北大研討會中的報告對他們很受用,並已轉送大陸國務總理朱鎔基參考。該報告後刊載在該局發行的《中國

外匯管理》月刊，2002 年 4 月號。

1992 年 5 月 1 日本人自經建會退休，其後曾赴中國大陸探親與參訪，當時正是鄧小平「九二南巡」談話後，加速推動改革開放之際。大陸對外改革開放政策即是以上述「局部解除管制」方式做為起始點，實際運作則採「摸著石頭過河」，做一步、走一步再看看的方式進行，一般謂之「漸進式改革」（gradualism），有別於前蘇聯和東歐國家直接進行產權私有化改革的「震盪療法」（shock therapy）。我認為，大陸如能汲取台灣經濟自由化的經驗，避開錯誤的抉擇，如再進一步與台灣經濟合作，將更能邁開大步前進，縮短發展時程，創造雙贏局面。

於是本人先後撰寫兩文，一是〈從管制到開放——台灣經濟自由化歷程的一些觀察心得〉，選擇適當時機在大陸有關單位及學校演講，推廣台灣在自由化方面的經驗。另一則是〈台灣亞太營運中心是開創中國人世紀〉，該文是應遠見雜誌創辦人高希均教授的邀請，於1996 年 4 月在西安交通大學與遠見雜誌為慶祝該校建校一百週年紀念，舉辦的「九六西安、海峽兩岸優勢互補共同發展經濟」學術研討會的專題報告。因該兩文內容都是台灣經濟自由化的延伸，故納入本書第六及第七

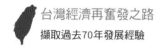
章。前一篇改標題為〈從管制到開放的台灣經驗〉，後一篇因和兩岸經貿關係正常化有關，為和本書題目相契合，便改為〈台灣亞太營運中心和兩岸經貿關係〉。

本人在「建設台灣成為亞太營運中心」決策過程中扮演的角色，在該文中已有說明，此處不再贅述。不過值得一提的是，當行政院於 1995 年 1 月院會正式核定「發展台灣成為亞太營運中心計畫」後，我曾去北京，大陸國台辦副主任唐樹備邀請餐敘，他談及台灣若真的成為亞太營運中心，會不會不理大陸了，此點讓他憂心。

本人當即說明，將「建設台灣成為亞太營運中心」列為「振興經濟方案」的追求目標，是本人所提建議；關鍵構想就是希望兩岸經貿能密切合作，進而創造雙贏，而且中國大陸受益將遠高於台灣。本人並將事前所作的粗略估計加以說明，如兩岸經貿能密切合作，大陸經濟可獲高速成長，估計 15 年後的 2010 年，大陸 GDP 約可增加超過 4 兆美元，台灣則增加 8000 億美元，將使大陸經濟規模相當台灣的比例倍增，而兩岸每人所得差距約縮減一半。為解除對岸疑慮，在西安交大專題報告一文中，乃將兩岸未來 15 年 GDP 的估計，在該文附注 4 中詳加說明。

　　唐樹備聽後，詢以當時中國大陸 GDP 才 6000 多億美元，15 年後若能增至 4 兆多美元，將增加 7 倍之巨；可是 1980 年中國大陸擬訂長期計畫，20 年 GDP 翻兩番，才增加 3 倍，這項估計真的有可能嗎？

　　本人說明，中國大陸 1980 年的估計是按不變價格（即實質）計算的，本人估計是按當年幣值，且以美元計算，這包括物價上漲及人民幣升值的因素在內，並強調只要兩岸經貿能密切合作，打進世界市場，該等估計不會和實際差太遠。唐半信半疑（因當時人民幣還在貶值中），但看我信心十足，遂回以希望真的能如此。結果 2009 年中國大陸 GDP 為 4 兆 9000 億美元，比本人估計還提前一年達到。

　　可是台灣卻於 1996 年 11 月祭出「戒急用忍」政策，「發展台灣成為亞太營運中心計畫」因而胎死腹中；接下來對中國大陸的鎖國政策，更使台灣經濟成長遲緩下來，15 年來台灣 GDP 才增加 1500 億美元，不及本人當年估計的五分之一。不過，在政府打壓之下，台商仍然採取各種迂迴方式輾轉到大陸投資，對大陸經濟成長做出卓越貢獻；而「戒急用忍」則使兩岸經濟彼長我消，怎不令人痛心！如今馬英九總統已經及時解除對大陸的諸多經濟管制，舉凡直接通航、

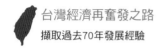

簽署經濟合作架構協議（ECFA）等，台灣成為亞太營運中心的曙光終於再現，但是否為時已晚，則只有留待歷史來證明。

本書第八章〈台灣究竟創造哪些經濟奇蹟？〉，是2010年春經建會蔡勳雄主任委員，鑑於該會年輕同仁對台灣過去經濟發展歷程不是很了解，只知道台灣過去曾創造經濟奇蹟，究竟是哪些奇蹟也不甚清楚，特邀請本人就此方面對該會同仁作專題講演。由於台灣經濟發展的成就和政府推動實施經濟自由化政策有莫大關係，為使國人有所了解，因此亦將該文納入本書。

惟本人要特別指出，經濟自由化並非萬應靈丹，它有助於提升經濟效率，卻無助於解決市場失靈（market failure）的經濟活動或現象。台灣當前因經濟發展所衍生出的所得分配不均（M型社會）、環境負荷過重、社會安全網不足，甚至全球性金融危機的衝擊等問題，需政府從制度面進行必要且合理的干預（regulation），不僅要管理好，更要管理巧，誠屬不易。

最後，我要感謝國立台灣大學前校長孫震教授為本書賜序，是作者的榮幸，也為本書增添光彩；同時，感謝高希均教授給予機會出版本書，遠見‧天下文化事業群的執行副總編輯余宜芳、編輯鄭佳美，以及其他工作

同仁為本書的出版事宜付出很多心力,深表謝意。還有多年來在我任職期間或退休後,給我許多幫助的經建會老同事,盛情難忘,在此一併致謝!

葉萬安

2011 年 11 月 1 日於台北

第 1 章

人均 GDP 邁向 3 萬美元之路

談論人均 GDP 的兩段痛苦經驗

近日拜讀《遠見》雜誌 410 期（2020 年 8 月）高希均教授大作〈四年內人均 GDP 邁向三萬美元〉。使我回想起過去談論「人均 GDP」的兩段痛苦經驗。一是 2006 年，蘇貞昌第一次擔任行政院長時，大聲宣布「Taiwan Double」，「人均 GDP」要從當年的 1 萬 6000 多美元，十年後的 2016 年要達到 3 萬 2000 美元。以我當時研究台灣經濟 50 多年的經驗，看到報載此一消息是不可能的事。於是我當時在《經濟日報》寫了一篇社論〈大投資、大溫暖，Taiwan Double 都是騙人的〉。結果到了十年後的 2016 年，台灣「人均 GDP」只有 2 萬 3091 美元，較十年前 1 萬 6934 美元增加 6157 美元，只是當年蘇貞昌院長宣布增加 1 萬 6000 美元的一個零頭而已。而且到今天台灣「人均 GDP」距 3 萬 2000 美元還很遠。即使蘇貞昌院長在今年 7 月間宣稱未來四年（即 2024 年）「人均 GDP」目標是 3 萬美元，也未達到他 15 年前所宣示的 3 萬 2000 美元的目標。顯示蘇貞昌 2006 年宣示的十年內「人均 GDP」達到 3 萬 2000 美元

毫無根據，只是信口開河而已。

二是台灣「人均GDP」1976年為1000美元，到1992年達到1萬美元，是1976年的10倍，只經歷16年，較南韓、香港、新加坡、大陸需17-18年快，更較歐、美需20-30年快很多，僅次於日本的15年，為當時「人均GDP」成長第二快速的國家。可是「人均GDP」自1萬美元增加一倍到2萬美元，新加坡、日本及香港只經歷了5至6年，歐、美經濟成熟國家也不過需要9至11年，而台灣卻經歷了19年，到2011年「人均GDP」才到2萬美元。

因此，台灣「人均GDP」與美國比較，在達到1000美元時台灣落後美國34年，在達到1萬美元時，只落後14年，縮短20年之多，可是到2萬美元時，落後24年，又延長了十年。與日本「人均GDP」比較，問題更是嚴重，在「人均GDP」1000美元及1萬美元時，台灣落後日本10年及11年，到2萬美元時竟落後日本24年。近20多年來台灣「人均GDP」進展緩慢，快速落後，都是執政當局只知惡鬥，沒有「用對人、做對事」，內耗的結果。對一個曾經親自參與台灣經濟發

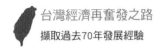
展計畫設計、規劃、政策研究幕僚及推動的經濟老兵，
回想起來怎不令人痛心疾首。

用對人、做對事，造就台灣經濟奇蹟

　　高教授大作指出今後四年「人均 GDP」是否能達
到 3 萬美元，要看執政當局是否能「用對人、做對事」。
提起「用對人、做對事」，又使我回想起台灣光復初期
真是篳路藍縷，經濟面臨崩潰邊緣，執政當局不知克服
多少艱難險阻，終於創出一片天，為國家開創新局，其
關鍵因素就是執政當局能「用對人、做對事」。這裡我
可以舉三個實例。

生管會發展紡織工業，奠定經濟發展基礎

　　第一個「用對人、做對事」的案例是 1948 年初台
灣省政府改組，陳誠擔任省主席，留任嚴家淦為財政廳
長兼台灣銀行董事長。同年 7 月台灣省設置「台灣區生
產事業管理委員會」（簡稱生管會），省主席兼任主任委
員，任命尹仲容常務委員改任副主任委員，負實際責

任。是時正是光復初期，百廢待舉，尤其物價高漲，年漲超過百倍，陷入惡性通貨膨脹，民不聊生。當時除了物資供不應求外，人民對舊台幣失去信心，更加快物價上漲速度。嚴家淦有鑑於此，特向陳主席建議「改革幣制」，廢舊台幣，發行新台幣，並提出三項必備條件，一是新台幣發行不能像過去漫無限制的發行，必須要有限額；二是發行的新台幣必須要有十足的黃金或外匯做準備；三是要有完整的配套措施。

但當時省庫及台灣銀行既無黃金，亦無外匯存儲。因此嚴家淦建議陳主席親自飛往杭州進見老總統蔣公，將自上海運台的黃金撥給台灣 80 萬市兩，做為新台幣發行的十足準備，得到老總統的同意。在獲得中央撥給的 80 萬兩黃金及向中央銀行借得 1000 萬美元之後，台灣銀行於 1949 年 6 月 15 日宣布改革幣制辦法。廢舊台幣發行新台幣。並規定發行額為兩億元，舊台幣四萬元兌新台幣一元，使通貨數量大幅縮減；且與大陸金圓券脫鉤，避免大陸惡性通貨膨脹對台灣的影響，改與幣值比較穩定的美元連繫，每一美元兌新台幣五元，依當時國際行情，一盎司黃金值 35 美元，80 萬市兩黃金等於

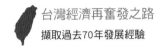
4400 萬美元，而發行額新台幣兩億元折合為 4000 萬美元，因此，新台幣發行有 110% 的黃金準備。

同時採取數項重要配套措施：

一是創辦「黃金儲蓄存款」，在台灣銀行每存入新台幣 280 元，存滿一個月（後改為十天），可領取一市兩黃金。當年我為了證實新台幣可兌換黃金，曾到台灣銀行開「黃金儲蓄存款戶」，存入新台幣 28 元，一個月後領取一錢黃金，我在台銀大廳，喜出望外的跳起來，大聲叫「新台幣真可兌換黃金」。

二是台灣銀行開辦「優利存款」，月息 7%，以複利計算折合年息為 125%，即存入 100 元，滿一年後可領取 225 元，利息高達 125 元。

以上兩項措施，一方面在穩定幣值，增強人民對新台幣的信心，二方面使新台幣回籠，避免通貨膨脹再發生。另方面積極從事戰後重建工作，增加生產，及改革稅制增加稅收，降低財政赤字，降低對通膨的壓力。

在幣制改革後，由於配合措施的有效執行及重建工作積極進行，物價上漲率自幣制改革前的年漲百倍，1950 年即下降為漲 2.05 倍，加上 1950 年底美援物資的

抵台，1953 年開始物價即降為個位數上漲，進入穩定的階段。

台灣區生產事業管理委員會設置的目的，顧名思義就是管理生產事業，從事戰後重建工作。但台灣在二戰期間遭受盟軍猛烈轟炸，損失慘重，重要農工建設及交通運輸設施遭受嚴重破壞，估計破壞率高達 60％。其中尤其是電力，在光復前裝置容量有 35 萬瓩，光復時只有 5 萬瓩可發電；糖廠光復前有 42 所，光復時，未遭破壞或破壞輕微者僅有 8 廠，糖產量光復前最高生產 141 萬多公噸，光復初期 1946-1947 年僅生產 3.1 萬公噸，可見損失之慘重。

光復初期難在人力、物力、資金、外匯極度短缺，但在生管會尹仲容帶領下，盡全力進行修復工作。首先修復破壞的電力設備，提早發電供應各方需要，並以拆東牆補西牆的方式，將 42 所糖廠拼湊合併成 34 所糖廠恢復生產，外銷爭取外匯。對於其他產業復建則訂定原則，凡能生產國防及民生必需品、外銷品、進口替代品的生產事業，無分公民營，一律盡力供給資金、原料、器材等便利，使其能夠恢復或擴大生產增加供應。

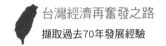
　　尹仲容在積極推動重建工作同時，還考慮到未來經濟發展的需要，將電力、肥料及紡織工業列為優先發展的重點。電力是所有工業發展之動力，也是人民生活所必需，除積極修復原設備外，在資金極端缺乏下，商請台灣銀行借給台電 100 萬美元及 300 萬元新台幣建設烏來水力發電所，供應北部電力需要；繼之，在美援協助下，建設立霧及天輪兩水力工程，充分供應全台電力需要。

　　而肥料及紡織有關民食與民衣，皆是人民生活所必需，且需大量進口供應，是每年消耗外匯最大項目（此兩項進口高占總進口的 28％）。即使原廠全部修復，也不能滿足需要，因此，尹仲容除要求台肥公司全力進行修復舊有設備，盡速恢復生產外，並規劃建設新肥料廠，在資金極度困難下，撥給台肥 250 萬美元及新台幣 400 萬元建設新竹肥料廠（即現在的台肥第五廠），增加國內肥料的供應。

　　紡織工業在日據時代極為落後，多係織麻袋工廠，麻袋裝米，裝糖之用，棉布則自日本進口。生管會成立後，尹仲容即提出「進口布不如進口紗，進口紗不如進

口棉花政策」，在該會成立紡織小組，極力扶植國內紡織工業。1950年尹仲容兼任中信局局長時，又提出「代紡代織」辦法，責令中信局進口棉花交由紗廠紡紗，紗做好後，交給織布廠織布，布織好後交給中信局轉售給政府配給用。中信局則付給紗廠、布廠工絞費，並採取進口管制措施保護國內紡織工業。

在紗布廠逐漸壯大後，即取消「代紡代織」辦法，並降低保護程度，改由台灣銀行貸款紗廠及利用美援進口棉花，支應紡織工業發展。尹仲容從擔任生管會副主任委員開始，以至中信局局長、工業委員會召集人及經濟部長時，都是不遺餘力的扶植紡織工業發展。並在1950年代中期，將紡織品進口替代轉變為出口，雖遭遇許多阻力，都在他堅定的意志下努力克服，至1965年紡織品出口金額即超過砂糖成為第一位出口品，最高時紡織品出口金額高占總出口的四分之一。直至1988年才被電子零組件及資訊產品出口超過，紡織品高居出口第一位長達24年之久；對國家爭取外匯收入，創造就業機會，加速經濟成長，都盡了最大貢獻。而我紡織工業能創造如此成就，都是尹仲容先生一手造就的。

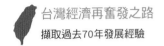
　　台灣是一個海島，對外貿易是其命脈，光復以前是以對日貿易為主，光復後轉向大陸貿易。迨生管會於1948年7月成立時，國民政府在大陸節節敗退，台灣產品已無法出口大陸。是時要展開對外貿易，首要就是爭取對日貿易，於是生管會即時成立「對日貿易小組」，1950年5月即派尹仲容以經濟部顧問的名義赴日與盟軍總部談判，當時美國對中華民國採取不友善態度，多方留難，尹仲容在忍辱負重、努力奮鬥下，終於9月初正式簽定「中日貿易協定」，解決當時對外貿易總額70%的問題，且奠定以後九年間中日雙邊記帳貿易的基礎。

　　由以上敘述可見，當年的生管會不僅是管理生產事業，從事戰後重建工作，實是一個從事全面經濟發展的規劃、決策與推動的機構，帶領全國上下共同努力，堅苦奮鬥，至1952年底不僅度過經濟上最艱難的日子，將瀕臨崩潰邊緣的經濟挽救過來，而且使農工生產、交通營運及對外貿易，均恢復到光復前的最高水準，物價亦穩定在可控制的範圍內，為未來經濟進一步發展奠定堅強的基礎。

財經鐵三角妥善應對美援停止危機

第二個政府「用對人、做對事」的案例是 1957 年 8 月行政院任尹仲容為經濟安定委員會（簡稱經安會）祕書長，兼外匯貿易審議委員會（簡稱外貿會）委員。該年底執政黨決定全面檢討外貿問題，研究因應對策，特成立九人小組，特聘陳誠副總統擔任召集人，委員為行政院長俞鴻鈞、財政部長兼外貿會主委徐柏園、經濟部長江杓、經安會祕書長尹仲容等等。該小組經過多次檢討及研究因應對策後，形成兩派不同主張，一派主張全面改革鬆綁開放，被稱為「自由派」，其主導者為尹仲容；另一派仍主張採取過去循序漸進的改革方式，且批評改革派的主張，認為若新台幣立即大幅貶值及鬆綁開放，不僅通貨膨脹會死灰復燃，外匯短缺也會崩盤，期期以為不可，被稱為「保守派」，其主導者為徐柏園，在小組會議，雙方爭執不下，也難以妥協，最後決定雙方主張並陳，呈報召集人陳副總統裁決。

當年外貿改革小組成立時，嚴家淦任行政院政務委員，兼美援會主任委員及經安會副主任委員，奉派赴美出席國際貨幣基金與世界銀行理事會年會，及國際工業

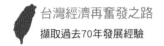
會議，會畢嚴先生留在美國看病。因此，九人改革小組他沒參加。待其 1958 年春回國後，陳副總統兼外貿改革小組召集人，即將該小組提出的報告交給嚴家淦研究，並責成他提出具體的建議。嚴家淦拿到報告反覆研究後，認為保守派儘管指稱政府推行外貿全面性改革、鬆綁開放，如新台幣大幅貶值，進口物價上漲，會使通貨膨脹死灰復燃，以及外匯短缺會崩盤等，政府均可採取有效措施加以化解。

他進一步解說管制多年已進入死胡同，經濟無法進一步開展。於是他向陳誠副總統兼外貿改革小組召集人報告，說明分析經過及利弊得失，成功說服了陳誠。

陳副總統兼召集人於是把外貿會主任委員徐柏園請來，對徐主委說，他已決定採行全面性外貿改革的建議，詢問徐主委能否有效執行？徐柏園坦率回答他無法執行，願辭去外貿會主任委員。當時外貿會主委是由財政部長兼任，於是徐柏園辭本兼兩職，行政院改任經安會祕書長尹仲容兼任外貿會主任委員，嚴家淦任財政部長，同時楊繼曾接任經濟部長。

尹仲容就任外貿會主任委員後，即積極研訂「外匯

貿易改革方案」，報請行政院於 1958 年 4 月 12 日核定
公布實施，主要內容包括下列三方面：

1. 將多元匯率先改為兩元匯率，於 1960 年 7 月 1
   日再改為單一匯率；匯率自改革前的基本匯率 1
   美元兌新台幣 24.78 元，1960 年 7 月 1 日貶值到
   1 美元兌新台幣 40 元。
2. 自消極的限制進口，改為積極的鼓勵出口。
3. 在出口外匯收入逐步增加，放寬進口與外匯管制。

新台幣自 1960 年 7 月 1 日實施單一匯率，新台幣
40 元兌 1 美元，一直維持到 1973 年 2 月升值到 38 元
兌 1 美元，這 12 年多的時間匯率的穩定使進口物價也
穩定，加以美援的配合運用，及由於出口外匯收入增
多，開放進口，進口供應增加，對國內物價穩定產生
積極作用，自 1961 年至 1972 年的 12 年間，消費者物
價指數平均每年僅增加 3.3%，與工業國家平均每年上
漲 3.5%，毫無遜色；當年保守派擔憂的通貨膨脹死灰
復燃並未發生。由於新台幣的大幅貶值到適當水準且維

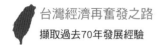
持穩定，以及政府採取出口導向的鼓勵措施，使出口自 1960 年的 1.64 億美元，至 1972 年躍增至 29.88 億美元，增加 17.2 倍，平均每年增加 27.4％，帶動經濟呈 10.2％的成長，當年保守派擔憂的經濟崩盤沒有發生；且受到國內外經濟學者認為這次外貿改革，是台灣從過去管制經濟走向經濟自由化過程中，最重要的轉捩點。

1958 年 7 月行政院改組，陳誠副總統兼任行政院長，即著手策劃撤銷經安會，改組美援會擴大其組織，並賦予更大重任，除運用美援外，增加全體經濟發展規劃，政策抉擇及推動的任務，主任委員由行政院長兼任，副主任委員由尹仲容接任，負實際責任，李國鼎為祕書長。

陳誠兼任行政院長後，除任用尹仲容為改組後美援會副主任委員，仍兼外貿會主任委員外，嚴家淦與楊繼曾亦留任財、經部長，而且對他們三人說，你們三人同意的政策與改革，他全力支持。因此，他們三位財經首長每週都有一天晚上在美援會招待所討論當前國家重大財經問題，每次獲得結論都呈報行政院核定實施，為國家解決許多問題；甚至問題尚未發生即事前採取因應措

施，防患於未然；也為社會創造良好的投資環境，國人及僑外資踴躍投資，加速經濟成長，對國家社會做出重大貢獻。當時，他們三位財經首長被外界稱為「財經鐵三角」，李國鼎為其幕僚長。

尹仲容於 1960 年 7 月又奉政府派任台灣銀行董事長，當時中央銀行尚未復業，台灣銀行代理中央銀行業務。他一人兼管美援、外匯、金融及整體經濟發展之規劃及決策任務，可見責任之繁重，亦顯示最高執政當局對他之信賴。

「財經鐵三角」在 1958 年至 1962 年的四年多間無我無私充分合作，為國家社會做出許多重要決策，我認為其中最重要也最大的貢獻應是 1959-1960 年為因應美援方式變更甚至停止所做的因應對策。

事情是這樣的，1959 年美援方面知會我國，美國援外政策已有改變，自贈款改為貸款，不僅要還本，還要付利息，而且取消對各國援助配額，改為依照各國所提個別計畫援助內容，與其他受援各國所提個別計畫比較評比後，再決定核准與否。因此，各國每年能獲得多少美援事前無法預料，不確定因素大為升高。

　　當陳誠院長得知美援政策改變後，即指示財經首長必須未雨綢繆研擬因應對策。三位財經首長奉指示後即開會研討，認為美援政策的改變，美援亦有隨時停止的可能，我們必須早做準備，加速經濟成長，將增加的所得不能用於消費，做為儲蓄，待美援停止時，我們儲蓄已累積到相當程度，希望能充分支持國內投資的需要，以達到「自力成長」的目標，整體因應方案，請美援會研提。

　　美援會改組前設有資料室，僅有兩位同仁，均非研究人員，美援會改組後，王作榮以專門委員身分兼任資料室主任，萬安則為其助理，當時亦僅我倆而已。當王作榮接到尹副主任委員指示要研擬「自力成長方案」，經我倆研究可分兩方面進行，一是研擬「加速經濟發展計畫大綱」，先為今後四年（1961-1964）設定經濟成長目標，要提高經濟成長率，必先增加投資，估計未來投資需要；再估計可能的財源，包括未來可能產生的國民儲蓄，一般性美援及僑外資投資的估計，還有不足的部分，則向美援當局申請額外援助支應。此部分由萬安負責研擬。在初稿完成後，經王主任認可，先向美援公署

經濟組負責人徵求意見，得到他的認可，並同意要求華盛頓美援總署向國會爭取額外援助，才向美援會主管報告。

另一部分是要達到「自力成長」目標，必須要求人民今後加速成長增加的所得，不要增加消費，做為儲蓄，若美援四年後停止，則我們多年累積的儲蓄應可充分支應投資的需要，以達到「自力成長」的目標。必須要採取有效措施，抑制消費、激勵儲蓄，這方面由王作榮主任負責研擬。

在此之前，美援公署署長郝樂遜（Wesley C. Haraldson）致函美援會尹仲容副主委，建議我政府採行八點重要改革，尹副主委交王作榮研究後，認為郝氏建議八點都極正確，惟要在短期內達到「自力成長」目標，力道有嫌不足，必須要進行全面性的改革，於是王作榮提出二十一點改革措施，涵蓋郝氏的八點，在初稿完成後交給我看時，我認為每條都很重要，也是必須要改革的。惟二十一點似乎會讓人想起過去的「二十一條」。王主任遂將二十一點合併為十九點，就稱為「十九點財經改革措施方案」，連同「加速經濟發展計畫大綱」兩份初

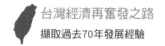
稿於 1959 年 12 月呈報李祕書長與尹副主委同意後，再與美援公署負責人協商獲得認同，並同意要求美援總署爭取國會給予我國特別援助。再經與嚴家淦及楊繼曾兩部長討論，全力支持，再簽報行政院陳院長，在陳院長同意後，陳院長再率同嚴家淦部長、尹仲容副主委及李國鼎祕書長，到老總統蔣公官邸，陳院長指定嚴家淦向老總統提出口頭報告，嚴部長先向老總統簡要說明本案經過，再逐條說明「十九點財經改革措施方案」，蔣公垂詢甚詳，均由嚴部長詳加解釋，經蔣公同意後，連同「加速經濟發展計畫大綱」報請行政院院會通過後實施。

「加速經濟發展計畫大綱」即作為第三期四年經建計畫之藍本，至於「十九點財經改革措施方案」之執行，其中有關行政命令部分，只要主管機關研訂執行辦法，經行政院核定即可實施。至於需要修改法規及需要訂定新法，如個別辦理，則耽誤時間，緩不濟急，遂訂定特別法排除現行法相關的規定，所謂特別法即後來訂定的「獎勵投資條例」。

在美援會同仁研擬「獎勵投資條例」初稿完成後，有關稅捐減免部分必須先獲得財政部同意，但在協調

時，遭到財政部主管稅務的次長及署長強力反對，強調當時國家財政極度困難，再採行減、免、退稅等優惠措施，將嚴重傷害稅收，影響國家財政；並放話如美援會要堅持，下年度預算由美援會編好了。

雖美援會祕書長李國鼎一再向財政部同仁說明，現在鼓勵外國人來投資，要減免的是未來所得稅，不影響現在的所得稅，如不鼓勵外國人，他們不來投資，未來也無所得稅可收，但仍未能獲得財政部稅務主管的同意。

於是李國鼎乘機向財政部長嚴家淦提起此事，嚴部長真能表現他經常說的處事，要「易地而處」的精神，不僅同意美援會所擬的「獎勵投資條例」，且說他會對部內同仁解釋。同時對李國鼎說，當該條例送立法院審議時，因立委對減免稅事一定會質詢，屆時通知他，他會親往備詢。當李祕書長向有關同仁說明此事時，大家極為興奮，心中的一塊石頭化解了，更對嚴家淦部長這種犧牲小我、成全大我的精神極為感佩。

而且當立法院審議「獎勵投資條例」時，嚴部長親臨備詢，因當初該條例35條中，減、免、退稅條文占了一半，立委質詢也以減、免、退稅問題居多，嚴部長

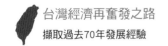

答詢時，說明之清晰，內容之精闢，在我們旁聽者對嚴部長之說明都極為敬佩，讓質詢立委們心服口服，「獎勵投資條例」審議順利很快於 1960 年 8 月 31 日完成立法程序，同年 9 月 10 日公布實施。

結果，美國國會並未同意給我額外特別援助，且認為我們運用美援有效，經濟發展良好，已具有自力發展能力，可做為其他受援國家楷模，而於 1965 年 7 月 1 日列為三個受援國家停止美援之一。1965 年我們尚未達到自力成長的目標，不過國民儲蓄率（即儲蓄占國民生產毛額 GNP 的比例）已大幅提高，自 1960 年 12.7％，至 1965 年提高為 19.6％，國民儲蓄支持國內投資的比例，已自同期的 62.7％，提高到 84.5％，資金不足部分則由僑外資、向世界銀行、國際開發協會、美國進出銀行及日本輸出銀行借款支應。至 1971 年儲蓄率更提高至 28.8％，不僅充分支應國內投資需要，達到「自力成長」目標，還產生相當 GNP 8％的超額儲蓄，成為「資本輸出國家」了。

由於儲蓄率及投資率（投資占 GNP 比例）的大幅提高，雖美援停止對我國經濟並未受到太大的影響，我

國平均每年經濟成長率從自接受美援時代（1951-1965）的 9.1％，至美援停止後的 22 年（1966-1987）提高為 9.8％。這都是政府執政當局「用對人、做對事」，早在美援停止五年多前即開始採取未雨綢繆的對策所獲得的結果。

李國鼎打造台灣成為高科技重鎮

第三個「用對人、做對事」的案例是高教授大文中提到張忠謀說：「沒有李國鼎，就沒有台積電。」李國鼎如何有此大本領，是何人授權給他的？這也是一個「用對人、做對事」的重要案例，也要從頭說起。

大家都知道蔣經國擔任行政院長後所推動的「十大建設」，而且他的名言「今日不做，明天就後悔」的呼籲；很多人不知道，台灣今天能成為「高科技重鎮」，是蔣經國「用對人、做對事」的結果。

當 1974 年初「十大建設」剛起步時，發生了石油危機，石油價格大漲。蔣經國即認為他推動的「十大建設」中，三項重化工業是能源密集產業，在石油危機發生後，重化工業發展不是長久之計。他召請行政院祕書

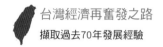

長費驊，把他的想法對費驊說，要他對未來工業發展想
辦法做重大突破。

　　費驊雖是行政院祕書長，負有調和各部會及立法院
的任務。可是他早在1953年應尹仲容徵召到工業委員
會擔任委員兼交通組組長，後又追隨尹仲容到美援會擔
任第二處處長，後又升任交通部次長。當蔣經國擔任行
政院副院長兼經合會主任委員時，就將費驊調升為經合
會副主任委員兼祕書長，負實際責任。費驊在政府經
濟發展機構浸淫了20年，不僅對台灣經濟發展有親切
感，且早已感染到尹仲容那種為國為民服務的精神，及
建設國家現代化的使命感。當他奉到院長的指示後，立
即電請他交大的同學、台灣電信總局局長方賢齊到行政
院研商。認為石油危機發生後，凡是能源密集的產業不
能再事擴張，必須發展能源密集度低、技術層次高，附
加價值高的產業，就是高科技產業，但哪種高科技產業
適合台灣做為起點，這個則是大問題。環顧當時台灣找
不到對高科技產業有研究者，於是他倆想到另一位同學
潘文淵，他在美國RCA公司擔任研究部主任，而RCA
是高科技產業，潘文淵又是研究部主任，應對全球高科

技產業有所了解與研究；遂電請潘文淵盡速回國提供建言。

　　當潘文淵於 1974 年初到台後，即由方賢齊陪同考察台灣重要工廠後提出建言，於是在圈內盛傳「南陽街小欣欣豆漿店早餐會」的小故事，雖是小故事，卻是台灣未來高科技產業發展的關鍵所在。事實是費驊在聽取潘文淵報告後，遂作東邀請經濟部長孫運璿、交通部長高玉樹、工業技術研究院（簡稱工研院）院長王兆振、台灣電信研究所所長康寶華，電信總局局長方賢齊連同主人費驊及客人潘文淵七人在小欣欣豆漿店早餐會，聽取潘文淵建言。潘文淵說明他發現台灣當時製電子錶、電子計算機工廠，如雨後春筍般的興起，而這些工廠都是進口「積體電路」（IC）在台灣裝配，毫無技術可言。而「積體電路」則是所有電子產品必要的核心零件，如台灣能製造「積體電路」，則有助所有電子工業發展，脫離裝配變成高科技產業。如台灣建設「積體電路」有成，則電子產品出口在 1980 年代可高居出口第一位。

　　至於製造「積體電路」技術，不宜自己研發，因為需要很長時間緩不濟急，而且花費很大，可以自國外引

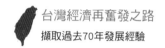
進，在美國有許多對「積體電路」技術學有專精的海外學人，可以組成一個電子技術顧問委員會，協助台灣做技術引進的評估。與會者都同意潘文淵的建言，其中孫運璿部長最為積極，要求潘文淵返美後徵求旅美學者意見，儘早再來台，研提「積體電路計畫草案」供政府決策參考。

於是潘文淵返美後，於 1974 年 7 月再度來台，在圓山飯店居住十天，與方賢齊、王兆振、康寶華不斷討論，及胡定華、厲鼎毅也偶爾參加提供意見後，撰寫了「積體電路計畫草案」。於 1974 年 7 月 26 日上午 11 時送到孫運璿部長手中。孫部長看後，立即要求部屬，邀請交通部長、工研院長、電信局長、電信研究所所長、企業界有關電子產業領導人，學術界專家約 40 人，於當日下午 2 時開會，聽取潘文淵所提計畫草案報告。經過三小時的討論，與會人員都贊同潘文淵的建議，沒有不同意見。於是孫運璿部長做結論：

1. 全力推動「積體電路」工業發展；
2. 請潘文淵博士盡速在美籌設「電子工業技術委員

會」，協助工研院引進技術；

3. 工研院成立「積體電路示範工廠」，負責計畫之
   執行；

4. 所需經費 1000 萬美元，雖是很大一筆金額，但
   由孫部長負責籌集；

5. 國內事宜由方賢齊負責聯繫接洽。

潘文淵對孫運璿部長的效率、負責態度及發展「積
體電路產業」的決心，極為欣賞與敬佩。

而且會後即開始行動，孫部長親赴美國主持「電子
技術顧問委員會」之成立，聘請潘文淵博士為召集人。
潘文淵還被孫部長說服，承諾提前自 RCA 退休，準備
打一場艱苦的戰爭，爾後幾年每年至少在台居住六個
月，協助台灣建設「積體電路」工業。

1975 年底選美國 RCA 為合作對象，RCA 願意代
訓積體電路設計人才，傳授設計技術，並依世界技術演
進，隨時更新技術；RCA 同意買回示範工廠生產之產
品，使工廠在擁有基本訂單情況下，持續運作。至於技
術移轉的項目，包括電路設計、光罩製作、晶圓製作、

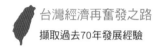

包裝測試、應用與生產管理，RCA 提供 330 人次之訓練名額，到 RCA 美國各廠受訓。由此可知，受訓人員不僅學習晶圓製作，還學習廠務管理、會計、生產作業等，亦即學習 RCA 整套的營運方式。

1976 年 4 月底開始分兩批近 40 人到美國 RCA 各廠受嚴格的訓練，同年 7 月「積體電路」示範工廠開始興建。第二年，即 1977 年 3 至 5 月赴美受訓人員陸續返國。在建築物底定，受訓人員返回，機器設備運達安裝完成，電子工業研究發展中心下的積體電路示範工廠於同年 10 月 29 日落成，孫運璿部長親臨主持，在典禮致辭指出，這座示範工廠的落成，象徵著我國電子工業正邁向技術密集型態發展，它使我國電子工業擺脫以往的裝配型態，強化了我國電子工業在國際市場上的競爭力。很快示範工廠即製造出電子錶積體電路。工業技術研究院電子工業研究發展中心，於 1979 年 4 月改組為電子工業研究所。

依原中心規劃，研究發展成功的「積體電路」技術應移轉民間，成立民間的「積體電路公司」，支持整體電子工業發展，於是 1979 年 9 月「聯華電子公司」籌

備處成立。當時示範工廠做的是三吋晶片，即將所有生產設備、技術及人員移轉至聯華公司，為提高聯華公司產品競爭力，是時示範工廠已研製完成四吋晶片，而且與美國RCA同步完成，也一併移轉至聯華公司籌備處，於是「聯華電子公司」於1980年5月正式成立，是我國第一家製造「積體電路」的公司，而工研院電子所則進行更尖端的研發。

還有1976年11月行政院長蔣經國於院務會議中宣布，行政院設立「運用科技研究發展小組」，聘請政務委員李國鼎擔任召集人，並指示會同有關部會，就我國科技研發與技術密集產業發展，做全盤的規劃研究及有效推動。雖政務委員手下只有一位祕書，沒有幹部亦無經費，但李國鼎以他過去多年主持各部門所創造的成就，對國家所作的貢獻，以及他在責任感與使命感的驅使下，在接受新的任務後，無不全力以赴。他除會同有關部會外，更號召企業界、學術界精英共同參與研究，於1978年初召開第一次全國科技會議，請蔣院長親自主持，交換意見，研擬著手進行研究之科技項目、產業發展與配套措施。

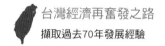
同年 5 月蔣經國就任中華民國第六任總統,經濟部長孫運璿就任行政院長,孫運璿是學工程的,在經濟部任內就積極推動高科技產業發展,對李國鼎而言如魚得水。他倆共同研擬「科學技術發展方案」,於 1979 年 5 月報請行政院院會通過公布實施,該方案一方面確立能源、材料、電子資訊、生產自動化、光電、生物技術、食品科技及肝炎防治等八大重點科技。積極全面推動;二方面發展技術密集產業,包括前述電子工業發展,做全面性規劃,加強經濟建設;三方面行政院設置科技顧問組,聘請世界一流科學家及工程師擔任顧問,針對台灣科技研發與產業發展方向予以評估,並提供建議。

另一方面,先後設置「新竹科學園區」、「資訊工業策進會」、工研院設置「電子研究所」、「材料工業研究所」、「機械工業研究所」,成立「輸出入銀行」,在各大學增加理、工,醫學系招生名額、增設研究所培養碩、博士人才;並在成功大學成立航空太空研究所、台灣大學成立應用力學研究所、交通大學設置電子及通信研究中心、清華大學成立材料研究中心、培養高級人才,以及行政院於 1983 年公布「加強培育及延攬高級科技人

才方案」，以提升研究水準及研究發展工作品質，並改善教育及研究環境，緩和人才外流，延攬高級人才返國工作以配合技術密集工業發展需要。

聯華電子公司成立生產四吋晶片供各方使用，李國鼎問當時工研院院長張忠謀，「台灣積體電路工業」可否更上層樓，有無進行「超大型積體電路」（VLSI）研發的可行性。張回稱，工研院有能力，也有必要，但其設備投資很大，是一問題。於是李國鼎從旁協助經濟部編列預算，為工研院購買超大型積體電路設備。

當 1985-1986 年間，為超大型積體電路計畫建造的六吋積體電路實驗工廠正要竣工，時任工研院長的張忠謀認為如此龐大的投資若只用來進行研究，經濟效率將無法彰顯，且又有鑑於國內積體電路設計公司缺乏一個立場中立且產能穩定的製造公司，可代工製造積體電路產品，於是張忠謀便向李國鼎提出可否比照聯華公司，將超大型積體電路實驗工廠移出，成為民營的「超大型積體電路公司」，為更多電子公司服務，也可帶動上下游電子公司發展。李國鼎百分之百的贊成，便帶領張忠謀於 1985 年 9 月 10 日到行政院對俞國華院長做簡報，

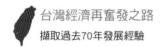

俞國華院長聽完簡報後，指示李國鼎政務委員約集有關機關研究。

李國鼎即約集經建會主任委員趙耀東、經濟部長李達海研究進行方法，結果由主管工研院的經濟部向行政院提出計畫構想草案，俞院長於 1986 年 1 月 16 日行政院會中指示積極推動超大型積體電路工業，成立五人籌備小組，由經建會主委趙耀東及經濟部長李達海擔任小組共同召集人，成員為財政部長錢純、國科會主委陳履安、工研院張忠謀並兼任小組執行祕書。結果，我印象深刻的是李國鼎帶著趙耀東、張忠謀前往拜訪民間企業大老，如王永慶、辜振甫、吳舜文等等，希望他們每位投資新台幣五億元，超過資本額 55 億元的一半，成為真正的民營公司。但結果不理想，民間只投資 3500 萬美元，折合新台幣 13.3 億元，占投資額的 24.1％。此時，荷蘭菲利浦公司得知此一訊息後，主動找李國鼎希望投資 51％，主導該公司的經營，李國鼎表示歡迎菲利浦公司投資，但投資額不得超過資本額的四分之一，公司經營主導權應由我方主導，結果菲利浦爭取投資 4000 萬美元，折合新台幣 15.2 億元，占 27.6％，不足

之數李國鼎要求趙耀東主持的「國發基金」及國民黨中央投資公司及國營事業等等共同投資 7000 萬美元，折合新台幣 26.6 億元，占 48.3％為最大股東，超大型積體電路的「台灣積體電路公司」簡稱台積電，英文簡稱 TSMC，遂於 1987 年 2 月 24 日正式成立，政府任命張忠謀出任台積電董事長而辭工研院院長。

台積電整個成立的過程是張忠謀親自經歷的經驗，所以他說出「沒有李國鼎，就沒有台積電」，一點也不為過。

由以上所述，也可了解我國至 1980 年代中期，台灣技術密集產業發展的方向與架構大致底定，各項配套措施也已完成，及相關支援機構也先後成立，創造良好的投資環境，奠定今後技術密集產業全面發展的基礎。

在此良好的基礎上，自 1980 年代中期開始加以民間的努力，勇於投資，技術密集產業獲得蓬勃發展，至 1988 年電子、資訊產品出口金額超過紡織品的出口，成為第一大出口產品，應驗了十多年前潘文淵博士的預測。1990 年代台灣就被國際稱為高科技產業重鎮，李國鼎被科技產業界尊稱為「科技教父」。2019 年科技產

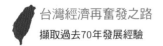

品出口高達 1,900 億美元，占總出口的比例超過一半以
上，達 57.7％。最近 10 年（2007-2016）科技產業增加
的附加價值，高占 GDP 增加額的 28.2％。顯然 20 多年
來技術密集產業，撐起台灣經濟半片天。

這些都是早期 40 年間政府執政當局「用對人、做
對事」所創造的結果。而今現況如與當年情況比較，怎
不令人痛惜！

新冠肺炎病毒對全球經濟的影響

鑑往知來，要先了解金融海嘯對全球經濟的衝擊，
再看「新冠肺炎病毒」對當前經濟的影響而定。

金融海嘯使中國 GDP 加速縮減與美歐間的距離

2007 年美國發生次貸危機，引爆 2008 年金融海
嘯，對全球經濟遭受重大衝擊。以美元計的各國 GDP
在金融海嘯當年及以後的 2008-2019 年平均每年增加率
與金融海嘯前的 2001-2007 年比較，如圖 1-1 所示，中
國下降了 25.3％，低於美國下降 34％；而歐盟由於金

圖 1-1　金融海嘯對中、美、歐經濟的衝擊

以美元計的各國 GDP，金融海嘯當年及以後的 2008-2019 年平均每年
增加率與金融海嘯前（2001-2007）年比較

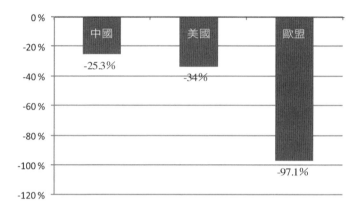

資料來源：根據 IHS Markit（2020.5.15）資料計算（以下各圖同）

融海嘯的衝擊引發債務危機，更進一步導致歐元大幅貶
值，自 1 歐元兌 1.4 美元多，貶值到 1.1 美元多，致其
以美元計的 GDP 平均每年增加率大幅下降了 97.1％，
實際以美元計的 GDP 每年只增加 0.3％，歐盟經濟幾呈
停滯。

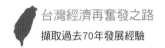

中國 GDP 與美、歐間的差距大幅縮減

　　中國經濟雖也受到金融海嘯的衝擊，但因其因應得當，其 GDP 降幅低於美國與歐盟，以致中國 GDP 占美國及歐盟 GDP 的比例，在金融海嘯後大幅上升。如圖 1-2 所示：

圖 1-2　金融海嘯前後中國 GDP 占美、歐 GDP 比例

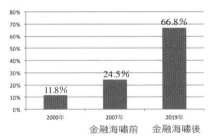

1. 中國 GDP 與美國比較，在 2000 年中國以美元計的 GDP 僅占美國 GDP 的 11.8％，至 2007 年金融海嘯前一年才增至 24.5％。可是金融海嘯後的 2019 年卻躍升至 66.8％。亦即中國 GDP 在金融海嘯前的 2007 年落後美國 GDP 75.5％之巨；金融海嘯後的 2019 年落後比例縮小為 33.8％，大幅縮減一半以上，對美國「全球第一」的霸權造成重大威脅。

2. 中國 GDP 與歐盟比較，在 2000 年時中國以美元計的 GDP 僅相當歐盟 GDP 的 13.6％，至 2007 年金融海嘯前一年僅升至 19.9％。可是至金融海嘯後的 2019 年卻暴增至 77.8％。亦即中國 GDP 在金融海嘯前的 2007 年落後歐盟 GDP 超過 80％，金融海嘯後的 2019 年，落後幅度急速縮減至 22.2％，幾乎縮減了四分之三，讓中國 GDP 有很快趕上歐盟的可能。

中國成為帶動全球經濟成長的火車頭

金融海嘯前的 2001-2007 年美國 GDP 增加額占全球 GDP 增加額的 17.3％，歐盟 GDP 增加額占全球 GDP 增加額的 36.4％，兩者合計對全球的經濟成長

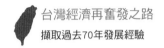

貢獻一半以上，當時全球經濟是歐美的天下。而中國 GDP 的增加只貢獻 9.5％，微不足道。

可是金融海嘯後，由於歐盟經濟成長率的大幅萎縮，以及歐元的貶值，其以美元計算的 GDP 增加額對全球 GDP 增加額的貢獻，大幅縮減至只有 2.1％，而美國因歐盟貢獻大幅縮減，其 GDP 增加額對全球 GDP 增加額相對提高至 24.3％。不過歐美 GDP 合計增加額，只對全球 GDP 增加額貢獻 26.2％，遠落後於中國 GDP 增加額貢獻的 37.2％（見圖 1-3），致使中國在金融海嘯後成為帶動全球經濟成長的火車頭。

中國成為全球出口拓展的最大貢獻者

中國自 2001 年加入世界貿易組織（WTO）後，由於市場的開放，進口大幅增加，2001-2007 年間進口平均每年增加率高達 23％，正是全球每年進口增加 11.4％的兩倍。但因中國加入世貿組織時進口金額基礎較低，因此，中國在金融海嘯前七年進口增加額只對全球進口增加額貢獻 9.7％，仍低於美國進口增加額貢獻的 10.1％。

圖 **1-3** 金融海嘯前後中國 **GDP** 增加額對全球 **GDP** 增加額之
貢獻（％）與美國、歐盟比較

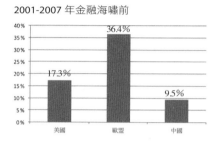

2001-2007 年金融海嘯前

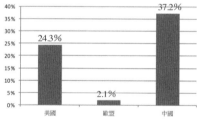

2008-2019 年金融海嘯後

　　金融海嘯後各國及全球進口增加率均大幅下降；雖
中國進口增加率亦大幅下降，但仍較美國與全球進口增
加率高出很多（實際數據請見表 1-3）。

　　金融海嘯後，大陸進口增加率仍是美國及全球進口
增加率的 3.3 倍與 2.6 倍，而且中國進口基數已高，使

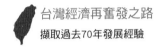
其在金融海嘯及以後的 2008-2019 年間進口增加額對全
球進口增加額貢獻達 22.3％，是美國進口增加額貢獻
11％的兩倍多，如圖 1-4 所示。

圖 1-4　金融海嘯前後中國進口增加額對全球進口增加額之貢獻％與美國比較

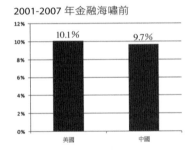

資料來源：根據 WTO 年報資料計算

　　由於金融海嘯以來的 12 年間，中國進口增加額對全球進口增加額貢獻比例倍增。因此，中國給予各國出口大幅成長的機會，以致許多國家將中國列為他們出口的第一位大國，帶動該等國家就業的增加，經濟成長的提升，在經濟方面已產生相互緊密關係；再加以中國已成為全球經濟成長的火車頭，美國要圍堵中國，將使全球經濟受到重大傷害，美國對中國打擊亦是傷敵一千，自損八百。

新冠肺炎將使中國 GDP 提前超越美國

　　從以上分析可了解 2008 年金融海嘯對全球經濟衝擊之嚴重。現在回首看「新冠肺炎病毒」對全球經濟的重擊。

　　我畫了一張新冠肺炎病毒引發問題的流程圖如圖 1-5。由這個流程圖看來，新冠肺炎病毒人傳人，短期內尚未能產生有效對症的藥物及疫苗，以致在各國蔓延，各國政府不得不採取封關、堵城，阻止人流，而使產銷鏈中斷，以至企業停業或倒閉，致使生產凋敝、投資衰退、失業大增、消費萎縮；同時出口停滯，甚至衰

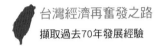

圖 1-5　新冠肺炎病毒的連鎖效應

新冠肺炎病
毒人傳人　→　封關斷鏈
{
企業停業或倒閉
1. 生產凋敝、投資減退
2. 失業大增、消費萎縮
3. 出口停滯甚至衰退
}
內外需萎縮　→

經濟負成長　→　若疫情繼續蔓延，某些國
家經濟將陷入惡性循環

退。在內外銷都萎縮的情況下，經濟怎能不負成長，再拖延下去，將陷入惡性經濟循環。

　　各國政府在面對如此惡劣的情況，無不採取強烈因應對策，短期內有扼止企業倒閉，失業大幅增加的效果。但病毒在蔓延，時間拉長，強烈因應對策的負面影響也會陸續發生。我也同樣將政府所採強烈因應對策，可能產生負面影響的流程繪圖如下，見圖 1-6。

　　自 2020 年初新冠肺炎病毒爆發延燒至 10 月 16 日，全球已有 3940 萬人確診新冠肺炎，110 萬人死亡，然而疫情不但未見減緩，且有較高機會再爆第二波高峰。致使各國政府所採強烈因應對策，負面影響逐漸呈現。

圖 1-6　政府以強硬措施應對新冠肺炎的負面效應

1. 無限量寬鬆貨幣政策
   - 大量強力貨幣流出
   - 低利率，甚至零利率或負利率

2. 極度寬鬆財政政策 → 財政赤字擴大

1. 形成泡沫經濟
2. 影響央行獨立性
3. 銀行失去應有功能
4. 保險公司財務惡化
5. 政府債台高築
6. 企業債務暴增，違約風險升高

引爆金融危機與財務危機可能性大增

　　各國所採無限量的寬鬆貨幣政策，讓強力貨幣大量流出，使市場利率趨低，甚至低到零利率或負利率。而強力的財政政策，使政府債台高築，且貨幣化。此兩強力政策在經濟不景氣時，確實有促進景氣提前復甦的效果。可是在當前疫情蔓延的情況下，市場萎縮，大量資金流入股市及房地產，造成泡沫再起。由於中央銀行受到執政當局的強力干預，不僅失去其獨立性，也違背央行設置之目的，更擾亂金融市場的功能；而市場利率降至零利率或負利率，使銀行失去其應有的功能，尤其保險公司在過去高利率時代承接的儲蓄保險，如今財務陷入困境。另一方面許多國家財政早已陷入困境，而今年以來為了避免失業暴增，一再採取救濟措施，債台高

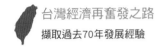
築，債留子孫。至於企業界們在央行及政府大力資助下，短期還能勉強撐得住；但疫情一再拖延，企業界所背負的巨額債務發生違約甚至倒帳，導致銀行逾期放款或倒帳暴增。

以上的許多副作用已逐漸發生，其對全球經濟的衝擊已超過金融海嘯的時期。若疫情再出現二度高峰，則以上所舉出的副作用將一併齊發，更嚴重的金融危機與財政危機爆發可能性大為提升，而且央行與政府已少工具可用，將進入黑暗的時代。

實際上，近日來疫情尚未減緩，尤其中南美洲與加勒比海國家最為慘烈，其中巴西、墨西哥、祕魯、哥倫比亞及阿根廷五國至 2020 年 10 月 16 日確診人數已超過 881 萬人，死亡人數 32.7 萬人，均超越美國。在歐洲方面，新冠肺炎確診人數亦持續擴大。世衛組織警告，歐洲不僅確診病例上升，尤其歐洲正進入流感季節，過去七天平均每百萬人確診 187 人，比美國的 162 人確診更嚴重。而且各國確診人數已趨向年輕化，義大利確診病患平均年齡已降至 32 歲。在亞洲的印度確診人數已突破 744 萬人，有超越美國之勢。美國、巴西與

印度三個確診人數超過 500 萬人的國家，合計達 2094 萬人，超過全球確診總人數的一半。各國都寄希望於疫苗的早日出現。

據世衛組織透露，已有好幾個疫苗進入第三期臨床測試，其中應有幾個測試成功，將於今年 12 月及明年初先後上市，前文所述的「黑暗時代」應不會降臨。至於今後疫情是否就會穩住，經濟就會恢復正常發展，則不確定因素很高。據專家的研究，新冠肺炎病毒不會消滅，隨時有復發的可能。世界銀行總裁馬爾帕斯（David Malpass）指出：「新冠肺炎病毒造成的影響可能持續十年。經濟要恢復過去常態發展亦難，應隨時準備因應之策，將其不利影響降至最低。」國際貨幣基金（IMF）於 2020 年 10 月 13 日發表的「世界經濟展望」報告指出，預估 2020 年全球經濟成長率將萎縮 4.4％，是 2009 年金融海嘯時負 1.7％的 2.6 倍，可見新冠病毒對全球經濟的傷害遠高於金融海嘯。IMF 首席經濟學家高萍娜（Gita Gopinath）表示：「由於疫情持續擴散，因此，難以確保全球經濟復甦，恢復到疫情之前的路途將相當艱辛。」

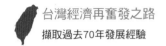

　　為簡化起見，僅就新冠肺炎病毒對中美兩經濟大國所造成的影響，進行下列評估。

　　首先就中國大陸而言，武漢是 2020 年初病毒最早爆發的地區，人傳人，迅速流傳；雖當局迅速採取圍堵封城緊急對策，但已波及各地；加於圍堵封城，阻擋人流，對經濟已造成嚴重傷害。如工廠停工、商店歇業、失業暴增、學校停課、消費萎縮、投資不振、出口衰退。事後據大陸國家統計局發表的今年第一季經濟成長率估計，自過去成長 6％以上銳降為負 6.8％，可見傷害之嚴重。

　　不過，中國大陸在圍堵封城，阻擋人流後，疫情已漸受控制；在醫療方面中西醫合併療法，使死亡人數不致擴大。至 10 月 16 日止，中國確診人數僅 8 萬 5659 人，死亡人數 4634 人，較很多病毒嚴重國家緩和很多，民心安定。同時，在中國大陸採取強力救濟措施與解除圍堵，使廠商逐步恢復開工與營業。雖部分城市尚有零星確診，繼續管制，及美國全力封殺中國大陸，使復工不是太順利。實際上今年第二季中國大陸經濟已向上回升，目前國家統計局發布的估計是正成長 3.2%。

　　中國為避免疫情的擴散，疫苗的研發早已緊鑼密鼓的進行，到目前已有 3 個疫苗進入第三期臨床試驗，接受試驗的國內外人士已超過 2 萬人，最快今年底即可試驗完成，供應上市。中國大陸當局為防範秋冬疫情再發，國務院已公布「新冠病毒疫苗緊急使用（試用）方案」，已自 7 月 22 日正式啟動新冠疫苗的緊急使用。醫務當局宣稱一針疫苗可達 97％的保護率，兩針可達 100％，價格在人民幣 400 元上下，負擔不是很重。

　　因此，國際間各大經濟預測機構估測各主要國家 2020 年經濟成長率，中國是唯一低度正成長國家，其他主要國家皆是負成長，最差的到負 8％以上。而且今年美元趨貶，人民幣略升，致使以美元計的中國 GDP 今年將增加 2.1％，明年可有相當幅度的反彈，但今後十年全球不確定因素大而廣，中國經濟發展也不會很順利，今後十年（2020-2029）估計 GDP 平均每年增加率將較病毒爆發前衰退 33.9％，高於金融海嘯後的衰退 25.3％。顯示新冠肺炎病毒對中國大陸經濟的衝擊，遠大於金融海嘯的衝擊，請見圖 1-7。

圖 1-7　金融海嘯與新冠肺炎病毒對中、美經濟衝擊的比較

（以美元計的中、美 GDP 平均每年增加率比較）

中國

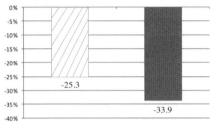

美國

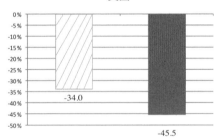

■　新冠病毒重擊 2020-2029 年平均每
年增加率較 2008-2019 年下降％

▨　金融海嘯重擊 2008-2019 年平均
每年增加率較 2000-2007 年下降％

　　至於美國，在中國武漢今年初爆發新冠肺炎病毒時，美國領導當局不但未於重視，還譏諷美國最健康，不會受到感染，完全沒有準備採取任何預防措施。待2020年3月間美國受到新冠肺炎病毒感染，美國號稱是有世界上最好的衛生保健系統，但在這次疫情中完全沒有發揮作用，不僅顯現事先沒有準備，川普總統還拒絕承認疫情的嚴重性，更將抗疫政策推給州政府負責，致使疫情一發不可收拾。

　　當美國疫情不斷擴大時，川普總統竟然拒絕戴口罩、保持適當的距離，做最壞的示範。最慘的是當確診人數暴增，醫院病床不足，病重者搶加護病房；死亡人數驟增，醫院沒有足夠空間安置遺體，只能放在卡車上的冰櫃等待處理，不是世界上一流最富有國家應有現象，連新興工業國家都不如。

　　最不可思議的是美國總統川普於10月1日自發推文證實，他與第一夫人同染新冠肺炎，接受隔離治療。由於川普對新冠疫情的輕忽，終於自己不但確診，而且發燒、血氧濃度過低，緊急送往軍醫院，進行高強度的治療。實際上，白宮幕僚群確認感染已20多人，白宮

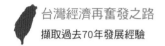
已成為新冠疫情危險區。川普在強力治療情況好轉後，住院三天即急於出院返回白宮，且到處趴趴走進行競選活動。川普演講時拿掉口罩，聽眾未保持適度距離，有的還未戴口罩，其影響如何有待繼續觀察。

美國今年（2020）4月底確診人數突破百萬人，7月9日超過300萬人，歷70天增200萬人，平均每天增加2.9萬人；可是至10月16日又高達830萬人，99天平均每天增加5.3萬人，確診人數有擴大之勢。美國因病毒死亡的人數已高達20.4萬人，與580萬確診人數均居世界第一。10月以來的16天中，死亡人數平均每天達700人，顯現美國疫情持續惡化中。更嚴重的是美國疫苗研發相繼失敗，使川普誇稱總統大選前疫苗可以上市的預言落空，疫情的控制更困難。美國前財政部長、前哈佛大學校長桑默斯（Lawrence Summers）與哈佛大學經濟學家卡特勒（David Cutler），預估新冠病毒在美國大流行，對美國經濟的直接衝擊，以及美國民眾承受的生命和健康損失，合計達16兆美元；是2007-2009年金融海嘯時損失的4倍，相當2020年GDP的80％；也是美軍2011年9月11日至今戰爭支出（包括

阿富汗、伊拉克與敘利亞戰爭）的兩倍以上。可見新冠病毒對美衝擊之嚴重。

華裔防病毒權威何大一博士曾言：「如果沒有公共健康，就不會有經濟健康。」依他的觀察，美國川普總統關心經濟重於公共衛生，而美國的疫情還在蔓延，顯然美國太快重啟經濟，過早解除管制，才有疫情加速惡化的反彈。

因此，美國今年第二季經濟成長率，自第一季的正成長 0.3％，銳減為負 9.5％，可見新冠肺炎病毒對美國經濟衝擊之慘重。國際重要預測機構都預測美國 2020 年經濟成長率都在負 4％以上，明年會有反彈，但不夠強勁，而且未來十年不確定因素太複雜，加上美國內部的族群失和，皆不利於未來的經濟發展。估計未來十年（2020-2029）美國 GDP 平均每年增加率將較病毒爆發前萎縮 45.5％，較金融海嘯後平均每年衰退 34％更嚴重，請見圖 1-7。

2000 至 2040 年中美 GDP 比較

根據以上推估，將中、美兩國 2000-2019 年實際

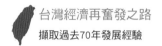

GDP 金額，與 2020-2040 年估測數繪曲線圖比較如圖
1-8。

圖 1-8　新冠病毒使中國 GDP 提前超越美國
　　　　2000 至 2040 年中美 GDP 比較

（單位：兆美元）

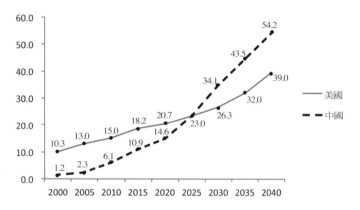

資料來源：2000-2020 年係 1HS Markit (2020.5.15)，2025-2040 年係筆者估
計，是在假設 2020-2040 年間沒有戰爭的情況下，所作的估測。

表 1-1　中國 GDP 占美國 GDP%

年	%
2000	11.8
2010	40.6
2020	70.5
2026	104.6
2030	129.7
2040	139.0

　　根據圖 1-8 顯示，在中國進入世貿組織前的 2000
年，其以美元計的 GDP 僅 1.2 兆美元，與美國 10.3 兆
美元比，僅是美國 GDP 的八分之一，相差甚遠。中國
進入世貿組織後經濟快速成長，至 2005 年 GDP 增加一
倍，但因基礎過低，GDP 才 2.3 兆美元，與美國的 13
兆美元比相差仍在八成以上。直到 2010 年五年間中國
GDP 又增加 1.8 倍，GDP 達到 6.1 兆美元，超過了日
本，成為世界第二大經濟體，與美國 GDP 比較，差距
縮短到 60％。

　　至 2020 年新冠肺炎病毒爆發，使美國 GDP 萎縮
3.3％，而中國 GDP 還能有 2.1％的正成長，加以基礎
已高，GDP 升至 14.6 兆美元，相當美國 GDP 20.7 兆美
元的 70.5％，其間差距縮短到 29.5％不到三成，對美國
霸權遭遇到極大的壓力。因此，美國使出各種招式全力
打壓中國、圍堵中國、挑釁中國。不過，中國已不是
20 年前的中國，其在全世界經濟方面已有舉足輕重的
力量；尤其在金融海嘯後，中國經濟的增長及市場的開
放，對全球經濟已做出重大貢獻，在經濟方面已與各國
產生緊密關係；而且中國領導階層提出「亂局中堅定意

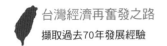
志，不與美正面衝突」的最高指導方針，不讓美國挑釁
得逞。

　　加上新冠肺炎病毒對美國經濟衝擊，由於美國處理
失當所受衝擊遠大於中國，加上疫苗的研發失敗，致
使到 2025 年中國 GDP 增至 23 兆美元，幾與美國 23.2
兆美元相等，因此，2026 年中國 GDP 超越了美國，成
為全球最大經濟體，美國淪為第二；甚至 2040 年中國
GDP 高達 54.2 兆美元，較美國 39 兆美元，超越 39％。

　　由以上分析，得知金融海嘯對各國的衝擊，由於各
國因應能力的高下，加速縮短中國 GDP 與美歐 GDP 間
的差距，提前超越日本，成為全球第二大經濟體。而新
冠肺炎病毒的衝擊，也因各國因應態度的不同，讓中
國 GDP 提前超歐趕美，於 2020 年代中期中國成為全球
經濟最大國。這是中國百年來的大機遇，也是執政當局
「用對人、做對事」的成就。

　　不過中國雖將成為全球第一經濟大國，但要成為一
個現代化文明國家，受人尊敬的民族，還要在法治、文
化、現代化等等方面，做長久持續努力，才能恢復過去
的千秋盛世。

台灣人均 GDP 能否在四年內達到三萬美元？

　　先就新冠肺炎病毒對台灣造成的影響來觀察，到 2020 年 10 月 16 日確診人數 535 人，死亡 7 人，可以說很輕微，這是因為當局及早封島，人民配合的好，大家出門都戴口罩，保持適當距離。但因及早封島中斷人流，今年第二季來台旅客人數驟減 99.6%，對台灣觀光事業遭到重大衝擊，凡航空、旅行社、旅館、餐飲、土產、遊覽車等等產業受創嚴重。失業增加，放無薪假者近 2 萬人；加以封島國人不能出國旅遊，及病毒的威脅使國人亦少出門，致使民間消費大幅下降，今年第一季自過去的正成長變為負 1.55%，第二季更萎縮 4.98%，第三季還繼續下降 0.04%，第四季預估可恢復 0.71% 的正成長，估全年萎縮 1.44%，是過去沒有的現象。

　　至於出口今年（2020）1-9 月還能有 2.4% 的正成長，主要是受到斷鍵後的轉單效應；因此對中國大陸及香港出口合計增加 13.3%，而除中國大陸、香港以外地區，則減少 4.6%。雖然當局在政治上採「親美抗中」策略，但經濟方面對大陸的依賴不減反增，去年對

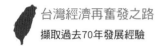
大陸及香港出口占總出口的 40.2％，今年 9 月更升至
46.3％；去年對大陸及香港出超 738 億美元，今年可超
過 800 億美元，幾乎超過總出超的一倍。估計今年全年
對大陸及香港出口占 GDP 比率高達 22％，而政府採取
「去中化」及「抗中」政策，一旦中國大陸在經濟方面
制裁台灣，台灣無力抵抗，將陷人民於危險之境，這應
是我執政當局面臨的關鍵課題，應及早因應。

在出口產品方面，今年 1-9 月積體電路出口也受
轉單之助大增 22.3％，致使積體電路以外產品銳減
5.9％，顯示積體電路產業一枝獨秀，其他產業則慘兮
兮。也由於積體電路出口大量增加，而帶動其生產設備
進口大增，致使今年上半年民間投資在新冠病毒衝擊
下，還能有 2.4％成長。

2020 年 8 月 15 日行政院主計總處公布今年第二季
經濟成長率為負 0.58％，不僅較美、日、歐及新加坡今
年第二季經濟成長率為負 9％至負 15％、中國大陸第一
季負 6.8％低很多，也較金融海嘯時的 2008 年第四季
至 2009 年的第二季台灣經濟成長率為負 5.9％至 7.9％
低很多，顯示台灣今年遭受新冠病毒衝擊遠較其他各國

為輕。不過，就主計總處發表的今年第二季國民所得統計，表面上看僅負成長 0.58％，但深入觀察，今年第二季民間消費高達負 4.98％，國外淨需求也是負成長 1.30％，而經濟成長率僅負成長 0.58％，主要是靠存貨變動大幅增加，對經濟成長貢獻 1.59 個百分點。可是存貨增加在國民所得統計上是對經濟成長的正面貢獻；但對企業而言存貨的正常增加是有必要，但大幅增加，表示生產的產品賣不出去，變成存貨，則是沉重的負擔。若今年第二季不考慮存貨變動，則經濟成長率就負成長 2.17％，其受新冠病毒衝擊並不輕。至於 2020 年全年經濟成長率，據行政院主計總處估計有 1.56％的正成長，是同年全球少數正成長的國家之一。

用對人、做對事是關鍵要素

現在再回頭看今後四年台灣人均 GDP 能否達到 3 萬美元，高教授大文指出要看當局是否「用對人、做對事」。我舉各國爆發新冠肺炎病毒後，各國政府對其人民發給補助金一事來分析。主要國家都在病毒爆發後一兩個月內就發折合新台幣萬元以上的現金，因為現金隨

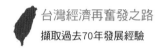

時隨地可以買任何物品及服務。再以美國為例，3月爆發疫情，4月即發給其人民每人 1200 美元現金，折合新台幣 3 萬 6000 元，是我政府發給 2000 元的 18 倍，而且美國所有報所得稅的家庭，美國稅捐單位都有報所得稅家庭銀行存款帳號，美國政府就將補助的每人 1200 美元，直接匯存到各家庭的銀行存款帳戶，美國人民不需要出門去領補助金。美國政府處理疫情不當，但發給人民補助金，其效率則高人一等。

而我政府發給人民補助金，在疫情爆發後，先觀望了兩個月再研究兩個多月，提出一套預想不到的方式，才在今年 7 月開始發給，不僅方式特別而且訂了許多規定：

1. 不發現金，發「三倍券」。
2. 要人民到郵局或便利商店排隊領取。
3. 要人民先付給政府 1000 元，才能領取 3000 元的「三倍券」，實際僅補助每人新台幣 2000 元。
4. 「三倍券」不是現金，只有政府名單表內的廠商接受「三倍券」，名單以外的廠商不能使用，還

有規定許多商品及服務不能使用，如交水電費、勞健保費及商品禮券等等，運用受到很大限制。

5. 發給的「三倍券」，其中 200 元券五張計 1000 元，500 元券四張計 2000 元，而且規定廠商不找零，表示 3000 元「三倍券」運用時有打折之虞。

6. 台北市為優待老人，每人增發 1000 元，但要老人用敬老卡先辦理登記，再自己使用敬老卡先花用 3000 元，8 天後悠遊卡公司才將 3000 元匯入老人的敬老卡中。

政府補助每人 2000 元只能當做平日生活花費之用，哪能產生政府所期待的「乘數效果」。

這樣一個「化簡為繁」的做法，能認為執政當局「用對人、做對事」嗎？

新冠疫情衝擊低，目標應可達成

要了解未來四年人均 GDP 3 萬美元目標是如何訂定，前文所述 2006 年蘇貞昌第一次接任行政院長時，提出「台灣 Double」的口號，宣示未來十年人均 GDP

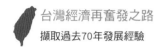
倍增,自當年的 1 萬 6000 多美元,十年後增加到 3 萬 2000 美元,十年增加 1 萬 6000 美元,每年增加 1600 美元,略有了解台灣經濟的人都知道這是不可能的,做行政院長的蘇貞昌竟然不知道,而信口開河的說出豪語,毫無根據可言,不僅十年到了 3 萬 2000 美元未達到,到今天十四年了還與 3 萬 2000 美元差很大。

不過,這次蘇貞昌宣布未來四年人均 GDP 達到 3 萬美元,據報載是國發會為編擬下一個「四年經建計畫」,經過詳細的研究規劃,再經模型推計未來四年各年經濟成長率平均為 2.6％至 3.4％,再推估人均 GDP 可達到 2 萬 9006 美元至 2 萬 9584 美元,四捨五入的話就是 3 萬美元。

要了解未來四年「人均 GDP」是否能達到 3 萬美元,先要看基年(即今年 2020 年)人均 GDP 是多少?據行政院主計總處發表的最新估計是 2 萬 7371 美元,四年內要達到 3 萬美元,即平均每年增加 2.3％即可。

未年四年以美元計的人均 GDP 平均每年增 2.3％,較國發會預定的經濟成長率平均 2.6％至 3.4％為低。可是今年上半年人口已提前轉為負成長,而當前是石油、重

要原物料價格低檔時，在明年經濟復甦後，這些物品價格會上升，國發會估計未來四年消費者物價平均每年上升 1％至 1.5％，以及美元近來趨貶，台幣升值，這種趨勢將會延續下去。因此，以美元計的未來四年人均 GDP 增加率低於代表實質 GDP 的經濟成長率，令人費解！

再看過去四年人均 GDP 自 2016 年 2 萬 3091 美元，至 2020 年增至 2 萬 7371 美元，平均每年增加 4.3％，與今後四年人均 GDP 增加 2.3％比較，顯示新冠病毒後四年人均 GDP 增加率，較病毒發生前四年增加率大幅下降 46.5％，遠高於前述中國遭遇新冠病毒衝擊，以美元計的 GDP 增加率衰退 33.9％，亦略高於美國衰退 45.5％，實質上，台灣經濟受到新冠病毒的衝擊，並沒有中國大陸及美國受創的嚴重。顯示未來四年人均 GDP 3 萬美元目標有過於低估之嫌。

尤其過去四年「人均 GDP」每年增加 1070 美元，而今後四年平均每年只增加 657 美元，即使受到病毒的影響，顯然 3 萬美元的目標是較「保守」的估計，只要今後四年不發生戰爭，不發生重大突發事件，人均 GDP 3 萬美元目標應可順利達成。

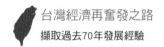

表 1-2　中國大陸、美國、歐盟及全球 GDP 與經濟成長率

時間	中國大陸	美國	歐盟	全球	中國 GDP 占美國 GDP%	中國 GDP 占歐盟 GDP%
1. GDP（億美元）						
2000 年	12,100	102,520	89,140	334,830	11.8	13.6
2007 年	35,390	144,520	178,020	579,100	24.5	19.9
2019 年	143,200	214,280	184,150	868,590	66.8	77.8
2. GDP 增加金額（億美元）						
2007 年較 2000 年	23,290	42,000	88,880	244,270		
2019 年較 2007 年	107,810	69,760	6,130	289,490		
3. 各國 GDP 增加額對全球 GDP 增加額貢獻比率（%）						
2007 年較 2000 年	9.5	17.3	36.4	100		
2019 年較 2007 年	37.2	24.1	2.1	100		
4. 以美元計的 GDP 平均每年增加率（%）						
2001-2007 年	16.6	5.0	10.4	8.1		
2008-2019 年	12.4	3.3	0.3	3.4		
下降	-25.3	-34.0	-97.1	-58.0		
5. 平均每年經濟成長率（%）						
2001-2007 年	10.83	2.52	2.27	3.17		
2008-2019 年	7.43	1.69	1.03	2.56		
下降	-31.4	-32.9	-54.6	-19.2		

資料來源：根據 IHS Markit (2020.5.15) 資料計算。

表 1-3　中國大陸、美國及全球進口金額

時間	中國大陸	美國	全球
1. 進口金額（億美元）			
2000 年	2,251	12,580	66,620
2007 年	9,560	20,170	142,000
2019 年	20,770	25,680	192,260
2. 進口增加額（億美元）			
2007 年較 2000 年	7,309	7,590	75,380
2019 年較 2007 年	11,210	5,510	50,260
3. 進口增加額對全球增加額貢獻比例（％）			
2007 年較 2000 年	9.7	10.1	100
2019 年較 2007 年	22.3	11.0	100
4. 平均每年增加率			
2001-2007 年	23.0	7.0	11.4
2008-2019 年	6.7	2.0	2.6

資料來源：據各該期 WTO 年報資料計算。

第 2 章

歷任總統經濟施政成果比較

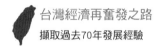
蔡英文總統數度強調執政以來的政績，誇稱：「現在是台灣經濟 20 年來最好的狀態。」高雄市長韓國瑜則講：「台大法律系畢業出來的三位總統，這些年來把台灣經濟競爭力搞殘廢了。」各界反應不一。

我研究台灣經濟 70 年所寫報告、論文百餘篇及社論 1927 篇，均以數據為評論依據。現在我也根據行政院主計總處發表的重要經濟指標，來分析歷任總統經濟施政成果，判斷誰說的話為真、或假，製造假新聞騙選票。

經濟發展成果比較

經濟成長率每況愈下

就過去 60 多年以國家領導人的不同期間平均每年經濟成長率來比較，在兩蔣及嚴家淦主政時代（簡稱兩蔣時期），1951-1965 年即接受美援時期，每年經濟成長率高達 9.1％，在美援停止後的 1966-1987 年，每年經濟成長率並未因美援於 1965 年 7 月 1 日的停止而下降，反提高為 9.8％。顯然是在政府積極主導下，凝聚全民

圖 2-1　經濟成長率 (平均每年成長率)

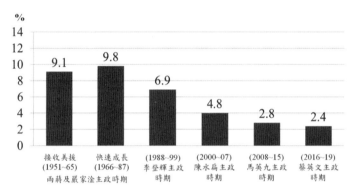

資料來源：行政院主計總處國民所得統計年報及常用資料。

共同努力的結果。可是在這厚實建設的基礎上，後兩蔣
時代的李登輝、陳水扁、馬英九及蔡英文主政時代，經
濟成長率並未持續上升，反而是每況愈下，如圖 2-1，
怎不令人惋惜！

失業率高檔震盪

　　在兩蔣主政時代初期的 1950 年代失業率估計高達
6％以上（當時政府發布只有 4％上下），至 1965 年美援
停止時已降至 3.3％，到蔣經國逝世前的 1987 年再降到
2％，已達到充分就業階段。可是後兩蔣時代失業率未

圖 2-2　失業率

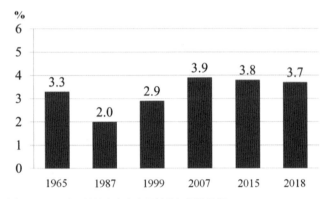

再持續下降，反而節節上升，陷基層人民於痛苦之境地。

實質薪資增加趨緩

在兩蔣時代後期的 1966-1987 年的 22 年間，實質總薪資平均每年增加率高達 6.3％，對基層人民生活水準的提高及所得分配差距的改善，做出重大貢獻。

但進入李登輝主政時代，實質總薪資增加率大幅下降，陳水扁時代更僅增加 0.19％，及馬英九時代的 0.21％ 幾呈停滯，蔡英文時代略微回升到 1.13％，但與兩蔣時代無法比較。基層人民為維持現有生活水準，不

圖 2-3　實質總薪資平均每年增加率

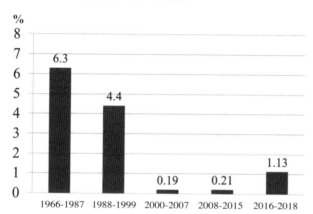

資料來源：行政院主計總處國勢調查處。

是動用過去儲蓄，就是借債度日了。

每人 GDP 每年增加率大幅減少

　　在蔣經國時代不僅與美斷交，而且遭遇第二次石油危機的重擊，但每年經濟成長率仍高達 9.1％，再加於競爭力強勢，新台幣大幅升值，因此以美元計的每人 GDP 每年增加率創下 14.9％的高紀錄。到李登輝時代，還有每年 8.2％的增加；可是陳水扁及其以後時代，不僅經濟成長率下降，且競爭力萎縮，致新台幣小幅

圖 2-4　以美元計的每人 GDP 平均每年增加率

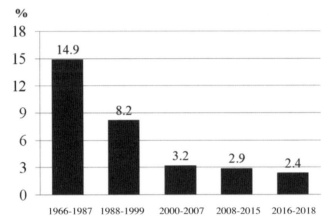

資料來源：行政院主計總處國民所得統計年報及常用資料。

貶值，因而以美元計的每人 GDP 每年增加率，每況愈
下，如圖 2-4。

貧富差距拉大

　　在兩蔣主政後期的 1968-1987 年，平均高低所得差
距，自以前的 5 倍以上，降為 4.43 倍，成為世界上所得
分配差距最小的國家之一。根據諾貝爾經濟學獎得主顧志
耐（Simon Smith Kuznets）教授研究開發中國家發展經驗
指出，開發中國家從事經濟發展後，是有錢人更有錢，窮

圖 2-5　高低所得分配差距倍數

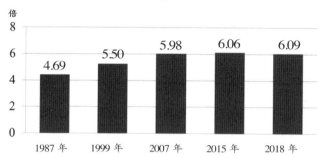

注：戶數五等分位組中，第五分位組最高所得者每戶所得為第一分位組最低所
　　得者每戶所得的倍數。

資料來源：行政院主計總處 107 年家庭收支調查報告。

的更窮。因為以錢賺錢容易，而且愈賺愈多，以勞力賺錢
較難，所以所得差距擴大了、惡化了。台灣不但沒有惡
化，而且改善，這是一項了不起的成就，被顧志耐教授認
定為是「經濟奇蹟」。但後兩蔣時代就不同了，所得差距
不斷擴大，如圖 2-5 所示。誠如上述失業率上升，實質工
資增加幾呈停滯，所得分配差距怎能不惡化？

台灣出口排名倒退

　　台灣出口在世界排名，在 1950 年代排在 30 名以
後，經 1950 年代後期採取「出口導向」政策後，政府

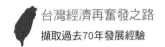

集中國家整體力量全力以赴,以及民間企業的積極努
力配合推廣出口,出口的世界排名即快速上升。進入
1980 年代,即晉升到第 20 名以內;1985 年更躍升到第
11 名,維持 3 年至 1987 年,不僅為四小龍之首,更領
先許多工業先進國家,被國際間稱台灣為出口大國。

但不幸的是後兩蔣時代排名就每況愈下,李登輝時
代降到 14 名,陳水扁時代降至 16 名,馬英九時代更
退到 17 名,蔡英文時代更退到 18 名,倒退到 40 年前
的 1979 年的排名。不僅淪為四小龍之末,更較排名第
6 的南韓落後 12 名之多,亦較香港落後 10 名,詳如表
2-1。

表 2-1　台灣出口在世界排名與亞洲其他三小龍比較

	蔣經國 時代 1987 年	李登輝 時代 1999 年	陳水扁 時代 2007 年	馬英九 時代 2015 年	蔡英文 時代 2018 年
台　灣	11	14	16	17	18
香　港	12	11	13	7	8
新加坡	19	15	14	14	15
南　韓	13	12	11	6	6

資料來源:WTO 各年年報。

台灣經濟成長竟不及全球平均

在蔣經國主政的 1978-1987 年 10 年間，台灣平均每年經濟成長率高達 9.05％，是全球平均每年經濟成長率 3.05％的 2.97 倍，顯見台灣經濟成長率遠高於全球平均。但到李登輝主政時代（1988-1999），台灣經濟成長率降為 6.92％，可是全球經濟成長率亦下降，故台灣經濟成長率與全球比較，雖亦下降，但尚能維持在 2 倍以上。

到了陳水扁時代（2000-2007），全球平均每年經濟成長率上升到 3.32％，是最近 40 多年來全球經濟比較最繁榮的時段。陳水扁前總統未能把握此良好時機，將台灣經濟推向更上一層樓，台灣經濟成長率反降為 4.87％，只是全球經濟成長率的 1.47 倍，僅及蔣經國時代的一半。

到馬英九時代（2008-2015），每年經濟成長率雖下降至 2.83％，但全球經濟成長率受到金融海嘯的影響，亦大幅下降為 2.30％，致使台灣經濟成長率與全球比較，略降為 1.23 倍。

蔡英文時代國際經濟復甦到 3.04％，可是台灣經濟未能把握此有利時機跟著上升，反降為 2.42％，與全球比較，掉落到 1 以下，只有 0.80，台灣經濟怎麼能不

表 2-2　台灣經濟成長率與全球經濟成長率比較

	台灣經濟 平均年成長率 (%)	全球經濟 平均年成長率 (%)	台灣經濟成長率 是全球的倍數 （以全球經濟 成長率為 1)
蔣經國時代 1978-1987	9.05	3.05	2.97
李登輝時代 1988-1999	6.92	2.98	2.32
陳水扁時代 2000-2007	4.87	3.32	1.47
馬英九時代 2008-2015	2.83	2.30	1.23
蔡英文時代 2016-2019	2.42	3.04	0.80

注：全球經濟成長率係採自 IHS Markit。
資料來源：行政院主計總處及 IHS Markit。

「悶」呢？

台灣每人 GDP 增速遠輸歐美國家

　　台灣每人 GDP 自 1000 美元增加到 1 萬美元，是前者的 10 倍，如表 2-3 所示，只需 16 年，在表列 10 個國家與地區中，是增幅最快的地區之一。可是台灣自每人 GDP 1 萬美元到 2 萬美元，增加 1 倍卻需要 19 年，比從 1000 美元到 1 萬美元增加 9 倍還要多 3 年，比新加坡只需 5 年、日本與香港需 6 年，多了 14 與 13 年之

表 2-3　台灣每人 GDP 增加速率與主要國家及地區比較

	自每人GDP 1000美元到1萬美元增加10倍所需時間			自每人GDP 1萬美元到2萬美元增加1倍所需時間		自每人GDP 2萬美元到2.5萬美元增加1/4倍所需時間	
	達1千美元時間	達1萬美元時間	所需年數	達2萬美元時間	所需年數	達2.5萬美元時間	所需年數
台灣	1976	1992	16	2011	19	2018	7
大陸	2001	2019	18	估計 2027	9	估計 2030	3
香港	1971	1988	17	1994	6	1997	3
新加坡	1971	1989	18	1994	5	1996	2
南韓	1977	1994	17	2006	12	2013	7
日本	1966	1981	15	1987	6	1988	1
美國	1942	1978	36	1987	9	1992	5
德國	1961	1979	18	1990	11	1992	2
英國	1955	1980	25	1990	10	1997	7
法國	1953	1979	26	1990	11	1995	5
台灣與美國、日本、大陸每人GDP比較							
台灣與美國比較落後年數	34	14		24		26	
台灣與日本比較落後年數	10	11		24		30	
台灣與大陸比較領先年數	25	27		16		12	

資料來源：行政院主計總處綜合統計處提供。

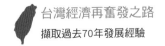

久。甚至比更成熟的美、歐國家，也多了 8 到 10 年。再看從每人 GDP 2 萬美元到 2.5 萬美元增加 1/4 倍所需時間，台灣要 7 年，日本只要 1 年，多數國家只要 2-3 年，台灣慢了很多。這其中最重要的關鍵就是國內政黨惡鬥，政府施政受到重大阻礙，內耗的結果。

因此，台灣每人所得與美、歐、日國家的差距，在兩蔣與嚴家淦時代，好不容易努力大為縮減，近 20 多年來又大為擴大。如台灣每人 GDP 在 1976 年達到 1000 美元，較美國 1942 年就達到 1000 美元，落後了 34 年之久；可是台灣在 1992 年達 1 萬美元，較美國達到 1 萬美元的 1978 年差距降為 14 年，一下大幅縮小 20 年之多。可是在 2 萬美元時，台灣是 2011 年，美國是 1987 年，落差又擴大到 24 年，至 2018 年台灣每人 GDP 達到 2.5 萬美元時，更落後美國 26 年。與大陸比較，台灣每人 GDP 領先大陸的時間，自 1992 年時領先 27 年，2018 年縮短到 12 年，讓人民情何以堪？

台灣競爭力大幅下滑

大家知道蔣經國自 1969 年擔任行政院副院長開始，

1972 年升任院長，1978 年當選總統，至 1988 年初逝
世，在這 20 年間，我們遭遇退出聯合國、糧食危機、
國際金融危機、兩次石油危機，與我國關係密切的日本
與美國斷交，衝擊之大是台灣光復以來最嚴重的時期。
但表 2-4 他的經濟施政仍能在五位總統排第一，創造
「經濟奇蹟」，真是了不起。這是在他領導下，訂定明確
的目標，善用財經人才，規劃了有效的執行計畫，凝聚
全民力量共同打拚的結果；這也是經國總統逝世 30 餘

表 2-4　歷任總統主政時期經濟施政成果排名

	蔣經國 主政時期	李登輝 主政時期	陳水扁 主政時期	馬英九 主政時期	蔡英文 主政時期
經濟成長率	1	2	3	4	5
失業率	1	2	5	4	3
實質總薪資成長率	1	2	5	4	3
以美元計之每人 GDP 增加率	1	2	3	4	5
高低所得分配差距	1	2	3	4	5
出口在世界排名	1	2	3	4	5
台灣經濟成長率 與全球比較	1	2	3	4	5
綜合排名	1	2	3	4	5

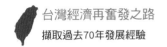
年來，至今基層老白姓還懷念他的原因。

李登輝時代能排第二名，是他接任初期還自認是經國學堂的學生，採取「蔣規李隨」政策；可是不久李登輝發起修憲，總統改為人民直選，且一輪選定。當他1996年直選擔任總統後，更宣布「戒急用忍」的鎖國政策，種下了以後經濟下滑的禍根，致使以後總統均以爭取選票能執政為目標，加以政黨惡鬥、內耗，經濟哪能不每況愈下。以致韓國瑜所講的台大法律系出身的三位總統把「經濟競爭力搞殘廢了」，話說得比較重一點，但競爭力大幅下滑，陷人民於艱苦之地，確為事實。至於蔡英文說「現在是台灣經濟20年來最好的狀態」，完全與事實相反，真是製造假新聞騙選票。

原因分析

以上就過去60多年來以國家領導人的不同，分兩階段來比較經濟發展的成就，在前階段的兩蔣及嚴家淦主政時代，若干經濟指標能不斷提升的就愈好，結果就步步高升，如經濟成長率、實質工資增加率、以美元計

的每人 GDP 增加率、出口在世界排名、經濟成長率與全球比較；其指標愈低愈好的，如失業率、高低所得差距、每人 GDP 增速所需時間。因此，該段時間經濟繁榮，人民所得與生活水準大幅提升，所得分配更為平均，有工作能力有意願工作的人，都能獲得工作，人人有希望，個個有前途，整個社會和樂融融。

但後段李登輝、陳水扁、馬英九及蔡英文時代，情況與前段完全相反，某些經濟指標提升是好的，它下降；下降才好的它上升，陷人民於困苦之境地。其原因將就兩不同階段的政府體制，國家發展目標與領導人風格，閣揆及財經首長任期，財經首長特質及重要改革、決策與重大建設比較探討如下。

政治掛帥拖垮經濟

回顧台灣過去 60 多年經濟由盛而衰，尤其近 20 多年來，經濟的每況愈下更趨嚴重，根據前述分析，國家發展策略自「經濟掛帥」轉向「政治掛帥」，政黨惡鬥、內耗為主要原因，已是公認的事實。

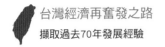
前後期總統施政比較

兩蔣與嚴家淦主政時期 （1950-1987 年）		李、陳、馬、蔡主政時期 （1988-2019 年）
一黨專政	政府體制	邁向民主化與多元化，除總統直選外，配套措施完全沒有。
施政以經濟建設為主，建設國家現代化為目標，故被稱為「經濟掛帥」年代。	國家發展目標	施政以意識型態治國，爭取選票，以能執政為追求目標，經濟要為政治服務，被稱為「政治掛帥」年代。
強人政治，但國家領導人知人善任，尤其財經施政充分授權，一旦決策全力支持，絕無動搖；閣揆、財經首長任期較久，經驗得以累積，為國家培養棟樑之才。	國家領導人風格	國家領導人不是剛愎自用，就是缺乏魄力與決斷，且遭遇批評即更換閣揆或財經首長，任期短經驗不能累積，無法培養國家棟樑，糟蹋人才。
1. 自 1950-1987 年 38 年間，閣揆為陳誠、俞鴻鈞、陳誠、嚴家淦、蔣經國、孫運璿、俞國華等七人，平均每人擔任 5.4 年。 2. 尹仲容擔任財經主管 14 年，鞠躬盡瘁，死於任上。 3. 嚴家淦兩任財政部長 10 年，行政院長 8 年 6 個月。 4. 李國鼎擔任美援會、經合會祕書長 6 年、經濟部長 4 年半、財政部長 7 年、政務委員 12 年。 5. 孫運璿擔任交通部長、經濟部長計 11 年、行政院長 5 年 8 個月，因病辭職。 6. 俞國華擔任財政部長、中央銀行總裁兼經建會主任委員 17 年，行政院長 5 年。	閣揆及財經首長任期	1. 李登輝 12 年閣揆為俞國華、李煥、郝柏村、連戰、蕭萬長五人，平均每人擔任 2.4 年。 2. 陳水扁 8 年，閣揆唐飛、張俊雄、游錫堃、謝長廷、蘇貞昌、張俊雄六任，平均每任 1.3 年。 3. 馬英九 8 年，閣揆劉兆玄、吳敦義、江宜樺、陳冲、毛治國、張善政六人，每人擔任亦 1.3 年。 4. 蔡英文至今 (2019) 年 5 月滿 3 年，閣揆林全、賴清德、蘇貞昌三人，每人擔任一年，如蘇貞昌能任至明年 5 月，則每人擔任亦 1.3 年。 5. 財經首長除中央銀行總裁任期較長外，其他財經首長多為空降，任期甚少達 3 年者。

兩蔣與嚴家淦主政時期 （1950-1987 年）		李、陳、馬、蔡主政時期 （1988-2019 年）
1. 都有憂患意識，高度的使命感與責任感。 2. 雖處威權時代，但都有主見，能高瞻遠矚，有執著、有擔當，謀國求治心切，一切為國家為人民及追求國家現代化的強烈企圖心。 3. 積極主動，勇於面對問題，敢於福國利民的改革，明知困難阻力重重，但有千萬人吾往焉的氣慨。 4. 以國家整體利益為重，絕無本位主義，各部會間團結合作，真正為國家經濟打拚。 5. 都是操守廉潔，生活簡樸，公私分明，絕不為個人權位考量，具有無私、無求的基本精神。	財經首長特質	1. 有領導人任用財經首長不問是否適任，多以酬庸或擺平派系，有領導人任用高學歷不問執行能力。因此，財經首長們，沒有自己的主張，為了保持官位，一切聽命於國家領導人的指示或看臉色辦事。 2. 財經首長任期短，缺乏使命感、責任感、如何能有長期規劃施政的心意，更無企圖心。 3. 各自有靠山，自以為是，各部會間缺乏聯繫與合作，各自為政。 4. 有的配合領導人貪汙，破壞體制。
1. 土地改革。 2. 貨幣改革。 3. 中央政府預算制度的建立。 4. 有效利用美援，從事有計畫的經濟建設。 5. 外匯貿易改革，積極拓展出口。 6. 19 點財經改革。 7. 訂定獎勵投資條例。 8. 租稅改革、金融改革。 9. 十大建設。 10. 規劃發展高科技產業。 11. 推動經濟全面自由化（經濟自由化、國際化及制度化的基本經濟政策）。	重要施政改革、決策與重大建設	1. 李登輝主政時代行政院長連戰推動以大陸為腹地，建設台灣成為「亞太營運中心」。 2. 連戰院長實施全民健康保險。 3. 李登輝總統對大陸採取「戒急用忍」政策，實施嚴格的兩岸經貿管制措施，使建設台灣成為亞太營運中心政策胎死腹中。 4. 兩岸經貿往來，經發會原建議「積極開放、有效管理」策略，被陳水扁總統改為「積極管理、有效開放」，致使兩岸經貿往來陷入困境。陳水扁第二任只知貪汙，鮮理國政。

兩蔣與嚴家淦主政時期 （1950-1987 年）		李、陳、馬、蔡主政時期 （1988-2019 年）
	重要施政改革、決策與重大建設	5. 馬英九總統對兩岸經貿往來，以「開放與鬆綁」為施政主軸，兩岸三通直航且簽訂 23 項協議。惟兩岸經貿合作心防仍重，謹小慎微；再加以在野黨的杯葛，許多重要法案送到立法院後，經密室協商由院長王金平主持，就被擱置下來，無法推動，阻礙施政的運行。太陽花運動學生占領立法院，在立法委員及立法院長維護下，政府未能即時有效處理，政府威信掃地，有失人心。 6. 蔡英文總統雖進行了多項改革，但多以鬥爭意識與整肅手段來進行，只問立場，不問是非，陷台灣於長期的惡鬥內耗中，且有違憲濫權之虞。

　　過去我擔任公職期間，向來以經濟方法處理經濟問題為向當局建議主軸。可是近二十多年來，非經濟因素的干擾經濟的運作太深，故欲化解當前嚴重的經濟問題，就必須先從排除非經濟因素的干擾做起，盡速調整國家發展策略改回「經濟建設」為施政主軸，同時解決政黨惡鬥。此害不除，任何政黨執政都無法解決問題。

第 3 章

經濟自由化、國際化、制度化的決策背景

- 於美國舊金山「華美經濟及科技發展協會」1989 年年會報告。
- 本文曾刊載於《自由中國之工業》月刊第 71 卷第 3 期，1989 年 3 月。

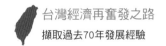
我國台灣地區，自光復初期的生產不足、民生凋敝、物價惡性膨脹的貧窮落後社會，且鮮為世人注意的蕞爾小島，發展成今天新興工業化國家的典範，世界貿易大國。其成功因素雖多，但政府於各個階段，針對經濟問題，採取適當政策，帶領全體國民共同努力奮發，充分發揮資源潛力，不僅將問題克服，而且為未來經濟進一步發展奠定基礎，應是台灣經濟發展成功的關鍵所在。

本文首先就過去政府採行的經濟政策做一簡單回顧，再探討當前面臨經濟問題及其形成原因，然後就當前經濟政策進行分析，最後檢討對當前經濟政策執行進度，並對未來經濟前瞻提出若干看法。

過去經濟政策的回顧

台灣光復初期（1945-1965）面臨的經濟問題，簡言之，是生產不足，無法支應國內消費與投資的需求；因此，投資財源嚴重短缺，物價膨脹；在對外貿易方面則是進口大於出口，有巨額的入超存在，國際收支呈現

逆差；同時失業問題嚴重等；凡落後國家所有的經濟問題，幾乎我們都有。當時，由於接受美國的經濟援助（1951-1965），一方面解決投資財源不足問題，另方面解決國際收支逆差問題；同時，由於美援物資的到達供應增加，有利於物價的穩定。但政府並不以此為滿足，深深了解安於現狀就沒有進步，而且認為外國援助是不能長久依賴的，有隨時停止的可能，必須早作未雨綢繆之計。

　　政府為克服當時面臨的經濟問題，並追求經濟快速成長與物價穩定的雙重目標，遂採取兩項關鍵性的重大政策，即「鼓勵儲蓄增加投資」及「以出口為導向」政策，並促進民營企業發展，充分發揮自由企業精神，而以民營企業為今後經濟發展的主導部門。其發展策略是：鼓勵儲蓄，增加民間投資，提高生產力，一方面加速經濟成長，充分支應國內需求，消除生產與需求的失衡；另方面吸收工資上升的壓力，維持物價的穩定；三方面提高競爭力，拓展出口，克服對外貿易的失衡；使在達到穩定與經濟快速成長雙重目標的同時，解決國際收支逆差與失業問題。

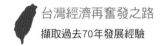
　　政府為貫徹以上政策，自 1958 年開始，採取一連串的外匯、貿易、財政、金融等全面性經濟改革，一方面放寬管制，降低保護程度，恢復市場機能，加強競爭，對業者施加壓力；另方面使新台幣大幅貶值，並利用財政、金融措施，協助業者促使國內工業得以迅速脫胎換骨，提高生產力與競爭力，促進經濟持續成長。由於財經改革的成功，美援雖於 1965 年 6 月底全面停止，但我國經濟並未因美援的停止，而導致投資財源不足、經濟成長減緩、物價波動與失業上升、國際收支惡化等現象的發生；而且由於能未雨綢繆，經過多年的努力，儲蓄、投資與出口的大幅增加，在進入 1960 年代後期，不僅達成經濟快速成長、物價穩定的雙重目標；而且對外貿易由入超轉為出超，國際收支逆差問題解決，失業率顯著下降，進入充分就業時代。茲就所獲主要成果簡要分述如後。

儲蓄與投資大幅增加，實現「自力成長」目標

　　台灣在推動經濟發展初期，由於所得低，儲蓄少，投資財源不足，仰賴美援支持。但政府深深了解美援無

法長久依賴，隨時有停止的可能。遂在 1960 年前後，一方面從觀念上的溝通，呼籲國人降低人口出生率，節約消費增加儲蓄，充裕投資財源；另方面除支持實施家庭計畫，以降低人口增加率外，並採取財政、金融措施，鼓勵儲蓄與投資。在 1950 年代，台灣的儲蓄率（即儲蓄占國民生產毛額〔GNP〕的比例）尚不足 10％，而投資率（即投資占 GNP 比例）為 16％，其不足部分占 GNP 的 6.3％，即賴美援支應。後經政府採取鼓勵儲蓄與投資的積極性措施，國內儲蓄與投資隨之激增；1965 年 6 月底美援全面停止時，當年的儲蓄率已提高至 19.5％，支持投資的大幅增加，但其不足部分已降至 GNP 的 3.2％；至 1970 年儲蓄率進一步提升至 25.3％，與投資率 25.6％ 比較，不足部分僅占 GNP 的 0.3％；到了 1970 年代，10 年平均的儲蓄率更高達 31.9％，投資率亦隨之提高至 30.5％（見表 3-1），成為世界上少數高儲蓄率與高投資率的國家之一。而且儲蓄率超過投資率，顯示國內儲蓄已能充分支應國內投資需求，實現「自力成長」的目標。

表 3-1　我國國民消費、儲蓄與投資占國民生產毛額百分比

單位：%

年份	國民生產毛額（GNP）	國民消費（C）	儲蓄（S=GNP-C）	投資（I）	投資財源不足（S<I）	超額儲蓄（S>I）
1951-1960 年	100	90.3	9.7	16.0	(-)6.3	
1965 年	100	80.5	19.5	22.7	(-)3.2	
1970 年	100	74.7	25.3	25.6	(-)0.3	
1961-1970 年	100	80.4	19.6	21.9	(-)2.3	
1971-1980 年	100	68.1	31.9	30.5		(+)1.4

資料來源：行政院主計處《台灣地區國民所得統計摘要》，1988 年 12 月。

對外貿易自入超轉變為出超，成為貿易大國

　　台灣是一個海島，資源貧乏，若干資源必須靠進口供應；為了進口必須出口賺取外匯支應；同時，國內市場狹小，為加速經濟發展，必須突破國內市場狹小的限制，亦須拓展出口。因此，對外貿易的開展，成為台灣經濟快速成長的主導力量。但在 1950 年代，台灣對外貿易金額小，進展緩慢，且有入超。不過在政府於 1950 年代後期採取以出口為導向的政策，改變過去消極的抑制進口為積極鼓勵出口的策略，並以財政、金融政策的支援，促使國內工業得以迅速脫胎換骨，展開外銷。在政府的積極鼓勵下，業者奮發努力，並掌握國

際經濟繁榮的有利條件，出口乃迅速擴張。1961 年時
出口僅 2 億美元，1971 年即增至 20 億美元，10 年提高
10 倍，且使我國多年的入超轉變為出超；至 1987 年出
口更增至 535 億美元（見表 3-2），26 年間增加 266 倍，
增加速度之快超過韓國以外的所有國家，成為全世界第
十一大出口國家。

　　隨著出口的大幅增加，進口能力亦大為提高，自
1961 年進口 3 億美元，至 1987 年增為 350 億美元，成
為世界第十七大進口市場；1987 年貿易總額高達 885
億美元，高居全世界第十三位貿易大國（見表 3-3），
1988 年貿易總額突破 1,000 億美元（高達 1,102 億美
元），繼續維持第十三位貿易大國。

表 3-2　我國進出口金額

單位：億美元

年份	出口	進口	入超 (-) 或出超 (+)
1951 年	1	1.6	(-)0.6
1961 年	2	3	(-)1
1971 年	20	18	(+)2
1981 年	226	212	(+)14
1987 年	535	350	(+)185
1988 年	606	496(467)	(+)110(139)

資料來源：1. 行政院經建會 *Taiwan Statistical Data Book, 1988*。
　　　　　2.1988 年財政部進出口統計快報，1989 年 1 月。
注：括弧內數字已扣除貨幣性黃金進口金額。

表3-3 1987年我國進出口在世界之地位

金額單位：10億美元

出口			進口			進出口總額		
名次	國名	金額	名次	國名	金額	名次	國名	金額
1	西德	294	1	美國	424	1	美國	674
2	美國	250	2	西德	228	2	西德	522
3	日本	231	3	法國	158	3	日本	382
4	法國	148	4	英國	154	4	法國	306
5	英國	131	5	日本	151	5	英國	286
6	義大利	116	6	義大利	125	6	義大利	241
7	蘇俄	103	7	加拿大	92	7	加拿大	189
8	加拿大	97	8	荷蘭	91	8	蘇俄	189
9	荷蘭	92	9	蘇俄	86	9	荷蘭	184
10	比利時－盧森堡	84	10	比利時－盧森堡	83	10	比利時－盧森堡	167
11	**中華民國**	**54**	11	瑞士	51	11	香港	97
12	香港	48	12	西班牙	49	12	瑞士	96
13	韓國	47	13	香港	48	**13**	**中華民國**	**89**
14	瑞士	45	14	中國大陸	43	14	韓國	88
15	瑞典	44	15	韓國	41	15	瑞典	85
16	中國大陸	39	16	瑞典	41	16	西班牙	83
17	西班牙	34	**17**	**中華民國**	**35**	17	中國大陸	83
18	新加坡	29	18	奧地利	33	18	新加坡	61
19	奧地利	27	19	新加坡	32	19	奧地利	60
20	澳大利亞	26	20	澳大利亞	29	20	澳大利亞	56

資料來源：1. 中華民國：財政部統計處，《進出口貿易統計月報》，1987年12月。

　　　　　2. 蘇俄：《聯合國統計月報》，1988年5月。

　　　　　3. 世界其他國家：國際貨幣基金，《國際金融統計》，1988年6月。

達成經濟快速成長與物價穩定的雙重目標

　　台灣光復初期，由於受戰爭破壞影響，生產尚未恢復，而物資需求大幅增加，物價上漲甚為激烈。1946至 1950 年五年間，物價平均每年上漲 584％，情況極為嚴重。不過經過國人的努力克服，終於使物價趨於穩定。在 1960 年代平均每年消費者物價僅上升 3.3％，與工業國家平均漲幅 3.5％相當；而我國在投資大幅增加及出口迅速拓展的情況下，平均每年經濟成長率高達 9.6％（見表 3-4），較平均經濟成長不及 5％的工業國家，超過一倍。在世界各國中，我國首先在經濟快速成長同時，維持物價的穩定，雙重目標終於達成。進入1970 年代，雖受兩次石油危機的影響，物價大幅上揚，但這是世界性現象，我國亦無法例外；不過工業國家多陷入停滯性通膨困局，而我國經濟仍能保持快速成長。

　　如就 1962 至 1987 年的 26 年長期比較，我國經濟成長率平均每年高達 9.3％，不僅較工業國家的 3.5％高達 1.6 倍，在亞洲四小龍中，也是成長最高者。在物價方面，26 年來我國消費者物價平均每年上漲 5.8％，

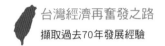
雖高於西德與新加坡漲幅，但與工業國家平均及美、
日物價上漲率相當，較開發中國家及韓、港物價穩定
（見表 3-5）。故就長期言，我國仍能在經濟快速成長同
時，維持物價的相對穩定。因此，國民所得迅速提高，
自 1950 年代初期，每人國民生產毛額不及 100 美元，
1988 年突破 6000 美元（達 6053 美元），為新興工業化
國家中高所得國家之一，且與高度工業國家每人所得差
距大為縮小（見表 3-6），國民生活水準顯著提高，成為
我國歷史上生活最富裕的時代。

表 3-4　我國經濟成長與物價變動

時間	經濟年成長率（%）	消費者物價年成長率（%）
1946-1950 年		584.0
1951-1960 年	8.0	15.5
1961-1970 年	9.6	3.3
1971-1980 年	9.7	10.4
1981-1988 年	7.9	2.8

資料來源：1. 行政院主計處《台灣地區國民所得統計摘要》，1988 年 12 月。
　　　　　 2. 行政院經濟建設委員會 Taiwan Statistical Data Book, 1988。

表 3-5 我國 1962-1987 年經濟成長、物價變動與主要國家比較

國別	經濟年成長率（％）	消費者物價年成長率（％）
我國（台灣地區）	9.3	5.8
工業國家平均	3.5	5.9
開發中國家平均	4.7	21.3
韓國	8.9	13.0
香港	8.8	7.0
新加坡	8.5	3.6
日本	6.8	6.0
美國	3.3	5.3
西德	3.0	3.6

資料來源：1. 同表 1-1。
2. IMF, *International Financial Statistics, 1988*。

表 3-6 我國與高度工業國家每人所得之比較

國別	1952 年		1987 年		增加倍數
	金額（美元）	我國 =1	金額（美元）	我國 =1	
我國（台灣地區）	60	1.00	5,075	1.00	83.6
中國大陸	50	0.83	320	0.06	5.4
南韓	60	1.00	2,861	0.56	46.7
日本	250	4.17	19,642	3.87	77.6
美國	2,500	41.70	18,413	3.63	6.4
西德	590	9.80	18,402	3.63	30.2

資料來源：1. 1952 年除日本、美國、西德為各該國統計資料外，餘為估計數。
2. 1987 年除中國大陸為估計外，其餘錄自行政院經建會《國際經濟動態指標》第 294 號，1988 年 12 月 29 日。

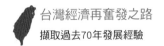

自高失業率進步到充分就業

在推動經濟發展初期，由於經濟落後，失業問題極為嚴重，估計失業率當在 10％左右；後經政府採取勞力密集產業的發展政策，鼓勵投資，加速經濟成長，創造大量就業機會，解決失業問題。故自 1960 年以來，至 1987 年的 27 年間，工業就業平均每年增加 6％，吸收了勞動力增加 60％；同時，工業的快速發展，帶動整體經濟的繁榮，服務業也吸收大量勞動力；在此一長期間總就業人數平均每年增加 3.2％，不僅吸收新進勞動力，而且亦吸收了過去失業的勞動力，以及農業釋放出來的勞動力，而使失業率大幅降低。

自 1967 年以來的 22 年間，除其中 8 年失業率在 2％至 3％之間外，其餘 14 年的失業率均低於 2％（見表 3-7），已達到充分就業水準。

表 3-7　我國失業率

年份	失業率（%）	年份	失業率（%）	年份	失業率（%）
1965 年	3.3	1973 年	1.3	1981 年	1.4
1966 年	3.1	1974 年	1.5	1982 年	2.1
1967 年	2.3	1975 年	2.4	1983 年	2.7
1968 年	1.7	1976 年	1.5	1984 年	2.4
1969 年	1.9	1977 年	1.3	1985 年	2.9
1970 年	1.7	1978 年	1.7	1986 年	2.7
1971 年	1.7	1979 年	1.3	1987 年	2.0
1972 年	1.5	1980 年	1.2	1988 年	1.8

資料來源：行政院主計處《國民經濟動向統計季報》，1988 年 11 月。

當前面臨的經濟問題及其形成原因

　　根據以上重要經濟政策執行的回顧，在過去 40 年間，我們不僅克服了經濟發展過程中所遭遇的重大經濟問題，而且獲得顯著的成就。但過去的成就，並不代表當前沒有經濟問題，在不同階段有其不同問題存在，有時在克服舊的問題後，亦會衍生新的問題；尤其兩次石油危機以來，國際經濟情勢激烈變動，對我國經濟已產生嚴重的衝擊，許多新的經濟問題亦不斷產生。當前所面臨的許多經濟問題，多為從以下兩方面衍生而來的總體經濟失衡：一是國內生產提高後，由於國內需求不足

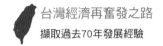

而產生巨額超額儲蓄所引發的問題；二是出口大於進口，產生巨額出超所帶來的問題。此與前述光復初期生產不足以支應國內需求，投資財源不足，以及進口大於出口，產生入超，國際收支出現逆差，所遭遇的問題正好相反；一是過剩，一是不足，過與不及均是經濟失衡問題。

國內需求不足引發的問題

首先就國內需求不足所引發的問題而言，我國自進入 1980 年代以來，國民生產毛額仍然不斷大幅增加，但國內需求增加率卻顯著減緩。以當年新台幣計，1982 至 1986 年的 5 年間，GNP 平均每年增加 9.8％，而國內需求每年僅增加 4.7％，不及其一半；因此，生產超過國內需求，顯示資源在國內未能有效利用，產生超額儲蓄，且逐年擴大，至 1986 年超額儲蓄相當 GNP 的 22.1％（見表 3-8），即每生產 5 元 GNP，即有 1 元以上未能在國內有效利用。這樣大比例的資源未能有效利用，除顯示資源的浪費外，更引發下列經濟問題：

不利於未來經濟持續發展

1981 年以來，國內需求不足中，以投資的衰退最為嚴重。1982 至 1986 年的 5 年間，以當年新台幣計，國內投資不僅未有增加，平均每年的投資反減少3.7%。因此，投資率自 1981 年的 30％降至 1986 年的 15.6％（見表 3-8），僅及 1950 年代的水準。投資不僅為當年的有效需求之一，而且是未來生產力的提高，經濟成長的原動力；過去 5 年投資率的迅速下降，對未來生產力的提高與經濟的持續成長，均將產生不利的影響。

產業結構調整緩慢，影響工業升級

我國工業成長迅速，1953 至 1987 年這 35 年間平均每年增產 12.8％。但到目前為止，不需高度技術、加工層次簡單、需要大量勞力、附加價值率低的輕工業，所占比重仍然偏高。多年來工資不斷大幅上升，加以新台幣大幅升值，工資已不再低廉，必須朝向技術密集、加工層次多、附加價值率高的工業發展；即使傳統的輕工業，也應該提高其品質與等級。但此兩方面的改善均需要大量投資，而近幾年來的投資不足，對產業結構的

表 3-8　我國的國民生產毛額、國內需求、超額儲蓄與對外貿易

年度	國民生產毛額（GNP）1	國內需求			超額儲蓄 5=1-2	出口 6	進口 7	出超 8=6-7
		合計 2=3+4	國民消費 3	投資 4				
I 金額（當年新台幣億元）								
1981 年	17,643	17,411	12,113	5,298	232	9,113	8,881	232
1982 年	18,862	17,944	13,264	4,680	918	9,518	8,600	918
1983 年	20,745	18,899	14,205	4,694	1,846	11,192	9,346	1,846
1984 年	23,116	20,351	15,507	4,844	2,765	13,379	10,614	2,765
1985 年	24,343	20,615	16,404	4,211	3,728	13,825	10,097	3,728
1986 年	28,143	21,920	17,538	4,382	6,223	17,271	11,048	6,223
1982-1986 平均每年增減 %	9.8	4.7	7.7	(−)3.7	93.0	13.6	4.5	93.0
1987	31,640	25,569	19,452	6,117	6,071	19,274	13,203	6,071
*1988	34,234	30,281	22,290	7,991	3,953	19,942	15,989	3,953
1987-1988 平均每年增減 %	10.3	17.5	12.7	35.0	(−)20.3	7.5	20.0	(−)20.3
II 占 GNP 百分比（%）								
1981 年	100	98.7	68.7	30.0	1.3	51.7	50.4	1.3
1982 年	100	95.1	70.3	24.8	4.9	50.5	45.6	4.9
1983 年	100	91.1	68.5	22.6	8.9	53.9	45.0	8.9
1984 年	100	88.0	67.1	20.9	12.0	57.9	45.9	12.0
1985 年	100	84.7	67.4	17.3	15.3	56.8	41.5	15.3
1986 年	100	77.9	62.3	15.6	22.1	61.4	39.3	22.1
1987 年	100	80.8	61.5	19.3	19.2	60.9	41.7	19.2
*1988 年	100	88.4	65.1	23.3	11.6	58.3	46.7	11.6

資料來源：行政院主計處《台灣地區國民所得統計摘要》，1988 年 12 月。
注：1988 年為估計數。

調整與工業升級均有不利的影響。

影響國民生活品質的提升

由於過去經濟的快速發展，國民所得大幅提高，國人在物質生活得到滿足後，將進一步追求生活品質的提升，諸如完整的大眾捷運系統、良好的治安、健全的衛生醫療保健、完善的休閒遊憩場所、美好的生態環境、健全的公害防治體系等基本設施的需求急邃擴張。政府過去對基本設施建設雖然非常重視，在最近 5 年整體投資衰退中，基本設施投資仍繼續增加；但由於需求擴張太快，基本設施投資增加趕不上需求，顯現相對落後，不僅影響國民生活品質的提升，對邁向國家現代化的目標，亦構成阻礙。

流動性資金過剩，威脅金融安定

進入 1980 年代以來，超額儲蓄即不斷擴增，1986 年超額儲蓄即高達新台幣 6200 餘億元，截至 1986 年底止的 5 年間，超額儲蓄累積高達 1 兆 5000 餘億元，至 1988 年，更累積至 2 兆 5000 餘億元；雖然中央銀行吸

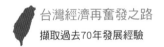

收了一大部分,但至少尚有 1 兆元以上的流動資金,到處流竄,對國內金融的安定構成嚴重的威脅。

巨額出超帶來的問題

其次就巨額出超帶來的問題而言,自進入 1980 年代以來,出口按當年新台幣計,仍然大幅增加 13.6%,進口增加率顯著減緩;而進口僅增加 4.5%(見表 3-8),僅相當前者的三分之一。因此,出超不斷擴大,至 1986 年商品出超高達 156 億美元,雖遠低於當年日本及西德分別出超 827 億美元及 522 億美元,但我國出超占 GNP 的比率高達 22.1%,則遠較日本及西德不及 5% 為高,其帶來的問題亦更為嚴重。

引發貿易摩擦

近年來,我國對外貿易入超不斷擴大,尤其過度集中於美國,自 1985 年對美出超達到 100 億美元後,至 1987 年更高達 164 億美元高峰。同一期間美國入超亦自 1984 年超過 1,000 億美元,至 1987 年入超已超過 1,700 億美元,使其從債權國家淪為債務國,成為世界

最大債務國家。美國過去數年的高失業率及自債權國淪
為債務國，咸認是進口太多，而出口不振，入超不斷擴
大所致。而我國在美國入超來源國家中，於 1984 年進
入第三名後，1986 年更進入第二名，僅次於日本（見
表 3-9）。因此，我國成為美國縮減貿易入超的第二位報
復對象，美方乃不斷要求我國開放市場、降低關稅及新
台幣升值等，還不時亮出 301 報復條款威脅我們就範，
對美貿易摩擦愈來愈多。

表 3-9　我國商品貿易總出超與對美出超

單位：億美元

年份	我國貿易總出超	我國對美出超	美國入超，以金額大小排列				
			第 1 名	第 2 名	第 3 名	第 4 名	第 5 名
1981 年	14	34	日本	沙烏地阿拉伯	加拿大	墨西哥	西德
1982 年	33	42	日本	加拿大	中華民國	墨西哥	西德
1983 年	48	67	日本	加拿大	墨西哥	中華民國	西德
1984 年	85	98	日本	加拿大	中華民國	西德	墨西哥
1985 年	106	100	日本	加拿大	中華民國	西德	香港
1986 年	156	136	日本	中華民國	西德	加拿大	韓國
1987 年	185	164	日本	中華民國	西德	加拿大	韓國
1988 年	*139	*133	日本	中華民國	西德	加拿大	韓國

資料來源：1. 行政院經建會 *Taiwan Statistical Data Book, 1988*。
　　　　　2. 行政院經建會《中華民國 76 年經濟年報》，1988 年 6 月。
　　　　　3. 財政部《進出口統計快報》，1989 年 1 月。
* 不包括貨幣性黃金進口。

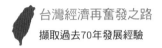
壓迫新台幣大幅升值

近年來貿易出超的不斷擴大，即表示我國外匯供過於求，而使新台幣升值壓力不斷增大。自 1985 年 9 月 22 日五國聯合干預外匯市場以來，至 1987 年底，新台幣對美元已升值 42％，尤在亞洲四小龍貨幣中，新台幣升值幅度最高，對出口產生的不利影響，在 1988 年已完全顯現。

貨幣供給額大幅增加，對物價膨脹形成潛在壓力

由於過去我國嚴格外匯管制，貿易出超的外匯均由中央銀行收購，而放出等值新台幣；1987 年 7 月 15 日起，除匯入款外，幾已全部解除外匯管制，但中央銀行為維持外匯市場交易秩序，尚陸續吸取外匯，至 1987 年底外匯存底高達 767 億美元，在短短 5 年間外匯存底增加達 682 億美元，使中央銀行放出強力貨幣 2 兆 1000 億元，雖中央銀行採取各種沖銷措施，但貨幣供給額增加率，自 1986 年 3 月開始超過 20％以上以來，至 1988 年底已延續 34 個月之久，其間增加率超過 30％者亦有 24 個月，最近半年來一直接近 30％的水

準，對物價膨脹已形成壓力。

經濟問題形成的原因

根據以上分析，我國當前面臨的許多經濟問題，不是源自國內需求的不足，就是來自巨額出超太多。而形成國內需求不足與出超太多的原因，值得進一步探討。

1961 年前後，政府開始大力推動出口擴張時，雖逐步降低管制與保護的程度，恢復市場機能，以促進民間企業的競爭能力。但在當時的環境下：

1. 國內市場狹小，許多產業無法從規模擴大中，享受到成本遞減的利益；
2. 拓展出口初期，對外貿易仍然有逆差存在；
3. 國內產業基礎薄弱，無力因應開放市場外來的強烈競爭；
4. 國內儲蓄少，投資財源不足，不允許有過度投資。

面對此等環境下，加以當時國內缺乏有遠見且敢冒險犯難的企業家，政府不得不採取下列政策與措施，繼

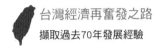
續進行干預：

1. 促使新台幣對美元大幅貶值，並維持略為低估的
   水準，以利於出口的拓展；
2. 對儲蓄、投資與出口，採取財稅、金融的優惠措
   施；
3. 對進口仍加以某些抑制，亦即對國內相同的產業
   給予國內市場的保障；
4. 對國內若干產業的設立，必須經過特許的程序，
   而加以限制。

此一套政策的繼續執行，在過去二十多年，確實發
揮了顯著效果，使我國儲蓄與投資急遽提高，出口不斷
快速成長，成為帶動我國經濟成長的主力。但不可諱
言，其中若干政策已到功成身退的時候，如不能即時改
弦易轍，必然會產生後遺症，諸如：

1. 部分企業在長期保護下成為既得利益者，怠於進
   取，不願投資於研究發展，甚至更新設備；

2. 在對外市場不開放，及必須特許之下，阻礙新投
   資的進入；

3. 在進口限制、高關稅及特許之下，犧牲了消費者
   的利益，影響消費水準的提升；

4. 在長期優惠的財稅措施之下，犧牲了政府稅收，
   削減了政府公共支出能力，造成基本建設投資的
   落後及公共設施的不足；

5. 在長期出口導向政策下，甚至為了出口而忽視汙
   染防治、環境維護的投資；

6. 出口暢旺，進口不振。

在以上症狀下，近幾年來遂產生了國內需求不足，
巨額出超總體經濟失衡的結果。

自由化、國際化與制度化改革

政府早在 1984 年上半年，正當國際經濟恢復高度
繁榮之際，檢討當時經濟情況，洞察前述問題已逐漸形
成，且有趨向擴大之勢，必須加以遏止；而過去部分經

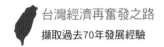
濟政策，已到功成身退，需要有所變革的時候了。同時，鑑於二十多年來，對外貿易的迅速擴張，我國與國際經濟關係日益密切，為因應國際經濟的急遽變化及保護主義的高張，以及政府過去所採取若干政策措施，已不合時宜，亦必須改弦更張。這些政策措施曾使企業增加不少競爭力，惟對資源配置難免有扭曲現象，亟須予以匡正，才能真正提高我國資源生產力，克服當前經濟問題。

因此，當行政院經濟建設委員會前主任委員俞國華先生，接受蔣故總統經國先生提名，並經立法院於1984年5月25日通過行政院院長任命同意案後，接受台北聯合報記者訪問時，首先提出：

今後經濟發展應朝三個方向努力：

1. 自由化：尊重市場價格機能，政府對產業及各種經濟活動，盡量減少不必要的干預。

2. 國際化：今後我們不但要努力減少各種生產因素在國際間流動的障礙，力求產業發展的國際化；同時還應積極參與區域間的經濟合作，在國際間

扮演活躍的角色。

3. 制度化：自由經濟必須在一套合理的典章制度下
運作。因此，今後對於金融制度現代化、財稅制
度合理化及經社法規健全化，都應懸的以赴。這
些努力不僅能加速經濟社會的快速發展，同時也
能使發展中所產生的摩擦與失調減至最低。

——1984 年 5 月 26 日聯合報

俞國華先生在接受行政院院長任命後，率先提出未
來經濟發展「自由化、國際化、制度化」的基本方向，
因其深深體認到：

1. **經濟自由化**：就是政府盡量減少對民間經濟活動
的不必要干預，任由社會上每一分子，在利潤動
機驅使下，自由的投資，自由的創業，這樣才是
真正提高資源生產力的唯一方法。

2. **國際化**：由於我國經濟與國際經濟的關係十分密
切，自由化不能單獨局限在國內，我們努力的目
標是讓我國與自由世界各國間有關人、資金、

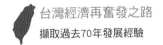
貨品、技術與資訊的流動，所受到的限制最少。因此，就我國開放經濟而言，自由化也就是國際化。

3. **制度化**：經濟自由化並非放任無為而治，因民間部門包含許多利益團體，彼此間基於利益的追求，難免有許多摩擦與衝突；因此必須要有一套為大家所共同遵守、具有公信力的競賽規則，創造一個開放、公平而充分競爭的環境。這種規則與環境，有賴於政府加以妥善規劃設計一套健全的法規。俞院長所指「制度化」的範圍很廣，除了法規的健全合理化之外，尚包括金融制度的現代化、財稅制度合理化等等，亦即凡能協助市場價格機能之運作，並匡濟任何市場價格機能缺失之公共部門的行為，都是制度化的範圍。

由以上的體認，我們可以了解制度化與自由化、國際化是相輔相成的。制度化的工作愈健全，市場機能就愈能有效合理的運作，資源運用的效率與生產力亦就愈能充分發揮。「自由化、國際化與制度化」，一方面使市

場機能充分發揮，另方面進行必要而合理的干預，這也就是民生主義「計畫性自由經濟」的精神所在。俞國華先生於接任行政院長後，於 1984 年 6 月 12 日第一次向立法院提出施政方針報告，正式向立法委員宣布未來經濟政策的基本方向就是「自由化、國際化與制度化」。

接著 1984 年 7 月 19 日，行政院院會通過經濟建設委員會所提「當前貿易巨額出超因應方案」，並通函有關單位切實執行。該方案主要內容：

1. 促使新台幣升值：運用外匯市場操作，使新台幣匯率維持適當價位。
2. 解除管制方面：
   (1) 放寬外匯管制，檢討修訂管理外匯條例；
   (2) 放寬進口限制；
   (3) 解除不必要管制，全面改善投資環境。
3. 盡速檢討降低進口關稅。
4. 出口退稅應配合經濟發展逐步取消。
5. 增加投資方面：
   (1) 提高公債發行額，以加強必要的公共建設投

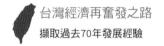

資及專案推動「增進全民生活品質建設計
畫」；

(2) 檢討改進所得稅制度，以提高民間投資意願；

(3) 解除不必要的管制，全面改善投資環境（與
2. 之 (3) 為同一項）。

6. 抑制貨幣供給額增加方面：

(1) 擴大發行國庫券，以減緩外匯累積對貨幣供
給造成的影響；

(2) 鼓勵國內公民營企業，在不影響對外債信的
原則下，提前償還外債。

綜觀該方案，已就擴大國內需求，降低超額儲蓄，
並自過去鼓勵出口抑制進口，改為進出口並重政策，減
緩巨額貿易出超，以及緩和貨幣供給增加對物價的不利
影響，提出調整總體經濟失衡的整體對策；同時，也是
「經濟自由化」落實的方案。

至同年（1984 年）11 月 6 日，蔣故總統經國先生主
持財經會談時，指出：「展望未來經濟發展，我們所面臨
的挑戰雖然艱巨，但以我國人民的智慧與勤奮，相信具

有挑戰的基本能力。主要關鍵在於社會中的每一分子，是否都能將潛能激發出來，俾在一個充滿競爭性的時代中，朝著自由化與國際化的方向努力。」（1984 年 11 月 7 日台北各報）。至此，我國經濟「自由化、國際化與制度化」的基本政策，已得到最高當局的支持與肯定。

當前經濟政策執行的檢討

經濟「自由化、國際化與制度化」的基本政策，雖已被決策階層所肯定，並決心貫徹實施；但長期來以管制保護為主的經濟社會，一旦要朝向自由化發展，必將遭遇許多困難，根據國外實際經驗，自由化亦係漫長過程，無法一蹴可幾。因為「自由化、國際化與制度化」，不是對既得利益的重新調整，就是對既有制度的改革，或是建立若干新的制度。不論是既得利益的重新調整，或制度的興革，都不免遭到若干困擾與阻力。

自由化、國際化的落實，首先遭到的就是既得利益團體的抗拒，尤其近年來我國朝向民主化發展，既得利益者已進入議會，其影響力大增，常使政策落實遭遇極大的困擾。其次是執行政策官員，能否與決策官員同樣

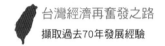

的具有正確的政策觀念，而且還要能堅定信念，抗拒來自既得利益團體的不當壓力。坦白地說，當時正確觀念的建立，已成為我國自由化、國際化工作中，除了抗拒既得利益團體不當壓力外，面臨的另一重要挑戰。再加以 1985 年世界經濟自高度繁榮轉向不景氣，我國經濟深受其影響，出口停滯，經濟成長大幅滑落，自 1984 年的 10.6％，至 1985 年降為 5.1％，下降了一半以上，更使前述因應方案，自由化的落實工作進展緩慢。

至於制度化工作方面，主要關鍵是在於如何建立一套高效率的行政組織，這包括健全的典章法規、高素質的文官執行任務，以及合理的組織機構。行政院已於 1985 年底責成經濟建設委員會設置健全經社法規工作小組，就現行經社法規作全面性的檢討，該修的就修正、該廢的就廢止、該另立的就另訂新法，預計 5 年內完成奠基工作；行政院組織法的修正已送達立法院，有待完成立法程序，公務員待遇制度正在檢討，這些都需要長期努力才能達成。

在前述因應方案推行進度緩慢之下，1985 年雖經濟不景氣，超額儲蓄與貿易出超，仍然持續擴大；當

1986 年國內經濟恢復高度繁榮時，超額儲蓄與貿易出超，不論是絕對金額或占 GNP 比例，均創最高紀錄（見表 3-8），更使問題惡化。也因此在經過嚴厲檢討後，尤其在我國最大出超對象國美國的強大壓力下，已使因應方案的推動、經濟自由化的落實工作，得以加速進行。除新台幣至 1988 年底已對美元升值 44％外，在解除管制方面，也進行了許多工作。諸如：

1. 外匯管制自 1987 年 6 月 15 日起，除為免熱錢流入，對匯入款仍有管制外，其餘幾全無限制；

2. 進口關稅在 1987 年減稅 1699 項後，於 1988 年更減稅 3133 項，占當時總數 4509 項的 70％，為歷年來減稅項目最多，降幅最大的一次，使平均名目進口稅率降低一半，實質進口稅率 1988 年降至 5.7％；

3. 貨品進口管制大幅放寬，1988 年底准許進口節數占總節數的 98.5％，禁止、管制及暫停進口者僅占 1.5％。在准許進口中，雖然尚有限制申請人資格、限制採購地區，及在進口時需檢附主管

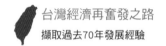
機關同意文件或加蓋戳記等限制規定，不過自
1987 年 5 月取消 836 節此類規定後，已大為放
寬；

4. 開放服務市場。近幾年來我國陸續開放外人來台
投資經營，包括速食、超級市場、銀行、保險、
租賃及航運等，並不斷擴大准許營業範圍；1988
年 4 月 16 日更將外人投資改為負面表列方式，
凡表列名單以外的產業均准許外人投資。

在擴大國內投資方面，行政院長於 1984 年 9 月向
立法院提出施政報告時，宣布推動十四項重要建設計
畫，其中除基本建設外，尚包括台北市區鐵路地下化、
台北都會區大眾捷運系統建設、防洪排水、自然生態保
護及國民旅遊、都市垃圾處理、醫療保健體系及基層建
設等提高生活品質的建設，希藉公共投資的增加，帶動
國內需求的提高，減緩超額儲蓄。政府為支應十四項
建設計畫的需求，擴大發行公債，自 1984 年度的新台
幣 50 億元，1987 年度增至 400 億元，1988 年度更增至
655 億元，使公債發行餘額自 1984 年底的 306 億元，

至 1988 年底增至 1514 億元。此外，於 1986 年將營利事業所得稅及綜合所得稅最高稅率級距降低，以激勵民間投資意願。

經過 2 年的努力，因應方案的加速推動，不僅自由化程度大為提高，對問題的改善，已有顯著效果。

國內需求大幅增加，超額儲蓄顯著降低

1987 年與 1988 年國內投資已自谷底大幅回升，以當年新台幣計，平均每年增加 35.0％，帶動國內需求每年增加 17.5％，遠超過 GNP 10.3％的增加率，使超額儲蓄自 1986 年 6223 億元高峰，回降至 1988 年的 3953 億元；超額儲蓄占 GNP 的比例，更自 1986 年的 22.1％，至 1988 年降為 11.6％，使資源在國內利用的情況大為改善。

進口大幅增加，巨額出超顯著下降

1987 與 1988 年進口恢復大幅增加，以當年新台幣計，平均每年增加 20％，較出口增加 7.5％，高 1.7 倍，使出超顯著降低；尤其 1988 年貨品及勞務出超，

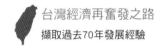
自 1987 年的 177 億美元，急劇降至 125 億美元（貨幣
性黃金進口，已自進口扣除，以下同），一年間減少了
30％，對國內外經濟的失衡，有顯著的改善。至於對美
商品貿易出超，不包括自美進口黃金，亦減少 19％。
美國眾議員蓋哈特前年曾提議要求對美出超國家，每年
出超金額減少 10％，多數議員認為過於猛烈未予通過；
而我國 1988 年對美出超降低比率，幾超過其建議 10％
的一倍，顯見我國對降低對美出超努力的程度，應可獲
得美方諒解。

　　雖然 1988 年超額儲蓄與巨額出超迅速下降，使國
內外經濟失衡現象，獲得顯著改善。但無論就 1988 年
超額儲蓄與貿易出超金額，或其占 GNP 比例而言，仍
然偏高；不僅是主要貿易出超對象國家無法接受；就我
國本身而言，亦難長期承受這種重大經濟失衡現象。尤
其經濟自由化剛開始起步，如不能真正落實，在貿易出
超未能降至合理程度前，常被主要出超對象國家作為報
復的藉口，故需繼續努力之處仍多。

　　最近行政院中美貿易專案小組，已就「加強對美經
貿關係工作計畫綱領」，報請行政院核定。擬具該計畫

綱領的目的，是希望在整體經濟結構調整的架構下，以積極主動的態度，根本解決巨額出超問題。該小組已會同經建會、財政部、經濟部等有關部會，就經濟自由化各項工作研訂推動時間表。時間表的訂定，除可明確表示政府的決心與政策方向外，課以政策執行官員的責任，並可以讓企業有足夠的時間，從事各項必要的調整，減少決策的不確定性；同時，亦可供出超主要對象國家了解我們解決問題的誠意。

就總體經濟而言，將以 5 年時間落實自由化工作，同時將超額儲蓄與貿易出超逐年降低，至 1993 年超額儲蓄與貿易出超占 GNP 比例，均自 1988 年的 11.6％降至 3％左右（實際上，1993 年已降至 1.5％），應屬我國經濟所能承受的範圍之內。至於對美貿易出超，全部消除雖不可能，但可降至合理範圍之內。

顯見未來數年，我國必須加速經濟自由化的步伐，加速經濟結構的調整；在此調適過程中，就短期而言，可能或多或少對國內造成若干衝擊；惟就長期而論，各項調整乃與自由化、國際化與制度化的既定基本政策方向一致，應可提高經濟效率，持續維持穩健成長的目標。

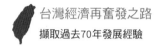
結語

行政院經建會曾於 1986 年設計完成「台灣地區經濟建設長期展望」，並經行政院核定實施。該長期展望是以 2000 年為目標年，期望在 20 世紀結束前使我國成為現代化國家。現代化國家必定是政府干預、管制最少，且開放又公平競爭的社會。社會上每一分子都有激發其潛力的機會，各盡所能，各取所需，這也是自由化、國際化的境界。但自由化、國際化的落實，必須強化法治基礎，否則將破壞經濟社會秩序，而健全法治正是現代化國家必備的典章法規制度。因此，貫徹執行「經濟自由化、國際化與制度化」基本政策，不僅可克服當前面臨的重要經濟問題，而且也是為現代化國家奠基的工作。

不過，此一任務非常艱巨，政府部門固然責無旁貸，但全民必須密切配合、支持，方能奏效。惟有結合全民的力量，摒除私利，發揮互助互諒的團隊精神，才能達成經濟建設長期展望所揭示的，在「公元 20 世紀結束前成為現代化國家」的目標。

第 4 章

經濟自由化的挑戰

- 1984 年於國民黨政策委員會報告。
- 本文摘要曾刊載於 1985 年 1 月 31 日《中國時報》,
  題為「經濟自由化的回顧、挑戰與回應」。

近年來，我國經濟發展的成就雖一再被國際著名的《歐元》（*Euromoney*）雜誌推崇，譽為在世界93個國家中，因應能源危機僅次於新加坡，為表現第二強的國家。但另一方面，無庸諱言的是，無論政府或民間，似乎也都感覺到現階段我國經濟發展仍潛伏著若干隱憂，這些隱憂輻輳在一個焦點上：那就是生產力的提振乏力。

行政院俞國華院長就任後，即針對此一問題提出經濟自由化、國際化與制度化三項重要因應原則，半年多來，在產業、學術、政策及輿論各界都引起了很大的反響。不過也可能由於各方對於這三個政策原則的階段性意義尚未深入了解，以致當理念落實到政策時，常出現理解上的差距，甚至導致無謂的爭議。其實自由化、國際化、制度化並沒有什麼值得疑慮的地方，因為自由化與國際化基本上就是自由經濟的精髓；制度化就是匡濟自由經濟缺失的一套計畫性做法，合起來，自由化、國際化、制度化就是計畫性自由經濟，是我國經濟發展一貫所秉持的原則。只不過以往由於發展階段的不同，自由與計畫的相對成分有所變異罷了。

　　經濟發展的早期，自由的色彩淡，計畫的色彩濃。但隨著經濟的不斷發展，政府的干預事實上已在逐漸減少中，無論就外匯、貿易、金融、財稅、投資各方面的政策演變加以觀察，足以證明，政府所以仍在目前強調經濟自由化，主要是認為盱衡經濟發展內外在條件的轉變，深覺自由化的步伐有加速的必要。

　　在本文中，本人願首先對我國以往經濟自由化的演變作一回顧，然後就現階段經濟發展條件作一檢討，並據此指出強化經濟自由化的意義與必要性。最後，對經濟自由化、國際化、制度化可能的困難及因應之道，提出若干看法。

台灣經濟發展階段與政策的嬗遞

　　從現在回顧，台灣經濟發展自 1950 年代以來，可以很清楚地劃分為三個階段：

　　1. 1950 年代的進口替代階段。
　　2. 1960 年代開始的出口擴張階段。

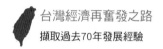

3. 1980 年代開始的科技導向階段。

在早期的進口替代階段中，政府經濟發展政策的主
要特色，是一方面鼓勵民間企業之發展，另方面也積極
干預民間的經濟活動，影響資源的分派。政府對市場經
濟活動的影響主要表現在：

1. 以土地改革積極激勵農業生產的誘因，同時改善
　　社會財富的分配；
2. 管制外匯，將此一稀有的資源，依據國家發展需
　　求的優先順序，進行有效的分配；
3. 對於民間之投資及產業活動，藉由財稅、金融及
　　行政管理等手段，給予積極的輔導或指導。

就以上這些干預的範圍而言，政府進行干預的理由
是十分明顯的。首先，土地資源固定，因此就台灣這樣
一個土地資源稀少的地區而言，任何土地的集中或不合
理租佃關係的存在，都是經濟與社會問題潛伏的病源，
而且此種不良的現象，基本上無法依賴市場機能，必須

靠政府進行必要適度的干預才能改善。

其次，由於經濟發展初期，外匯極度缺乏，而需求孔急；因此，政府從國家整體資源運用的角度，控制並統籌外匯的運用，也是一種不得已的權宜之計。

至於政府對民間產業及投資活動的干預，這在當時，也有不得不如此的理由。因為我國工業基礎太薄弱了，易遭外來的打擊，在發展初期非給予若干保護不可；同時在發展初期，不但民間投資資金缺乏，民間企業家無論素質與數量亦都有所不足，政府給予輔助或輔導亦實有必要。事實上，當時經濟情勢單純，變化又沒有現在快速，在產業與投資政策之決定上所需要的情報，沒有現在之多與複雜；而且我們較其他開發中國家有一個高效率的行政部門，從而政府分派資源出現錯誤的機會並不很大；甚至於就某種程度而言，比民間企業家獨自進行投資決策的風險還小。因此，在當時情況下，政府進行適當的干預，有其不得已的苦衷，也有其必要性。

由於在這一段期間，我國基本上鼓勵民間企業發展，政府在必要時給予必要的輔助，因此除了消費者作了若干犧牲外，輕工業的成長十分迅速，在 1950 年代

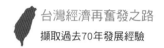

末期,國內市場即已達到飽和,不得不設法進一步拓展外銷。

外銷必須憑藉實力,因此政府必須從各方面逐步解除並降低管制與保護的程度,恢復市場機能,以促進民間企業的競爭能力。但是一方面由於國內市場畢竟太小,許多產業無從由規模擴大中享受到成本遞減的好處;另方面國內產業基礎薄弱,無力因應外來的強烈競爭;因此政府仍需對若干產業給予其國內市場的保障,希望以國內市場的利潤支持其拓展外銷的努力。此一政策實施二十多年來,確實使得我國出口不斷快速成長,成為帶動我國經濟成長的主力。但無可諱言,也因對若干產業保護程度過當,導致不少產業怠於進取,使有限資源未能作最有效的運用。

1970 年代兩次能源危機發生以後,世界科技以及經濟的發展都出現了很大的轉變,在經過將近十年的停滯性通膨期後,工業先進國的經濟終於在 1980 年代初期有了轉機。此一轉機,除了部分受到國際油價回穩的有利影響外,主要是因為新科技的投資所帶動。一般認為,這是自二次世界大戰後科技高潮以來的另一科技高

潮的開始。由於我國與國際經濟之關係日漸密切，因此我國未來的經濟發展型態，勢必與國際動態比較利益的變化取得配合。在國際間各國都積極邁向科技導向科技化之際，我國一貫的經濟觀念與對策，自亦有適度加以調整的必要。惟在說明應如何調整之前，先就當前經濟發展之條件做一檢討。

自由化、國際化及制度化的意義

　　一國經濟生存與發展的良窳，需視其需求面與供給面之條件而定。簡單地說，需求面就是市場，而供給面就是在既定市場中與他國競爭的生產力。

　　就需求面而言，1950 年代我國產品的市場是一個在保護下的國內市場；1960 年代以後的市場雖曾拓展擴及國外，但仍有相當國外市場之維持，是以國內消費者福利的犧牲為代價加以換取的。就後者的做法而言，短期或有必要，長期如此則未必符合國家利益，這種以國內資源補貼國外購買者的政策，今後似有檢討改進的必要。另一方面，以往我國出口貿易的迅速成長，還有

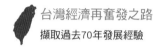
很大部分的原因是受惠於世界普遍經濟繁榮下，國際間貿易擴張所產生的所得效果，此一效果，在能源危機發生以來及可預見的未來，將隨著貿易保護主義的蔓延而顯著減少。

換言之，今後我國貿易的擴張，一方面不能繼續期望像以往一般享有國際經濟繁榮的效果，二方面亦不宜繼續以內銷補貼外銷，依賴人為力量所造成的競爭力。在這樣的不利條件下，如欲繼續保有我國產品在國際市場的競爭優勢，必須從確實提高我國資源的生產力著手。亦即未來我國經濟貿易發展的動力，將從以往的需求面轉變到供給面：供給面如有強大的生產力與競爭力，則經濟當可繼續快速成長；否則，貿易也好，經濟成長也好，前途將遭遇許多阻力。

然而就供給面的生產力而言，我國以往的表現雖尚稱不差，但若與日本、新加坡等表現優異的國家相比，則似乎還有許多進一步努力的餘地。究其原因，主要有二：

1. 在民間經濟活動方面，過去政府所採取的許多干預措施，至現階段已無必要，但卻未能適時取

消，使得資源的分派受到了相當程度的扭曲。

2. 另一方面，民間經濟活動所賴以順利進行的一個公平而充分競爭的環境，尚未臻健全，也使得民間潛在的經濟活力未能充分發揮。

基於這樣的了解，要大幅提高生產力，就必須針對以上兩點做必要的努力。就第一點而言，一方面民間企業家無論就素質與數量而言，與二、三十年前相比，都不可同日而語；二方面，在科技突飛猛進的今天，新科技的出現與成長真是日新又新，除了靠優異而嗅覺靈敏的民間企業家，基於利潤動機在考慮風險因素後，對投資做出明智的抉擇外，政府能代為選擇的能力實在相當有限。

因此，政府必須了解其在整體經濟發展中的角色已有所改變，今後實應盡量減少對民間經濟活動的不必要干預，任由每個人、每個企業都能在利潤動機驅使下，自由地投資、自由地創業，這種做法就是自由化。同時由於我國經濟與國際經濟的關係十分密切，自由化不能單獨局限在國內，我們努力的目標是讓我國與自由世界間有關人、資金、貨品、技術與資訊的流動，所受到的

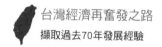
限制最少。因此就一個開放經濟而言，自由化也就是國際化。在當前環境下，貫徹自由化與國際化基本政策的困難雖多，無法一蹴可幾，但亦應朝確定目標積極努力。

其次，就第二點而言，一個開放、公平而充分競爭的環境，並不是單靠政府採取無為而治的放任態度就可以實現的。民間部門包含著許多利益團體，彼此間基於利益的追求，難免有許多摩擦與衝突，因此必須有一套為大眾所共同遵守、具有公信力的競賽規則（rule of game）。這種規則部分由風俗習慣約定而成，可是主要還是有賴於政府加以妥善設計訂定。設計訂定合理的法規就是「制度化」。

不過制度化的涵義範圍很廣，除了法規的健全合理化之外，也包括財稅金融制度的合理化、自然及社會環境資源的規劃，甚至還包括為了有效運作制度、執行政策，公共部門在行政組織方面的合理化，及行政效率的提高等等。簡言之，凡能協助市場價格機能之運作，及匡濟任何市場價格機能缺失之公共部門的行為，都是制度化的範圍。所以制度化與自由化、國際化是相輔相成的。制度化的工作愈健全，市場機能亦就愈能有效合理

的運作，資源運用的效率及生產力便愈能充分發揮。
「自由化、國際化與制度化」，一方面使市場機能充分發
揮，一方面進行必要而合理的干預，這就是民生主義
「計畫性自由經濟」的精神所在。

自由化、國際化、制度化的落實重點

自由化、國際化及制度化的涵義十分廣泛，既如上
述，但就現階段的經濟發展而言，仍可將努力的焦點集
中落實在下列幾個主要方面：

1. 在自由化方面，應全面檢討現有的產業政策，逐
   步解除及降低對各產業的保護程度，使民間企業
   之投資及各產業的發展，基本上能依據比較利益
   的原則來進行。
2. 在國際化方面，應全面從財稅、金融、外匯及行
   政管制等方面檢討，盡量減少資源、技術、人力
   及資訊在我國和其他各國間流通的障礙，期有助
   於形成一個在與國際經濟活動密切關聯下之充分

競爭市場。

3. 在制度化方面，有三個重點：

　(1) 積極做好資源及環境的規劃工作。

　(2) 健全各種行政組織與機構，使其確實能設計
　　 及執行良好的公共政策，並能以一流的行政
　　 效率對民間提供政府的外部性服務。

　(3) 健全經濟社會法規，為自由經濟的圓滑運作
　　 提供必要的法治與規範基礎。

政策執行的困難

推動自由化、國際化與制度化，由於是對既有關係
及利益的重新調整、或是對既有制度的改革，或建立若
干新制度，不論關係的調整或制度的興革，都不免於遭
遇若干困擾及阻力，這些困難可分兩方面說明。

自由化、國際化的主要困難，一方面是來自既得利
益團體的抵制，這種抵制主要是因為政策或制度改變，
影響既得利益而產生抗拒。實質上，絕大多數利益的重
新調整，都是一種零和賽局（zero-sum game），有人受

損，有人獲利。但通常受損者抗議抵制，受益者卻不會明顯地表示對改革的支持，至少他們表現意見的態度不會像受損者所表現出來的那麼強烈，往往使政策當局遭遇到極大的困擾。

因應此種困難，應鼓勵多元化社會中各利益團體的形成，並協助其正常運作，使基於不同利益的看法或意見有公平表達的機會。同時應努力做到政策形成的民主化與合理化，使政策的擬訂不致偏頗，從而在既定的目標下，能兼顧到不同的利益團體。

另方面，如何建立與政策有關官員正確的政策觀念，並將正確觀念落實到政策的擬訂與執行上，而且還要能堅定信念，抗拒來自利益團體的不當壓力。坦白地說，正確觀念的建立，也許是自由化、國際化工作中，除了抗拒既得利益團體的不當壓力外，我們所面對的另一重要挑戰。

其次，就制度化的工作而言，主要的關鍵在於如何建立一套高效率的行政組織：這至少包括合理的組織機構、高素質的文官，以及健全的典章法規。而要達到此一理想，實在說，關鍵也是在於若干觀念，例如：

1. 政府不必要的干預當然應盡可能減少，但必要的干預仍不可少，同時還要干預得有效率；公共部門組織的強化實為必要的條件。我國以往經濟發展的成就可說主要得力於此，日本、新加坡國家建設的進步亦然。

2. 公共部門組織與民間企業組織類似，似宜依據主客觀環境的改變，在功能、組織結構乃至於運作方式方面進行彈性的調整。若非如此，不足以有效因應外來的挑戰。

典章制度及法規的健全是一件相當費力，但卻是萬分重要的工程；以此為基礎，國家建設與發展才可大可久，所以此項工作必須積極進行。

我國經濟經過了三十多年的快速發展，在目前的轉型階段似乎面臨了許多挑戰：例如工業升級、商業升級、環境生態維護、勞雇關係的和諧、消費者保護、經濟紀律重整等等。因應這些挑戰，基本的做法就是自由化、國際化與制度化，而要做好這三化，根本的關鍵還在於觀念現代化。希望政府與民間都能建立共識，朝全面加速國家現代化的方向全力以赴。

第 5 章

匯率、貿易自由化與
產業結構調整

- 本文原刊載於《自由中國之工業》月刊，1994 年 10 月。
- 1998 年 9 月於上海社科院 40 週年慶國際學術研討會報告，並收錄於該院 2000 年 12 月出版《邁向 21 世紀的上海、中國與世界經濟》一書中。
- 2001 年 4 月於北京大學「經濟全球化與兩岸及港澳地區經濟整合前景」學術研討會報告。
- 於中國金融學會舉辦之「海峽兩岸外匯管理」學術研討會報告，並刊載於中國外匯管理局《中國外匯管理》月刊，2002 年 4 月號。

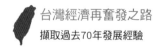
前 經建會副主任委員薛琦日前在「全國經營者大會」中，提到他最近閱讀日本野村綜合研究所主任研究員辜朝明新著《良性或惡性日圓升值》一書，特別指出兩點：

1. 該書分析，日本稍早因自由化不徹底，外匯存底大量累積，使得日圓對美元升值情勢難以化解，市場調節機能無法發揮，造成日圓惡性升值。

2. 就台灣地區而言，近年來由於貿易自由化程度日深，一方面出口成長趨緩，進口持續增加，國際收支漸趨平衡；另方面產業持續升級，資本、技術密集工業逐漸取代部分以勞力密集為主的輕工業，使得新台幣升值未出現惡質效果。

筆者讀到這則新聞報導後，感觸良深。憶起 1984 年 6 月，經建會主任委員俞國華先生甫就任行政院長，即闡明：今後經濟發展以「自由化、國際化、制度化」為基本政策。同年 7 月，行政院院會又通過經建會所提「當前貿易巨額出超因應方案」；該方案其實相當於自由

化的落實方案，可惜其後兩年多，一直未能付諸執行。究其原因，除受到既得利益者的抗拒外，政府有關部門亦缺乏貫徹自由化的決心。

例如當時財經主管部門認為，台灣產業體質仍然脆弱，如管制解除、大幅降低關稅，國內產業將禁不起國外產品大量進口的衝擊；而外匯主管部門鑑於過去外匯短缺時之困境，在外匯存底大量累積下，仍認為外匯是稀有資源，不能輕言取消外匯管制。於是開放進口、降低關稅的進度牛步化，外匯繼續管制，經濟自由化幾乎一籌莫展。

結果，該一期間出超繼續擴大，新台幣匯率在美方官員喊話壓力下，不斷升值。同時，中央銀行唯恐升值快速會影響國內以出口為主的中小企業，一直採取緩慢升值政策，卻又引起國外熱錢大量流入，使得外匯存底在外匯管制下急速增加，更加重新台幣升值壓力。至1987年初，當新台幣對美元匯率自 1985 年的 40 比 1，升值突破 35 比 1 時，出口雖繼續增加，但幾無利潤可言。出口廠商紛紛提出：「新台幣升值有無底線？」「不能再升值了！」等呼籲。

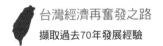
話說從頭

　　筆者依長期觀察台灣經濟發展的經驗，早在 1970 年代初期，當台灣對外貿易自入超轉為出超，同時儲蓄率達到 30％以上，且超過投資而產生超額儲蓄時，即認為經濟發展已面臨一個新的轉捩點，政府若干經濟政策已有調整的必要。不過由於 1970 年代先後發生兩次石油危機，貿易出入超與投資儲蓄差額變動不居，尚未趨穩定。當時即使有出超或超額儲蓄，為數並不大，故不致產生重大問題。

　　但是進入 1980 年代初期。筆者又發現不論經濟景氣榮枯，出超或超額儲蓄金額都持續擴大，其占國民生產毛額（GNP）的比率亦不斷上升，乃更確定前述觀點，認為此種對外與對內經濟失衡的擴大，顯示經濟發展已到達另一個新階段，而且形成制度性、結構性的問題。過去部分經濟政策，如鼓勵出口、限制進口及管制外匯等，已到功成身退的時候，如不能改弦易轍、必然會產生更大後遺症。

　　正當此時，1984 年 6 月俞國華先生就任行政院長

後，迅即在立法院宣布「自由化、國際化、制度化」，將為我國今後經濟發展的基本政策。筆者原本以為經由經濟自由化的落實，巨額出超或超額儲蓄即可相應減少，其所產生的後遺症亦可遏止。但不幸的是事與願違，經濟自由化的基本政策一晃兩年多並未落實。其間筆者雖有多次機會與財經首長們溝通，一再希望能放棄管制、保護的觀念，落實經濟自由化；但因缺乏具體有力的說辭，不僅未能說服對方，有時反被譏為理論之談、書生之見。

苦思說理

因此，筆者曾苦思如何以具體實例，來說服憂心實施自由化會對國內產業帶來重大衝擊的財經首長們。最後終於想出用經濟學最基本的供需曲線，來說明如不取消出口優惠、大幅降低關稅、開放進口、解除外匯管制，而任由新台幣在出超不斷擴大的情況下繼續升值，則升值過頭後，不僅扼殺出口工業、抑制經濟成長、增加失業，而且會使國內工業反淘汰、產業結構逆向調

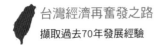
整、整體經濟效率下降,導致台灣經濟走上末路。1987
年春,筆者於經建會委員會議中,用統計圖向出席的財
經首長提出口頭報告,終於獲得與會財經首長的首肯,
同意重新檢討他們所主管的政策與措施。

　　1987年下半年開始,經濟自由化的步伐終於加速
進行,部分人士認為,政府是在美國壓力下,不得不如
此;事實上,經由具體、有說服力的實例,消除主管首
長的心結,減少在推動自由化時的許多疑慮,對自由化
的加速與落實,應有其貢獻。易言之,我們是在既定的
自由化政策下,將美國的壓力化為落實自由化的助力。

漸至佳境

　　以目前台灣自由化進度與日本比較,台灣已邁先一
步,貿易出超占GNP比率自最高時1986年的21.3%,
至1993年降為1.5%,新台幣大幅升值已告一段落。至
於日本國內市場不夠開放,為全世界所詬病,貿易出超
還在不斷擴大,日圓升值尚未平息;辜朝明先生甚至認
為日圓已升值過度,出現「惡質升值」,而傷及日本經

濟，深感憂慮。

因此，台灣當時克服經濟自由化阻力的經驗，值得
整理發表，或可提供其他推動經濟自由化國家之參考。

最適匯率與貿易巨額出超

最適匯率理論圖解

一般俗稱匯率底線，即學者所稱的最適匯率。所謂
最適匯率，是指在充分自由的外匯市場，沒有人為的干
預下，由外匯供需所決定的匯率而言，又稱均衡匯率。
如圖 5-1 所示，外匯的供給在台灣以出口所收入外匯為
主，故以 X 線表示；外匯的需求以進口支付外匯為主，
故以 M 線為表示。當 X 線與 M 線交會時，外匯收支
或稱進出口各為 360 億美元，此時外匯收支相等，沒有
出超也沒有入超，其匯率 a 即為最適匯率（或稱均衡匯
率）。

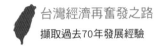
圖 5-1

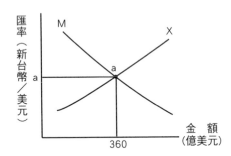

台灣實況

實際上，當時台灣外匯貿易市場多在政府管制之下，並非充分自由；不僅進口有限制、關稅偏高、出口有獎勵，外匯也在嚴密管制之下，匯率也由政府決定。因此，當時台灣實際進出口不是 M 及 X 線，而均衡匯率也不是 a 點。

出口

出口有低利外銷貸款、外銷退稅等優惠，若干出口工業又不負擔公害汙染防治或處理費用，因此成本較低，出口競爭力強，實際出口較沒有出口優惠時高，而為圖 5-2 之 X' 線。

圖 5-2

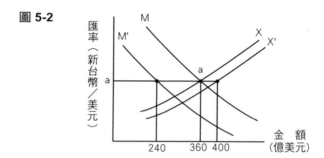

進口

　　進口有高關稅、各種進口限制，外人投資也在管制之下，實際進口較沒有限制進口及合理關稅時少，而為圖 5-2 之 M' 線。

貿易失衡

　　當匯率為 a 時，出口不是 360 億美元，而是 400 億美元；進口不是 360 億美元，而是 240 億美元；亦即有160 億美元出超存在，這些都是 1986 年台灣實際進出口數字。

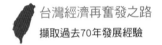
對策

　　由此可知，當時台灣對外貿易失衡，產生巨額出超，主要有兩個原因，一是新台幣幣值低估；二是對外貿易未能自由化。

　　因此，解決貿易出超問題，除新台幣應升值至合理水準（最適匯率）外，舉凡推動貿易自由化、開放進口、降低進口關稅、取消出口優惠、解除外匯管制，皆是重要手段。以下將就此兩方面進一步比較分析，並檢討其對整體經濟的影響。

以新台幣升值調整貿易失衡

平衡貿易下的匯率水準

　　假設政府以新台幣升值進行貿易失衡調整，亦即並未同時推動貿易自由化、降低關稅、解除外匯管制，而聽任匯率由市場外匯供需決定。則即使新台幣升值至相當水準，仍有巨額出超存在；升值必將繼續，直到貿易收支平衡為止，如圖 5-3 所示。當 X' 線與 M' 線交會

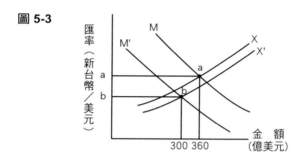

圖 5-3

時，匯率為 b，進出口各為 300 億美元，貿易達到平衡。

影響

在匯率為 b 時，巨額貿易出超問題雖已解決，但對出口的減退、進口的增加，產生極嚴重的負面影響。

出口方面

1. 就出口減退而言，如圖 5-4 所示，出口自 400 億美元降為 300 億美元，減少 100 億美元，影響出口與經濟成長，產生失業問題。

2. 產業結構將轉趨惡化。新台幣升值過頭，對所有出口工業都遭受打擊；不過接受低利貸款或外銷

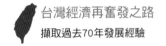
　　退稅之工業，由於受到政府的補貼，較之未受政
　　府補貼的工業所受的衝擊相對較輕，形成反淘汰。

3. 形成守法者遭受淘汰，違法者持續生存的不公平
　　現象，亦使生活環境更為惡化。不遵守法令規章
　　者在生產過程中所造成的汙染、公害轉嫁由政
　　府或社會來承擔，反因成本較低，仍有出口競爭
　　力。反之，守法的廠商因負擔了汙染防治或處理
　　成本，在新台幣升值過頭後，相對前者缺乏競爭
　　力，無法出口，而被迫倒閉。

圖 5-4

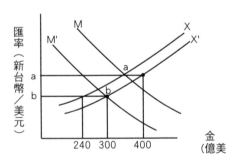

進口方面

1. 就進口增加而言，如圖 5-4 所示，進口自 240 億美元增至 300 億美元，增加 60 億美元，對國內產業造成相當衝擊。不過，在新台幣升值過頭後，其影響程度不同：

   (1) 有進口限制的產品，因在政府控制之下，不致因升值而增加進口；因此，國內此類產業並未受到影響。

   (2) 受高關稅保護的產業，因有高關稅的保護，國內此類產業仍相對有競爭力，所受影響也不大。

   (3) 受影響最大者，是那些沒有進口限制，亦無高關稅保護的產業，因無緩衝地帶而被擊倒。

2. 貿易失衡問題雖獲解決，但對整體經濟產生極嚴重的傷害。因為受保護的產業，一般都是生產成本相對高、比較利益相對低，且缺乏效率的產業；而未受保護的產業，均為生產效率較高，且具有比較利益的產業。在新台幣升值過頭後，低效率的產業因有保護而持續生存，高效率的產業

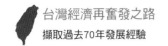
反受打擊，甚至被淘汰；亦即劣幣驅除良幣，產業結構發生逆調整，經濟效率相應下降，消費者亦未能享受新台幣升值的利益。

以貿易自由化調整貿易失衡

貿易自由化的調整過程

假設政府為解決貿易失衡，積極推動貿易自由化，放寬進口限制，大幅降低進口關稅。

- 凡准許進口的產品除特殊原因外，對當時不合理規定的限制申請人資格、限制進口地區、需由有關機構簽章等，全部予以取消；
- 關稅降至工業國家水準；
- 外匯管制解除、外人投資限制亦予放寬；
- 出口退稅在原材料進口關稅降至一定水準後，不再退稅；
- 低利外銷貸款取消；

● 汙染者應自行負責處理或貫徹汙染者付費制度。

其結果必使進口自 M' 線向右上移，恢復到 M 線；出口 X' 線向左上移，恢復到 X 線，使進出口同時恢復到 360 億美元，即在匯率 a 的水準下消除巨額出超，達到進出口平衡，如圖 5-2 所示。

影響

在積極推動貿易自由化等措施下，出口減少，進口增加，貿易失衡問題雖獲解決，但又會產生新的影響，而被某些人士引以為憂。實際上，實施自由化所產生的影響，大致皆出現正面的影響。不過，若新台幣幣值低估，而匯率未能相應調整時，則對外貿易失衡難以徹底解決。茲進一步分析如下：

出口方面

1. 就出口減少而言，如圖 5-2 所示，在取消對出口的各種優惠後，出口由 400 億美元，降為 360 億美元，減少 40 億美元，短期內對出口產業與經

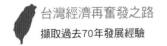

濟成長均有不利影響，失業亦可能增加。

2. 取消出口優惠、嚴格執行防治汙染措施，雖犧牲短期經濟成長，但有利於經濟的長期持續成長，失業問題不一定存在，且生活環境相對獲得改善。

(1) 受到影響的產業是過去享有外銷退稅、低利貸款優惠，或不負擔汙染處理費用的產業。該等產業原本不具出口競爭力，但因在政府給予各種優惠，或未嚴格執行汙染者付費制度下，故仍能出口；由於此部分出口的增加，不僅造成巨額出超而帶來許多問題，亦使勞力供需緊張，工資大幅上漲，生態環境受到破壞。在政府取消對出口優惠及嚴格執行汙染者付費制度下，此類受優惠之產業，因缺乏競爭力遭受淘汰，雖犧牲出口與經濟成長，但有減緩出超、調適勞力供需作用，並避免生態環境惡化。

(2) 未受出口優惠、遵守法令規定做好防治汙染的產業，不僅未受影響，而且因前述產業的淘汰，可充分獲得生產資源，使具有比較利

益的產業順利發展，資源獲得更有效利用。

進口方面

1. 就進口增加而言，如圖 5-2 所示，在積極推動自由化等措施後，進口自 240 億美元大幅增至 360 億美元，增加 120 億美元，對以內銷為主的產業將產生嚴重衝擊。

2. 受影響的主要是對過去受進口限制、高關稅保護的產業，惟此種影響可從兩方面來探討：

   (1) 一類廠商在保護期間獲取高利潤時，已進行各項改善經營管理與更新設備投資的工作，在取消保護措施的刺激下，更積極推動自動化、加強研究發展，提高生產力與競爭力，不受進口增加的威脅，仍能屹立不搖，持續健全發展。

   (2) 另一類廠商，在保護期間坐享高利潤但不求改進，體質當然脆弱，一旦取消保護措施而開放市場，將因缺乏競爭力，遭受倒閉的厄運。此等廠商原本不具比較利益，應任其淘

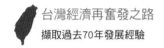
汰，反可使資源獲得更有效利用。

3.未受進口保護的產業，原屬具有比較利益的產業，不僅未受取消保護的影響，且因生產資源供給不若過去的緊張，更能充分發展，加速產業結構調整，促進工業升級。

因此，貫徹貿易自由化，取消出口優惠與進口保護，短期內對國內生產雖有不利影響，但受衝擊者是原不具比較利益的產業，反可促進產業結構調整，經濟效率提升及增進國民福利，有利於經濟的長期發展。

結論

根據以上分析，可以獲得下列結論：

1. 貨幣升值、貿易自由化，均為解決貿易巨額出超，調整對外經濟失衡的重要手段。

2. 以貨幣升值為解決貿易出超的手段，而不積極推動貿易自由化等措施，易使貨幣升值過頭，不僅

影響短期經濟成長，更造成產業結構的逆調整，經濟效率普遍降低，生態環境遭到破壞，消費者未能享受到升值的利益，對經濟長期發展產生極嚴重的傷害。

3. 以貿易自由化等措施為解決貿易出超的手段，雖對短期經濟成長有影響，但有調整產業結構、加速工業升級、增進國民福利的作用，支持經濟長期持續的成長。不過，如幣值有低估而匯率未能相應調升時，則對外貿易失衡難以徹底解決。

4. 解決巨額貿易出超問題，所採取的貨幣升值與推動貿易自由化兩手段，究以何者為先，對經濟的不利影響降至最低。根據台灣經驗，宜先積極推動貿易自由化等措施，再任由市場外匯供需決定匯率。經由雙管齊下，市場機能充分發揮，不僅對外貿易失衡可以解決，並使產業結構顯著改善，經濟效率提升，貨幣升值會適可而止，整體經濟將可獲得更健全發展。

總之，解決對外貿易失衡問題，不論單方面貫徹貿

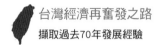
易自由化等措施,或單方面讓貨幣升值,都有後續問題存在;尤其後者後遺症極為嚴重,惟有兩者先後相互搭配,雙管齊下,有效推動,才能事半功倍,完成預期效益。

第 **6** 章

從管制到開放的台灣經驗

· 本文自 1993 年 4 月 5 日開始，曾在大陸多處講演。

所謂從「管制」到「開放」，主要就經濟層面而言。「管制」與「開放」，看似兩個極端，但實際上，無論「管制」或「開放」，都有「全面」與「局部」之分，也有「寬嚴」、「鬆緊」之別。就拿第二次世界大戰結束以後各國的情況來看，對於國民經濟活動傾向「管制」，而且是全面、從嚴、從緊的，要屬以往共產世界的「中央集權」或「統制經濟」制度；反之，傾向「開放」，而且是全面、從寬、從鬆的，則屬歐美工業先進國家的「自由經濟」或「市場經濟」制度；至於其他大多數國家，則分處在這兩者之間。

大體上，經濟愈落後、開發程度愈低的，愈傾向於「管制」；而隨著經濟的持續發展，大多數國家都會逐漸朝「開放」的方向轉變。這種演變趨勢就是當代自由化潮流。「台灣經驗」也正是順應這種經濟自由化潮流，並且是少數幾個經濟發展成功的案例之一。有關台灣經濟這一段自由化歷程，知名的學者、專家論述頗多，大家恐怕也早已耳熟能詳。謹以個人獻身台灣經濟設計工作行列 40 年的體驗，提出一些觀察心得。

計畫性自由經濟制度的施行

簡單地講，台灣過去 40 多年來的經濟發展，可說是從「管制」到「開放」的一段經濟自由化歷程。不過首先必須說明一點，台灣早期雖然採取經濟管制措施，並實施經濟計畫，惟由於允許私有財產制的存在，並鼓勵民間企業的發展，市場價格機能一直發揮作用，可說是「計畫性自由經濟制度」，與共產制度下的「計劃經濟」確有不同。

所謂「自由」，就是尊重並保障私人財產與企業自由，促使市場價格機能充分發揮；所謂「計畫」，則在釐訂目標、發展政策與建設方案，導引人力、物力及財力從事最有利的生產，避免衝突，消除浪費。其政策內涵可概括如下。

經濟成長與穩定並重

我們的信念是：經濟穩定是經濟成長的基礎。若經濟成長過速，固可能招致物價膨脹，引起經濟的不安；但經濟成長是維繫經濟穩定的力量，只有穩定而無成長

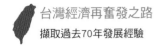
或緩慢成長，則經濟停滯，經濟亦難以持久穩定。因此，經濟成長與物價穩定並重，乃是我們經濟發展一貫追求的目標。

循序漸進的產業發展

政府深深了解，為推動經濟建設，必須衡量內外環境及條件，循序漸進發展產業。在 1950 年代初期，台灣農業人口不僅占總人口的一半以上，生產與出口亦以農產品及農產加工品為主，當時如不先謀求農業基礎的穩定，貿然大力推動工業發展，不僅力有未逮，即使工業能勉強建立，亦將事倍功半。因為如果農業衰退，占人口總數一半以上的農民沒有購買力，工業產品的銷路必成問題，從而影響工業的進一步發展。因此，台灣在推動經濟發展初期，即採取「以農業培養工業，以工業發展農業」的策略，優先發展農業，先後實施「三七五減租」、「公地放領」及「耕者有其田」政策，完成土地改革，使農民獲得自己的土地，提高耕作意願；同時也積極從事各項農業建設。結果，農業生產大幅增加，糧食供應充裕，有助物價穩定；而且食品加工外銷，賺取

外匯，也促使農村繁榮，社會安定，為工業發展提供資金、外匯、加工原料與銷售市場，奠定工業發展的基礎。

而工業發展在 1950 年代初期存在著許多不利因素，主要有：工業原料缺乏、資本不足、外匯短缺、國內市場有限，以及缺乏企業家及健全的企業組織等，惟一有利的因素就是勞力充沛。因此，對於可以增加出口或減少進口、且對國際收支有貢獻之工業，決定予以優先發展，亦即充分利用國產原料、勞力及進口原料，發展進口替代工業，由於需要勞力較多，故亦稱為勞力密集加工業。當時由於得到農業的支持，工業發展相當順利，但在 1950 年代後半期國內市場已漸趨飽和，便進一步發展勞力密集的加工業拓展外銷，掌握國際經濟的好景氣，加速經濟發展，所得不斷提高，國民儲蓄迅速累積，投資財源充裕，又工業發展經驗的累積與教育普及，專業技術人力供應亦漸充足。同時，由於工業規模擴大，形成對中、上游原物料工業的龐大需求，遂於 1970 年代初期著手發展第二次進口替代重化工業。然後，經由工業發展經驗的累積，再於 1980 年代積極發展技術密集工業，這種循序漸進的產業發展政策，是台

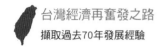
灣經濟得以順利發展的重要因素。

促進民營企業發展

　　台灣在經濟發展初期，工業部門多為公營事業。例如 1952 年，公營製造業生產高占製造業總生產的 56％，民營製造業僅占 44％，且均屬中小企業。政府鑑於公營事業受法令規章等種種束縛，效率難以提高，同時也充分了解「自由企業」對促進工業發展的重要性。而且依照孫中山先生的民生主義，民營企業不僅不受排斥，只要不是獨占事業，政府還應給予獎勵，並立法加以保護。因此，工業發展遂決定以民營企業為主。首先，配合土地改革，將當時四大公營公司（台灣水泥、紙業、工礦、農林公司）移轉民營；另外並決定，除原有公營事業之必要擴充、或具有獨占性者，仍由政府投資外，新興工業投資計畫以鼓勵民營為原則。

　　惟當時因民間缺乏有遠見、有魄力的企業家，而銀行均係公營，亦難以負起輔導、促進民間投資的責任。為此，政府不僅研擬投資方案，召請民間企業家參與投資，甚至先由政府官員擔任創辦人，投資設廠，俟獲利

後再移轉民營；或由政府提供原料，交由民營工廠加工製造，再收購成品，以減輕民營工業的負擔與風險。由於此一政策的實施，培養壯大了民間力量，到 1992 年民營製造業生產高占製造業總生產的 90％，而出口金額中，民間部門貢獻亦在 90％以上，充分發揮民間企業精神，在台灣整個經濟發展過程中，民間部門扮演極重要角色。

充實基本設施

基本設施建設，如水利、電力、鐵路、公路、港埠、機場、郵政、電信等，都是國防與民生工業發展所必需的重要建設。由於這些建設投資大、報酬率低，民間無力或不願投資，或因這些建設的經營具有獨占性之地位，依據民生主義發達國家資本的主張，都由政府投資興建，並加以經營管理。

自 1950 年代開始，政府財力雖然有限，不過由於有美國經濟的援助，即大力投資興建與擴充台灣的基本設施建設。在 1950 及 1960 年代的 20 年間，基本設施建設投資，高占總投資的三分之一以上，但在 1960 年

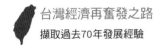

代，由於經濟的快速發展，基本設施建設乃相對落後，1960 年代末期，逐漸發生供應不足，造成瓶頸現象。因此政府於 1970 年代初期全面性加強基本設施建設，在「十項建設」中，有七項即是基本設施建設。相繼又進行「十二項」及「十四項」重大基本設施建設，「國家建設六年計畫」的基本設施投資更高達 2000 億美元。基本設施的充實，對支援產業及對外貿易發展、改善生活品質的助益極大；尤其在國際經濟景氣低迷期間，更能發揮激勵民間投資意願、促進國內景氣回升的效果。

台灣經濟第一次自由化

1950 年代初期經濟管制的時代背景

1949 年底，政府遷台，台灣人口由原來約 600 萬人驟增 200 萬人，可說是「食之者眾，生之者寡」。當時可供出口者，僅有糖、鹽、茶、香蕉等少數初級農產品及農產加工品；其他基本原料及民生物資均呈不足，以致必須部分、甚或全部仰賴進口供應。因出口有限，

進口所需的外匯來源必然短缺；物資又供不應求，物價自然難以穩定，尤其在財政「入不敷出」，貨幣大量發行的情況下，更是急劇上漲。例如：1950 年的政府經常收支赤字為 4 億 3300 萬元，約為該年中央總支出 9 億 8300 萬元的 44％；1951 年的經常收支赤字也占總支出的 40.3％。至於通貨發行於 1950 及 1951 年分別增加 46％及 64％。影響所及，1950 年 12 月物價較 1949 年同月上漲 89％，而 1951 年 12 月，又較 1950 年同月上漲 53％。

基於外匯不足、物資短缺、物價膨脹的現實考慮，當時政府所採取的對策之一，就是實施嚴格的管制措施，包括：

進口管制

對基本糧食、民生必需品，以及為發展國內經濟所需資本財、原料和燃料的進口，優先分配外匯，准予優先進口。至於消費財的進口，則嚴格管制；奢侈品的進口，更完全禁止。

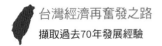

複式匯率

進口方面，對基本糧食、資本設備與生產財使用較低匯率（以 1 美元兌新台幣若干元而言），次必需品使用較高匯率，高級品使用最高匯率。出口方面，當時以傳統出口品為主，其供給價格彈性小，故採用低匯率。

外匯預算分配

政府設置進口外匯預算審核小組，擬訂「分類物資控制計畫」，將所有貿易商進口物資分為 28 項，於每週審核時，就外匯頭寸情形及已進口物資存量等，按此 28 類物資逐項分配外匯，外匯控制極為嚴格。而該審核小組的權威，已到可以增減或停止某項物資進口的地步。在此一制度下，即使准許進口的物資，亦不一定能充分申請到外匯。

由於實施嚴格的進口數量管制、複式匯率和外匯預算分配制度，維持了必需品的低進口成本，加上美援於 1950 年及時到達，乃勉強維持外匯收支平衡。

1950 年代後期的自由化改革

1950 年代後期，第一階段勞力密集進口替代工業的發展已向前邁進了一大步，但貿易逆差、失業等問題仍然存在，而且還出現了許多管制政策的後遺症，亟待解決。又因為台灣市場狹小，若干主要進口替代工業的發展已達飽和或即將飽和，於是面臨了兩種新的發展抉擇：其一是進行第二階段進口替代，仿效拉丁美洲國家，發展原本依賴進口的原物料及資本財工業，以國內生產替代進口。抑或其二，繼續發展第一次進口替代所建立的工業：勞力密集的非耐久性消費財，但是要突破國內市場的限制，拓展外銷。

經衡酌當時情況，發展第二階段進口替代工業不僅不具比較利益，也缺乏發展能力；但若發展非耐久性消費財的出口工業，則相對有利。因此，政府針對當時外匯貿易管制下所產生的問題，諸如：價格機能喪失、外匯錯誤分配、生產事業不正常發展、進口商暴利、牌照頂讓、工業原料轉售、出口受阻、消費過度等缺點，進行一連串外匯貿易改革，因而為經濟自由化推進了一大

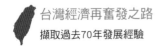
步。重點如下：

外匯貿易改革方案

改革期間約自 1958 年 4 月起，至 1963 年 9 月為止。主要改革內容如下：

1. **簡化匯率**：將過去複雜的多元匯率，先簡化為兩種，再改為單一匯率。並藉結匯證自由買賣制度的實施，將新台幣大幅貶值，自 1 美元兌新台幣 24.78 元貶至 40 元，接近真實匯價水準。

2. **放寬進口管制**：取消進口配額制度，先設定各類物資進口預算限額，最後放寬為進口商可以隨時申請；並逐步將禁止或管制進口物資，改列為准許類進口物資，其所占百分比並不斷提高。

3. **鼓勵出口**：除調整匯率至真實匯價外，其他鼓勵辦法包括：

   (1) 出口所得外匯給予 100％結匯證，並得以自由買賣。

   (2) 減少出口管制及簡化出口手續。

(3) 機動調整出口底價。

(4) 協助廠商解決外銷困難，如：擴大出口退稅範圍、簡化退稅手續、擴大外銷貸款，及充分供應進口加工原料的外匯等。

十九點財經改革

在外匯貿易改革之際，政府鑑於要加速經濟的自力發展，預為美援終止做好準備，必須先營造一個穩定的經濟環境，此牽涉到財政收支、國際收支，以及儲蓄與投資的平衡等。其次必須有一個便利投資的環境，包括：租稅制度的改善；財政、金融、外匯政策的配合；工商管理法規的簡化；人、錢、貨進出的便利，以及投資機構的促成等。因此，在 1960 年，政府接納並大幅擴充美援當局的建議，構成了一套全面性的財政、經濟、金融革新方案：十九點財經改革措施。其主要內容可歸納為兩點：

1. 盡量解除或改變以往為應付非常狀態之措施，使一切經濟活動正常化。包括：以國民儲蓄為經濟

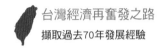

發展之主要資金來源，以避免物價膨脹，並減輕對外援依賴；解除不必要之管制，恢復市場機能；整頓租稅，以稅收為政府主要財源，並協助投資及經濟發展需求；取消一切隱藏又有補貼性之預算支出；國防費用暫時維持於當時按固定幣值計算之數額，以增加投資財源；加強金融管理，調節貨幣供需，以穩定經濟；進一步放寬外匯貿易管制，期能恢復新台幣自由兌換。

2. 建立永久性制度，使經濟得以自動發展。例如：創設資本市場，簡化法令手續，確定獎勵投資辦法（1960年9月彙整、制定「獎勵投資條例」），建立健全的預算及租稅制度，調整金融體系等。

台灣經濟第二次自由化

1980 年代總體經濟失衡的背景

透過上述經濟自由化的推動，台灣經濟進入高成長階段，但進入 1980 年代，許多新的經濟問題又相繼產

生。主要是從兩方面衍生而來：一是國內生產大幅提高而國內需求不足，超額儲蓄過大所引發的問題；二是出口持續大於進口，出超不斷擴大所帶來的問題。此與台灣光復初期所面臨：生產不足以支應國內需求，投資財源不足、進口大於出口而產生入超、國際收支出現逆差等問題，正好相反。一是過剩，一是不足。茲將 1980 年代的經濟失衡問題簡單說明如下：

國內需求不足引發的問題

進入 1980 年代，台灣的國民生產毛額仍不斷大幅增加，但國內需求增加率卻顯著減緩。以當年幣值新台幣計算，1982 至 1986 年的 5 年間，GNP 平均每年增加 9.8％，而國內需求每年僅增加 4.7％，尚不及其一半。而國內生產超過國內需求，產生超額儲蓄，且逐年擴大，正顯示資源未能在國內有效利用。至 1986 年，超額儲蓄占 GNP 的 22.1％，表示每生產 5 元 GNP，即有 1 元以上未能在國內有效利用。這樣大比例的資源未能有效利用，又充分顯示自由化的不足，若不予改善，將引發經濟難以持續發展、不利產業結構調整及影響工業

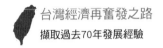

升級、威脅金融安定、影響國民生活品質的提升等問題。

巨額出超帶來的問題

同期間，出口雖大幅增加，進口增加率則顯著減緩；在 1982 年至 1986 年的 5 年間，出口平均每年增加 13.6％，而進口僅增加4.5％，僅相當前者的三分之一。因此，出超不斷擴大，至 1986 年，商品出超高達 156 億美元，雖遠低於當年日本 827 億美元及西德 522 億美元的出超，但台灣出超占 GNP 的比率高達 22.1％，卻遠較日本及西德不及 5％高出甚多，其帶來的問題亦更嚴重，包括：

1. **引發貿易摩擦**：近年來，台灣對外貿易出超不斷擴大，而且過度集中於美國。1985 年，對美出超達到 100 億美元，1987 年更高達 164 億美元的高峰，成為美國縮減貿易入超的第二個報復對象。美方乃不斷要求我國開放市場、降低關稅，及新台幣升值等，還不時亮出 301 報復條款。

2. **壓迫新台幣大幅升值**：隨著貿易出超的不斷擴

大，外匯供過於求，新台幣升值壓力不斷增大。
自 1985 年 9 月 22 日五國聯合干預外匯市場，至
1987 年底，新台幣對美元即升值 42％，升值幅
度在亞洲四小龍中最高。其對出口產生的不利影
響，在 1988 年已完全顯現。

3. **貨幣供給額大幅增加，對物價膨脹形成潛在壓**
   力：過去外匯嚴格管制，貿易出超的外匯均由中
   央銀行收購，而放出等值新台幣。1987 年 7 月
   15 日起，外匯管制大幅放寬，除匯入款外，幾
   已全部解除外匯管制。但中央銀行為維持外匯市
   場交易秩序，尚陸續吸取外匯。至 1987 年底，
   外匯存底高達 767 億美元，短短 5 年間，外匯存
   底增加達 682 億美元，使中央銀行放出強力貨幣
   2 兆 1000 億元。中央銀行雖採取各種沖銷措施，
   但貨幣供給額增加率一直高達 30％上下，形成
   物價膨脹壓力。

　　因此，為調整總體經濟失衡，經濟對內、對外的進一
步開放勢在必行，乃促成第二次經濟的全面自由化政策。

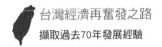

經濟全面自由化政策的落實

經過近 10 年來的加速推展，台灣的經濟自由化政策已普遍獲得各界的共識，其成果也相當可觀。簡述如下：

貿易自由化

衡酌產業政策之需求，並按照四年關稅降低時間表（1989 年至 1992 年）所訂的目標，繼續修訂進口稅則。預計在全部執行完畢後，平均名目稅率將降低到 7%，平均實質稅率降低到 3.5%（1992 年為 5.1%），達到 OECD 先進國家的水準。此外，貿易法最近已完成立法程序，將依關貿總協定（GATT）的自由與公平貿易精神，推動對外貿易，實施「負面表列」的貨品進出口管理制度，凡不屬於負面表列內的貨品，都將完全免除輸入許可證，以擴大開放自由進口。

外匯自由化

1987 年 6 月 15 日修正「外匯管理條例」，幾乎完

全解除外匯進出之管制（1991 年 3 月起，每人每年匯出、匯入額度皆為 300 萬美元），新台幣已成為完全可兌換的貨幣。同時積極推動外匯市場自由化，使匯率盡量反映市場供需。此外，並建立外幣拆放市場，促進金融國際化。

投資管制自由化

先後多次修正「華僑回國投資條例」（1986 年 6 月、1989 年 5 月）及「外國人投資條例」（1986 年 5 月、1989 年 5 月），大幅放寬僑外來台投資之限制，並採「負面表列」方式。修正「對外投資及技術合作審核管理辦法」（1987 年 4 月），大幅放寬對外投資限制，及簡化對外投資審核手續。此外，並加速推動公營事業民營化，鼓勵民間參與公共投資。

金融自由化

修正「銀行法」（1989 年 7 月），開放民間設立銀行，放寬外國銀行來台設立分支機構的限制與業務範圍，鼓勵台灣銀行業到世界各國主要金融據點設立分支

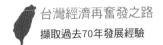
機構，並取消利率管制，加速公營銀行民營化，充分尊
重金融市場機能，而使利率完全自由化。

調整獎勵投資政策

　　制定「促進產業升級條例」，取代 1990 年底實施屆
滿 30 年之「獎勵投資條例」，將過去所強調之選擇性獎
勵措施改為功能性獎勵，加強對投資自動化設備或技
術、研究發展、人才培訓及建立國際品牌形象等產業投
資之獎勵，以提升產業發展層次。

經濟自由化的檢討

　　台灣在過去由於主、客觀條件的限制，自由化過程
並非完全順暢無阻。實際上，我們是跨越了重重阻力，
並借助許多自由化的助力，才得到今天的結果。

自由化的阻力

民族工業的保護壓力

　　1960 年代前後，台灣工業基礎相當薄弱，無論生

產規模、生產技術、產品品質、銷售系統及成本，都無法與工業國家同類產品競爭。尤其當時日本正積極拓展海外市場，每當我們發展出新產品時，日本即採取傾銷政策，打擊我們的工業發展。在此情況下，政府若不採取保護政策，工業勢將難獲得健全發展，新興工業更難以建立。政府當然了解，在保護政策下，消費者或其他方面不免遭受一時之損失，但此為建立民族工業所必須付出之代價。為了兩全其美，政府決定在實施保護政策時，加以合理限制。在程度上，不宜做過度之保護；在時間上，不宜做長時期之保護。因為保護程度愈大、時期愈長，消費者之損失愈大、愈久，於整體無益，徒使少數企業因獨占利益而缺乏進步，反失去原來保護之意義。

不過儘管如此，此一階段仍廣採保護措施，除關稅保護外，尚有：貨品進口管制、複式匯率制、外匯預算分配、限制設廠等非關稅保護措施。同時保護一旦實施，欲加檢討、取消則非易事，自然而然形成自由化的一大阻力。若非當時政府部門主其事者之遠見與魄力，事權集中，同時上級之全力支持，該次改革不見得會成功。

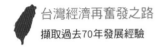
兩次石油危機的衝擊

1970 年代，台灣的貿易收支好轉，經濟漸趨茁壯，原是政府解除管制與干預，發揮市場機能的大好時機。然而兩次石油危機先後爆發，導致國內外經濟景氣低迷，出口不振，民間投資意願低落。為了紓解工商界因景氣下降所造成的困難，促進景氣的復甦，政府乃採取一連串的財經紓困措施，自由化的腳步因而被迫減緩。例如政府直到 1981 年 10 月，還提出「紓解當前工商業困難措施」；1982 年 4 月提出「九項紓解當前工商業困難後續措施」暨「改善投資環境及促進投資方案」；同年 6 月復有行政院核定前項措施與方案的「五項補充措施」；1982 年 12 月又施行「紓解企業年關及春節期間資金困難方案」；1983 年 3 月底，則通過「復甦經濟景氣促進工商業發展方案」等。此外，1970 年代原擬鼓勵民間參與投資重化工業的政策，也因民間投資意願低落而中止，以致中鋼、中船先後改制為公營事業。

既得利益者的抗拒

1984 年，政府正式揭櫫「經濟自由化、國際化與

制度化」的基本經濟政策方針。然而由於經濟自由化事
涉經濟利益、資源的重分配，一旦付諸實施，不免引起
既得利益團體的劇烈抗拒。加上 1985 年世界經濟情勢
急劇惡化，導致出口停滯，國內經濟亦由高度繁榮轉為
不景氣（該年經濟成長率由前一年的 10.6％，劇降為
5.1％），更加深既得利益者的抗拒。要求延緩經濟開放
步調的聲音有增無減，也影響自由化政策的落實與進展。

自由化的助力

　　儘管面臨前述不同階段的阻力，台灣在經濟發展過
程中，卻也不時出現自由化的內、外在壓力，促使政府
加速開放步伐。內在方面，主要是經濟學者與出口業
者，均致力要求經濟自由化；外在方面，主要是來自美
國，第一次經濟自由化政策受到美援駐華機構的明顯影
響；第二次經濟自由化政策之目的，雖在調整總體經濟
失衡，但也遭到一些阻力，而使自由化之推動一時遭遇
困難。不過在政府極力溝通、協調，及美國政府要求開
放國內市場的壓力下，乃得以落實。

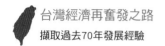

結語

　　以上謹就台灣由「管制」到「開放」的經濟發展歷程，做一簡要回顧。大家比較關心的，或許是政府角色在自由化過程中的調整問題。據個人了解，在「管制」較多的發展階段，凡事皆由政府主導，其角色之重要當然不必贅言；而在加速「開放」的階段，政府一方面要考慮開放的優先順序、評估開放的效益，另方面更必須增、修訂各類法規制度，規範自由化社會下的經濟活動，政府由主導轉為監督，其功能與重要性恐怕有增無減。其次，或許是自由化成功的機率問題。如前面提到，經濟自由化牽涉到利益的重分配，能否順利推動，一方面必須依賴政府與民間的密切合作，另方面則端視主觀條件的掌握與客觀環境的因應情況而定。就這一點而言，中國人常說的：「天時、地利、人和」，實在是至理名言。

第 7 章

台灣亞太營運中心和兩岸經貿關係

- 原刊載於台灣銀行《台灣經濟金融》月刊第 32 卷第 6 期，1996 年 6 月 20 日。
- 於西安交通大學與遠見雜誌，為慶祝該校成立 100 週年，1996 年 4 月所舉辦的「九六西安、海峽兩岸優勢互補共同發展經濟」學術研討會報告。

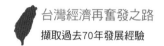
台灣近年來面對內外經濟情勢的變化，已於 1993 年 7 月 1 日開始實施「振興經濟方案」。其中心目標有二：一為促進產業升級，一為建設台灣成為亞太營運中心，後者已被核定為當前政府最重要的施政重點、跨世紀的重大工程，現正全力推動中。

　　將建設台灣成為亞太營運中心列為「振興經濟方案」目標之一，是當時負責研擬「振興經濟方案」的行政院經濟建設委員會主任委員蕭萬長，接受本人的建議。亞太營運中心如能順利推動，不僅可開拓台灣經濟新局，亦可促進大陸經濟進一步發展，為開創中國人世紀創造契機，值得大陸重視與支持。本文將就亞太營運中心的決策過程、構思的背景、基本想法，以及政府現在規劃的藍圖，作一扼要報告。

決策過程

　　1993 年 2 月行政院改組，連戰先生出任行政院長，面對當時經濟情勢，責成行政院經濟建設委員會（以下簡稱經建會）新任主任委員蕭萬長研擬對策。經建會經

會商各有關部會後，於 5 月初完成「振興經濟方案」初步架構。以「加速產業升級」為追求的主要目標，決定從土地、技術、人力、資訊、兩岸經貿及政府部門等方面，採取具體可行措施，排除各項障礙，以提升民間投資意願，提高生產力，達到加速產業升級的目的。

當蕭萬長接掌經建會後，即聘請本人回經建會擔任顧問。但是當時本人正在大陸訪問，直至 5 月初返台才正式受聘擔任該會顧問，第一項任務即指導該會同仁研擬「振興經濟方案」。本人經悉心研究該會所擬之「振興經濟方案」初步架構，並衡酌當時海內外經濟情勢後，認為該案重點在排除面臨的各項困難，改善投資環境，提升民間投資意願，提高生產力，此在一般情況下應屬正確；不過，在當時僅以「加速產業升級」為最高追求目標，似有商榷之餘地。本人進而提出下列兩點看法：

1. 台灣經濟發展到現階段，已面臨新的轉捩點，「促進產業升級」是長期努力過程，缺乏階段性新意。而且 21 世紀即將來臨，要使台灣在世界

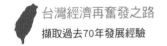

經濟舞台能創出一個新的局面，單單「促進產業升級」的目標似嫌不足；需要一個更高層次、更大格局、更具前瞻性的具體目標來凝聚共識，激勵發展潛力。

2. 過去三任行政院長均分別在經濟方面提出重大施政目標，如俞國華院長時代提出「自由化、國際化、制度化」的經濟發展基本方向；李煥院長提出「加速公營事業民營化」，以及郝柏村院長提出的「國家建設六年計畫」等。照理「國家建設六年計畫」僅執行兩年多，本應以此為連戰院長繼續施政重點，但因「國家建設六年計畫」投資規模過於龐大，危及政府財政的健全，各方亦多質疑，行政院已交由經建會辦理期中檢討，其規模的大幅縮減在所難免，似已失去繼續列為施政重點的意義。因此，新內閣必須有一個更高層次的目標，作為經濟方面的施政重點。

因此本人遂建議將建設「台灣成為亞太營運中心」做為「振興經濟方案」的最高追求目標。經蕭萬長主任

委員採納並說明雖有困難，宜列為「振興經濟方案」中長期追求目標，同時，指示該會同仁據以修訂該方案。

經建會將「振興經濟方案」草案報送行政院，行政院立即於 1993 年 7 月 1 日正式核定公布實施，連戰院長並指示：建設「台灣成為亞太營運中心」，雖列為中長期追求目標，但事屬跨世紀重大工程，應立即開始進行規劃。行政院為此特成立專案小組推動，並由院長親自擔任召集人，可見政府對該案之重視。同時，指定經建會為推動亞太營運中心的幕僚單位，遂積極展開規劃工作。

構思的背景

回憶 1970 年代初期，本人在一次中日經濟合作研究會的專題演講中，曾對台灣未來經濟展望，提出如下簡單的預測：根據過去 10 年出口導向的發展策略經驗，台灣在隨後 20 年仍可維持快速經濟成長，平均每年經濟成長率高達 9％至 10％，每人所得將自 1971 年剛過 400 美元，至 1991 年可提升到 4000 美元[1]。當時不僅

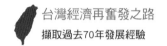
台灣的與會者認為高不可及,連日本的與會者也懷疑作者預測的可靠性,因日本 1971 年的每人所得才 2000 美元左右。事後顯示,台灣在 1986 年每人所得即達 4000 美元,較本人預測提早四至五年達成。

就在 1986 年,本人又以「對台灣未來經濟發展方向的看法」發表專題演講。當時,未再做量的預測,而對台灣未來經濟社會發展的遠景提出下列看法:

> 台灣未來經濟發展,應是利用優異的高素質人力,結合企業精神與充裕的資本,把握台灣優越的地理區位與既有的產業基礎,引進先進工業國家的技術,發展成為科技型的經濟體,將過去依賴「勞力」的報酬,轉變為依賴「腦力」、或「智慧」與「技術」的報酬。
>
> 在這個大方向下,台灣未來經濟社會發展的遠景,應朝向下列三個目標努力:
> 1.將台灣建設成為一個科技型的產業發展地區。
> 2.將台灣建設成為世界性的貿易重鎮。
> 3.將台灣締造成一個和諧的均富社會。

在上述第一項發展科技型產業項下，具體列出：

(1) 農業科技的區域性研究發展中心。

(2) 技術密集產品的區域性製造中心。

(3) 資訊產品區域性軟體設計中心。

(4) 精密產品的區域性維護中心。

(5) 重要零組件產品區域性供應與轉運中心。

(6) 跨國企業的區域性商務中心。

(7) 區域性的金融中心。

(8) 國際性的觀光及會議中心。

以上各類中心除涵蓋一、二級產業外，還包括第三級服務業，可說已將台灣建設成全方位的區域營運中心」[2]。

以上是本人綜合台灣過去三十多年的經濟發展經驗，推斷台灣可憑一己之力繼續奮發努力的發展藍圖。其後本人於 1992 年 5 月 1 日辭去經建會副主任委員職務，到 1993 年 5 月初的一年間，曾到大陸訪問四次，經與大陸各方面的接觸、座談、訪察，對大陸的經濟改革開放有了初步了解；同時對兩岸經貿關係的迅速發

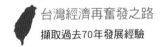
展，尤其在大陸沿海各地台資工廠如雨後春筍般的興起，印象深刻。本人也發現，長久以來冰凍的兩岸關係，有了顯著的改變，台灣與大陸的良性整合，出現了一線曙光。

於是本人對台灣經濟發展的前途又有了新的構思：即兩岸若能加強經貿合作、優勢互補，則不僅可擴大台灣未來經濟發展的空間，提升發展格局；同時也可增強大陸經濟成長的動力。大陸若能汲取台灣經驗，避免重踏錯誤的覆轍，經濟現代化即可早日實現[3]。如此，可說是創造了兩岸雙贏，也是中國經過一個多世紀的屈辱以來，絕無僅有的振衰起敝的良機，值得兩岸互助合作，妥善規劃，為開創中國人的世紀奠定基礎。

因此，當本人受聘指導經建會同仁研擬「振興經濟方案」時，即將上述構思提出，建議以大陸及東南亞作為腹地，將台灣建設成為「亞太營運中心」，鼓勵本地企業並吸引跨國企業來台，以台灣作為投資及經營大陸與東南亞市場的據點，充分發揮台灣在資本、技術、行銷、以及地理區位上的優勢，開創台灣經濟新局。此一構思雖以規劃台灣未來經濟發展為主，但大陸如能善加

利用，並將其融入「九五計畫」與「2010 年遠景大綱」中，其獲益可能更高於台灣[4]。

基本構想

本人向經建會提議建設台灣成為「亞太營運中心」時，曾提到四點構想：

一、建設台灣成為亞太營運中心，首將台灣建設成高度自由開放的經濟體系。過去，台灣是世界推動自由貿易最大受惠者之一；近年來，自由化、國際化既定政策的推動已達到相當水準。無論從積極謀求加入 GATT ／ WTO 的主客觀需求，或是基於回饋國際社會的考量，繼續貫徹自由化都是理所當然。尤其台灣若能成為高度自由開放的經濟，與世界融為一體，更可開展台灣未來經濟發展廣闊的國際空間。

二、近年來，不少學者擔心台灣已面臨被開發中國家與先進國家「雙挾」的危機。但不可否認的，不論經濟發展或技術層次，後進國家與先進國家仍有一大段距離。假若先進國家資本與技術直接投入後進國家，不僅

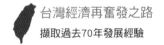
風險較高,而且資本與技術運用效率也難以充分發揮。而台灣經濟發展的層次正介於兩者之間,如能以台灣既有的經濟基礎,吸引國外企業與台灣企業合作,以台灣為據點,到大陸與東南亞投資或技術合作,則台灣不僅可扮演兩者間的中介角色,而且可建立三地產業分工整合體系,創造三贏的局面,將「雙挾」危機轉為契機。

三、過去台灣能掌握國際經濟脈動,是經濟發展成功的主要因素之一。展望未來十年,東南亞地區包括大陸與東南亞(表 7-1),仍將是世界經濟快速成長地區,台灣如能盡速建設成為亞太營運中心,前述構想能夠實現,則以台灣地處東南亞及東北亞中心的優越地理位置,與大陸語言文化相同的條件,再以大陸作為台灣經濟主要腹地,將更可結合當地經濟資源,開闢新的經濟發展空間,增強大陸地區經濟成長動力,從而創造兩岸經濟共同繁榮。

四、近年來兩岸經貿關係的迅速發展(表 7-2 與表 7-3),已成為台灣經濟發展不可忽視的重要因素;今後兩岸經貿關係能否穩定發展,仍將成為台灣亞太營運中心能否成功的關鍵因素。鑑於當時政府的大陸經貿政策

表 7-1　過去 10 年東亞經濟力量比較

指標		1983 年	1993 年
人口	百萬人	1,483.7	1,706.2
	占全球人口百分比（％）	31.7	31.0
國民生產毛額	億美元	18,413.8	58,998.1
	占全球 GNP 百分比（％）	13.4	21.0
每人 GNP（美元）		1,241.1	3,457.9
商品出口	億美元	3,090.2	9,612.3
	占全球出口百分比（％）	18.1	25.5
商品進口	億美元	2,942.7	8,680.6
	占全球進口百分比（％）	16.6	23.3
商品進出口合計	億美元	6,032.9	18,292.9
	占全球進出口總額百分比（％）	17.4	24.3

資料來源：1. IMF, *International Financial Statistics Yearbook, 1994*。
　　　　　2. 行政院主計處編印「台灣地區國民所得」，1994 年。
注：東亞是指日本、中國大陸、NIES（台灣、韓、港、新）及東協四國
　　（印、馬、泰、菲）等十國。

較為保守，需要調整；而經貿部門提出的建議，主管大
陸政策的大陸委員會又往往基於安全的考量，不予重
視；一旦將「台灣建設成亞太營運中心」納入「振興經

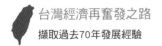

表 7-2　台灣海峽兩岸貿易金額估計

單位：億美元

年度	台灣經香港轉口輸往大陸 (1)	台灣對香港出口 （FOB） (2)	香港自台灣進口 （CIF） (3)	台港統計差異 (4)= (2)-(3)	台灣對大陸出口估計 (5)= (1)+(4)	對大陸出口估計占台灣總出口比率（％） (6)	台灣自大陸進口 (7)	兩岸貿易總額 (8)= (5)+(7)	台灣對大陸貿易順差 (9)= (5)-(7)
1986	8.1	29.2	30.7		8.1	2.0	1.4	9.5	6.7
1987	12.3	41.2	42.7		12.3	2.3	2.9	15.2	9.4
1988	22.4	55.9	56.8		22.4	3.7	4.8	27.2	17.6
1989	29.0	70.4	66.1	4.3*	33.3*	5.0	5.9	39.2	27.4
1990	32.8	85.6	74.4	11.2	44.0	6.5	7.7	51.7	36.3
1991	46.7	124.3	96.1	28.2	74.9	9.8	11.3	86.2	63.6
1992	62.9	154.2	111.6	42.6	105.5	12.9	11.2	116.7	94.3
1993	75.8	184.5	120.5	64.0	139.8	16.5	11.0	150.8	128.8
1994	85.2	212.6	137.6	75.0	160.2	17.2	18.6	178.8	141.6
1995	98.8	261.2	165.7	95.5	194.3	17.4	30.9	225.2	163.4

資料來源：1. 香港海關統計。
　　　　　2. 財政部統計處「台灣地區進出口統計月報」。
*1989 年開始香港自台灣進口金額，小於台灣對香港出口金額，顯然沒有進入香港就運往大陸，因此，將此部分台港統計差異金額，加上由香港轉出口大陸金額合計為台灣對大陸出口估計金額。

表 7-3　台灣在東亞地區投資（至 1994 年底止累計金額）

國別	協議投資金額 （億美元）	占合計百分比（％）	在當地外資排名
泰國	49.9	11.1	4
馬來西亞	70.7	15.6	2
印尼	65.2	14.5	5
菲律賓	7.3	1.6	3
越南	19.2	4.3	1
中國大陸	238.3	52.9	2
以上合計	450.6	100.0	

資料來源：泰國 BOI，馬來西亞 MIDA，印尼 BKPM，菲律賓 BOI，越南
　　　　　SCCI，中國大陸對外貿易經濟合作部。

濟方案」，並獲得行政院核准，即可成為最高決策，則
有關大陸政策各方面的配合，將能有效改善。

　　以上構想的前三點，在經建會規劃的亞太營運中心
藍圖中均已涵蓋。至於第四點，在 1994 年 12 月行政院
大陸委員會負責人易人，改由經貿背景出身的經建會主
任委員蕭萬長擔任，顯見其功效亦已產生。

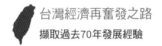

規劃藍圖

　　「振興經濟方案」經行政院核定，並指示經建會為推動亞太營運中心的幕僚單位，經建會即在企管顧問合作下，進行執行方案的規劃工作，並與各有關部會協調，完成「發展台灣成為亞太營運中心計畫」初稿，於1995年1月5日報經行政院院會核定通過，全力推動。現在，「發展台灣成為亞太營運中心」已成為政府積極推動的施政重點。其規劃藍圖主要如下。

計畫目標

　　該計畫所謂的「亞太營運中心」，是指以台灣為根據地，發展與亞太各成員間全方位的經貿關係，以使台灣成為各種領域經濟活動，包括製造、轉運、金融、通信、傳媒等活動的中心。其目標在進一步提升台灣經濟自由化、國際化的程度，促使人員、貨品、勞務、資金及資訊的便利進出與流通，充分發揮台灣在亞太地區及兩岸間的經濟戰略地位，吸引跨國企業並鼓勵本地企業，以台灣在亞太投資及經營東亞市場包括大陸市場的

據點，一方面可以凸顯台灣在亞太經濟整合中扮演的關鍵角色；另方面可以在先進國家與開發中國家間擔負承先啟後的「中繼者」責任。

具體做法

在具體做法上，該計畫可分為兩大部分。

進行總體經濟的調整

1. **促進貿易及投資自由化**：逐步降低關稅，減少非關稅障礙，並擴大開放金融、保險、電信、運輸，以及律師、會計師等服務的國內市場。

2. **減少人員進出的障礙**：依國際規範，檢討放寬外國專業技術人員，短期停留及來台工作的限制。

3. **放寬資金進出的限制**：依「原則自由，例外許可」的精神，修正管理外匯條例，逐步放寬外匯管制。

4. **增進資訊流通的便利**：加速政府資訊公開，建立合理健全電波使用分配與監理制度，推廣國際網路，並加速寬頻資訊網路建設。

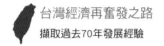
5. 以「整體立法、個別推動」的方式，推動亞太營運中心相關法律的立法，並協調各部會對行政命令進行增修。

發展專業營運中心

依台灣優勢的經濟條件所做的評估，未來台灣最適合發展的是生產製造、貨物及旅客轉運，以及專業服務等三大類的經濟活動。這三大活動又可細分為製造中心、海運轉運中心、空運轉運中心、金融中心、電信中心、媒體中心等六種特定功能的專業營運中心。

規劃時程與進度

建設亞太營運中心是一個綜合性、全面性的跨世紀經建計畫，其成敗攸關台灣經濟的前途。為掌握時效，亞太營運中心計畫以 1997 及 2000 年為分界點，區分為三個階段進行，並分別訂定階段性的目標與執行重點。從現在至 1997 年，將以法令制度規章的調整，以及小規模硬體設施的興建或局部改善，作為優先推動事項。1997 年以及 2000 年之後，將配合各項大型硬體建設的

完成,以及十二項建設計畫的積極推動,循序擴大營運中心發展的規模與格局,拓展台灣經濟領域。

發展亞太營運中心雖著眼於全方位的對外經貿關係,但大陸市場是其中最重要的一環,也是台灣未來長期經濟發展不能忽視的一項重要因素。無論是跨國企業或本地企業選擇在台灣設立區域營運中心,莫不格外重視兩岸關係的可能變化。本質上,兩岸經貿往來是一種互利互惠的關係。該計畫核定實施後,台灣對大陸經貿政策,已朝下列兩方向調整。

1. 以市場為導向,減少不必要的交流限制,並循序漸進擴大開放兩岸經貿往來,促進互利互惠的兩岸經貿關係。
2. 建立兩岸經貿交流秩序,使各種經濟活動能在合理的規範下,健全發展。

在上述政策調整下,台灣已設置「境外航運中心」,正在規劃設置「經貿特區」、規劃兩岸通航的技術問題及整體方案,以及考慮放寬台灣境外金融中心與大陸金

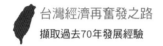
融機構業務往來等等。由此看來，台灣在制定亞太營運中心計畫時，已對兩岸關係的政策方向，做了部分的調整。從以往縮手縮腳，跟著民間腳步追的情形，改為前瞻性的規畫，只要不涉及台灣安全與不違背台灣2100萬人民的生活福祉，均持開放態度。大陸方面如也能善意回應，必能有效改善兩岸關係的發展，將有利於亞太營運中心的順利推動。

結語

　　台灣自1984年宣布以「自由化、國際化、制度化」為未來經濟發展的基本方向後，1986年開始加速自由化、國際化的落實，不僅為加入GATT／WTO創備了有利的條件，而且由於爭取加入GATT／WTO，更加緊自由化推動的步伐，朝向高度自由開放的經建體系邁進；同時，台灣本身的經濟結構，也正朝向高附加價值及專業性服務業的方向轉變。此時，發起建設台灣成為亞太營運中心，應是最佳時機。

　　就建設台灣成為亞太營運中心的藍圖觀察，顯示台

灣已充分掌握了國際經濟的脈動，有效利用台灣優越的地理區位與所具備的有利條件，不僅為台灣開創經濟新局，也增強亞太地區經濟成長的動力；尤其如能獲得大陸當局的支持與配合，更可創造兩岸經濟共同繁榮的前景，使中國人的經濟在 21 世紀世界經濟舞台上立於不敗之地。但不可諱言的，台灣亞太營運中心能否順利建設完成，功能能否充分發揮，兩岸關係的穩健發展，實為關鍵所在。

目前兩岸經貿關係受到政治因素干擾，陷於停滯低迷的狀態，若因而使得亞太營運中心的構想不能落實推動，錯失大好時機，將是兩岸人民最大的損失。最後，本人由衷籲請兩岸領導者，多為這代中國人及後代子孫設想，以大智慧化解新怨舊恨，以大格局規劃兩岸雙贏，共同開創中國人的世紀。

注 1： 葉萬安，《台灣經濟發展之檢討與未來展望》，經合會油印本，
1973 年 1 月 30 日。

注 2： 葉萬安，「對台灣未來經濟發展方向的看法」，《自由中國之工
業》月刊第 65 卷第 2 期，1986 年 2 月。

注 3： 自 1992 年 5 月至 1995 年底的 3 年半間，我曾應北京國家計劃
委員會邀請四次、國家經濟體制改革委員會邀請兩次、中國社
科院台灣研究所邀請五次，與其同仁研討台灣經驗發展經驗。

注 4： 我估計，若大陸汲取台灣經驗，並與台灣加強經濟合作，未來
15 年大陸將可維持穩定快速發展，至 2010 年的 15 年間，大陸
增加的 GNP 將超過 4 兆美元，而台灣只增加八千多億美元，使
大陸經濟規模相當台灣的比例倍增，而兩地每人所得差距也可
縮減一半。

第 8 章

台灣究竟創造哪些經濟奇蹟？

· 本文係 2010 年 5 月 9 日對經建會同仁演講稿，後刊載於
《台灣經濟論衡》月刊，第 8 卷第 8 期，2010 年 8 月。

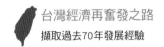
台灣在光復初期，民生凋敝、物資缺乏、外匯短缺、通貨膨脹、財政赤字及失業問題等均極為嚴重，為一純粹落後的農業社會。在發展過程中，又退出聯合國，與美國、日本斷交，更遭逢全球糧食危機、金融危機，以及兩次石油危機等衝擊。但在政府有計畫的推動經濟建設，把握有利的內外在條件及經濟環境，採取正確的經濟發展策略，激勵全國上下共同努力，並不斷的引進工業國家資本與技術，不僅迅速克服了所遭遇的問題與困難，而且獲得卓著的成就，被國際間譽為「經濟奇蹟」，開發中國家經濟發展的典範。

但台灣過去究竟創造哪些「經濟奇蹟」，很少人能說清楚。根據本人 60 年來對台灣經濟發展的研究，及親身參與規劃和體驗，認為有「十大成就」。不過，在介紹成就之前，應先了解台灣經濟發展的歷程。

台灣經濟發展的歷程

台灣自 1945 年 10 月光復至 2010 年的 65 年間，依當時經濟發展情形與重點，約可分為下列六個時期：

1. 戰後經濟重建時期（1946-1952 年）
2. 依賴美援時期，自農業為主轉向工業發展，又稱
   第一階段進口替代時期（1953-1960 年）
3. 自力成長時期，也是推動勞力密集產品出口階段
   （1961-1972 年）
4. 因應國際經濟劇變，同時由勞力密集轉向重化工
   業發展時期（1973-1986 年）
5. 技術密集產業拓展時期（1987 年迄今）
6. 兩岸經貿交流時期（1992 年迄今）

戰後經濟重建時期

　　台灣地區受日本占據五十年，著重交通及農村建設，早期工業則以食品初級加工業為主，及至第二次世界大戰末期，為配合戰爭需求才建設重化工業。但因遭受盟機的轟炸，重要農工建設及交通設施遭受嚴重破壞。致光復後第一年（1946 年），農工生產及交通營運量不及日據最高時期的 40％，即 60％遭受破壞，不堪生產及營運。因此光復初期生產凋零，物資極端缺乏，加以大陸局勢惡化，大量軍民遷入，需求激增，財政巨

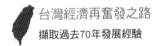

額赤字、外匯短缺、大量失業，以及物價波動激烈。處於此一局勢下，穩定物價實重於一切，當時物價的不穩定，除供應不足外，社會大眾對當時的貨幣失去信心亦為重要因素。因此，為穩定物價必須從加速重建工作、增加農工生產、充裕物資供應，及建立人民對貨幣的信心著手。

在當時雖財源、人力、物資極端缺乏的情況下，但政府仍盡全力進行重建工作，及早恢復生產及交通營運，充裕物資供應；同時，自 1949 年起推動了多項影響深遠的重大改革與措施。包括農地改革、幣制改革、稅制改革、及實施外匯管制等，並選定電力、肥料及紡織工業等三項為優先發展工業。

此外，美國經濟援助自 1951 年開始到達，加速重建工作進行，至 1952 年底農工生產及交通營運已恢復到日據時期最高水準；同年，物價漲幅已逐漸減緩，為未來經濟進一步發展奠定基礎。

依賴美援時期

在重建工作告一段落後，政府進一步從事有計畫的

經濟建設。政府以「計畫性自由經濟」為最高指導原則，在尊重市場機能的體制下，自 1953 年開始實施第一、二期經濟建設四年計畫，其重要策略即為「以農業培養工業、以工業發展農業」。在此策略下，農業方面實施耕者有其田、改進農業技術、提高生產效率、增加農業生產；充分供應農產品，維持低廉之農產品價格與工資水準，培養良好的經濟發展環境。並以剩餘農產品及農產加工品出口，賺取外匯支持工業發展所需要原料及機器設備之進口。在工業方面確立兩大原則：凡可以增加出口或減少進口，對國際收支有貢獻之工業，優先發展，亦即充分利用國產原料及進口原料，發展進口替代工業；凡屬可以民營之事業，盡量鼓勵民間投資興辦。

為發展進口替代工業，乃採取強力的產業干預及保護措施，包括關稅保護、進口管制、複式匯率與外匯管制，以及限制設廠等，以促進國內工業加速發展。當時發展的進口替代工業有：紡織、麵粉、食油、食品罐頭、合板、玻璃、蔗漿、造紙、塑膠、橡膠製品、機械、金屬製品，以及電器等。在此時期，雖政府採取了各項措施，不過美援的支持，其功不可沒。由於美援農

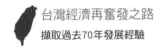
工原料、生活必需品及機械設備的充分進口，使農工業
生產迅速增加，物資供應充裕，物價得以逐漸穩定。同
時，美援物資出售所得之價款，一部分彌補政府財政赤
字，一部分貸於農工交通建設作為投資之用，彌補了財
源不足的困難，使經濟能在物價漸趨穩定下，維持快速
的成長，此段時期又稱為「依賴美援時期」。

自力成長時期

在上述進口替代保護與獎勵措施下，1950 年代台
灣進口替代工業迅速成長，並帶動整體經濟發展，成
為當時經濟成長之原動力。惟進口替代工業發展局限
甚大，至 1950 年代後期，整體經濟發展已面臨若干困
難，包括：

1. 台灣本身市場狹小，進口替代工業之市場趨飽
   和，導致工業成長率減緩。
2. 農村中仍存在大量隱藏性失業人口，進口替代工
   業在市場有限下無法創造大量就業機會及解決嚴
   重失業問題。

3. 進口替代雖減少消費品進口，但所需資本設備及原物料之進口卻隨之大幅增加；另一方面，主要出口品之農產及農產加工品之出口，卻因農地擴張限制增加緩慢，巨額貿易逆差仍然存在。

4. 在各種進口替代措施下，若干不具比較利益或非必需品、奢侈品等產業同受保護，使得資源配置扭曲，並造成消費者負擔。

鑑於上述問題，並考慮台灣經濟發展之條件，政府在 1957 年初研擬第二期四年計畫時，乃改弦易轍，放棄強調進口替代工業發展之政策，代之以發展出口工業之政策，以擴張出口帶動經濟發展。為達成目標，自 1950 年代後期起，政府即進行多項改革措施，包括：外匯貿易改革方案，十九點財經改革措施、頒布「獎勵投資條例」及「加工出口區設置管理條例」等。

由於前述各項改革的有效執行，至本階段已產生顯著效果。這些改革，一方面解除部分不必要的管制措施，降低保護，使市場機能恢復，以價格調節供需，並創造新的投資機會；二方面大幅貶低新台幣至合理的價

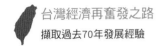

位，將消極的限制進口，進而改為積極的鼓勵出口；三
方面採取財政與金融措施，鼓勵儲蓄、投資與出口。此
外，加強人力培育，將國民教育自六年延長至九年，並
積極擴展職業技術教育，以培養經濟發展所需之人力。
因此，自前階段進口替代建立的勞力密集工業，轉向成
出口工業，並獲得快速成長，帶動整體經濟蓬勃發展。

　　雖美援於 1965 年 6 月 30 日停止，但此階段由於
政府採取有效政策，出口迅速擴張，自 1960 年的 1 億
6000 萬美元，至 1972 年驟增至 30 億美元。平均每年
增加 27.3％，而且由入超轉為出超，刺激國內投資大幅
增加（每年實質成長 16％），帶動工業快速增產（每年
增加 17.4％），創造大量就業機會，製造業就業每年增
加 7.5％，使失業率自 1950 年代初期 6％以上，至 1960
代年末期降至 2％以下，比工業國家充分就業標準 4％
的失業率還低。平均每年經濟成長率高達 10.2％，較
工業國家成長 4.6％，高出一倍以上；而物價每年上升
3.3％，與工業國家的 3.5％比較，毫不遜色。該階段台
灣達到快速經濟成長與物價穩定的雙重目標，而且在經
濟快速成長過程中，儲蓄大幅增加，彌補美援停止後財

源不足的缺口，同時完成自力成長的任務。

重化工業發展時期（1973–1986 年）

不過，進入本階段後，國內外經濟發生極大的變化，在上階段由於進出口的快速成長，對外依賴程度大幅提高，因此，國際經濟的變化，對台灣經濟將產生重大影響。在國際方面，首先是 1973 年初國際金融制度的崩潰，美元貶值，物價上漲；繼之受氣候變化的影響，全球糧食減產造成糧荒；至 1973 年 10 月中東戰爭再度爆發，波斯灣產油國家大幅提高油價，掀起了石油危機。國際經濟在連串劇變下，工業國家出現了「停滯性通膨」。據國際貨幣基金統計，1974 年工業國家經濟成長率，自上年高度繁榮的 5.9％劇降為停滯的 0.8％，1975 年更變為 -0.2％。

另據世界銀行統計，國際初級產品物價指數，不包括石油在內，在 1973 及 1974 兩年內上漲了 1.1 倍，而石油價格更上漲 4 倍之巨。因此工業國家消費者物價1973–1975 年平均每年上漲 10.7％，創第二次世界大戰結束以來最大漲幅。

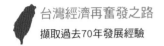
在國內方面，由於國際經濟的繁榮，出口大幅增加，至 1971 年對外貿易由入超轉變為出超，連續三年出超不斷擴大。在外匯管制體制下，出超外匯全數由央行收購，外匯存底大量累積，釋出巨額強力貨幣，導致貨幣供給額年增率激增。1971 年增加 31%，1972 年增加 34%，至 1973 年更提高至 50%，貨幣供給額的連續大幅上升，即使沒有石油危機，國內物價亦難以維持穩定。

政府為因應國內外經濟情勢的劇變，於 1974 年 1 月 26 日宣布實施「穩定當前經濟措施方案」。為緩和對國內物價的衝擊，國內油品價格並未充分反映進口成本，平均僅調升 90%（遠落在進口成本上升 4 倍之後）；電價與交通運輸費率亦同步調漲，國內一般物價隨之大幅上升，致 1974 年國內物價暴漲 47.5%；但在政府同時採取緊縮措施下迅即穩定下來，1975 年物價上漲率已降至 5.2%。

但經濟成長率隨之自 1970-1973 年平均每年成長 12.6%，急遽下降，1974 年降至 1.2%，為台灣光復以來最低成長率。不過，在物價漸趨穩定後，政府隨

即採取信用寬鬆措施，並積極推動「十項重要建設」，擴大公共投資，促進景氣早日復甦，以致國內經濟在1976-1978年間在物價相對穩定，恢復到平均每年成長12.7％的兩位數成長。

至1979年第二次石油危機爆發，石油價格又連續上漲兩倍，工業國家再度陷入停滯性通膨，且因工業國家唯恐物價膨脹再度死灰復燃，一直採取嚴厲的緊縮措施，致使國際經濟不景氣延續四年之久，至1983年由於美國刺激景氣措施有效，經濟開始復甦，帶動工業國家的景氣復甦。

台灣經濟在國際經濟長期不振之下，政府雖亦採取了許多促進景氣復甦措施，但受中美斷交（1979年1月1日）的衝擊，民間投資意願低落，而政府財政呈現赤字，已無能力再像第一次石油危機時，推動類似十項建設大規模的政策與公營事業大量投資，彌補民間投資的不足，以致整體景氣下滑，至1982年經濟成長率降至3.6％。不過，1983年隨著美國經濟復甦，台灣對美出口快速增加，1983-1984年平均每年增加30％，至1984年對美出口高占台灣總出口的48.8％，帶動1983-

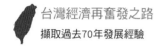

1986 年平均每年經濟成長率又恢復到 8.9% 的高度成長。

　　另方面，政府為因應第二次石油危機油價大幅上漲，已改弦易轍，為節約能源，採取以價制量對策，國內油品價格隨進口成本上升，即時充分反映。如此雖亦掀起國內物價波動，致 1978-1981 年間消費者物價平均每年上漲 15%，但遠低於第一次石油危機時的漲幅。

　　前述政府於 1973 年宣布，1974 年執行的「十項重要建設」，包括高速公路、鐵路電氣化、國際機場，及核能發電等七項基本設施建設與重化工業，此等建設在同一時間推動，工程浩大為台灣前所未有，各國建設史上亦少見，其間可能遭遇困難與阻力，在所難免。不過，在政府堅強的意志與決心，蔣經國先生指出「今天不做，明天就後悔」名言的感召下，凝聚全民共識，共同努力，克服了一切艱難險阻，於 1978 及 1979 年先後完成，為台灣邁向現代化國家境界奠定基礎。其中一貫作業鋼鐵廠、石化工業的建設，以「逆向整體性發展」的方式，將上、中、下游產業予以結合，以紡織品－化纖－石化原料、塑膠製品－塑膠－石化原料，與機械、造船、汽車、金屬製品－鋼鐵，兩大體系的完成，建立

了完整的重化工業體系。不僅重要工業原料自給率提高，又稱「第二階段進口替代時期」，減輕對外依賴及降低國外經濟變動對我經濟不利的影響；而且自進口初級原料後，至最終產品均在國內生產，延伸國內加工層次，提升對國家整體經濟的貢獻。

技術密集產業拓展時期（1987 年迄今）

不過，所推動的石化原料及鋼鐵工業都是能源密集工業。而台灣缺乏能源，在石油危機後，能源價格的高昂將為長期趨勢，不宜作為長期發展主力。因此 1974 年初行政院長蔣經國即指示祕書長費驊，研究產業發展如何做重大突破。費祕書長隨即邀請美國 RCA 研究部主任潘文淵返國，與經濟部、交通部、工研院、電信總局等負責人研商，會中一致通過潘文淵建議，從積體電路（IC）著手，發展電子工業，並指定工研院負責計畫之執行。會後即展開行動，一方面在美國邀請海外學人組成「電子技術顧問委員會」，協助工研院技術發展工作；二方面選定與美國 RCA 技術合作，並分批派員前往接受實務訓練；三方面在工研院興建積體電路示範工

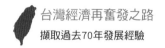
廠，象徵台灣電子工業將擺脫以往裝配型態，邁向技術密集型態發展。

1976 年 11 月，蔣經國院長復於行政院院務會議中宣布，行政院設立「應用科技研究發展小組」，聘請政務委員李國鼎擔任召集人，並指示會同有關部會，就我國科技研究發展與技術密集產業發展，作全盤的規劃及有效推動。行政院應用科技研究發展小組成立後，經研究規劃邀請政府有關部門、學術單位及企業界領導人士，先後於 1978 與 1982 年召開全國科技會議，交換意見，研擬應著手進行之科技發展項目與配合措施，報請行政院通過「科學技術發展方案」。一方面確立能源、材料、資訊、生產自動化、生物科技、光電、食品科技與肝炎防治等八大重點科技，並積極全面推動；二方面，發展技術密集產業，包括前述電子工業發展，作全面性規劃，加強經濟建設；三方面，行政院成立科技顧問組，聘請世界一流科學家及工程師擔任顧問，針對台灣科技研發，與產業發展的方向，予以評估並提供建議。

同時，行政院經建會為因應石油危機，調整產業結構，於 1979 年積極規劃未來 10 年長期計畫。經行政院

於 1980 年 3 月核定，宣布積極發展機械、資訊、電子、電機與運輸工具等，附加價值高、能源密度低的技術密集工業，明訂此等工業為策略性發展工業，並且選擇多項優先發展項目，給予獎勵積極推動，以促進台灣產業朝技術密集型方向發展。另方面，則調整重化工業發展政策，以充裕供應內需為主；並以加強上、中、下游關聯產業整體發展為重點。至勞力密集工業，則加速設備更新，改善生產方法，以提高勞動生產力與產品品級為目標。

為促進技術密集工業發展，加速產業結構轉型，採取許多重要政策措施，包括：修正「獎勵投資條例」，將策略性工業納入獎勵項目，訂定「加強培育及延攬高級科技人才方案」、設置「新竹科學工業園區」，設立「資訊工業策進會」等科技工業發展的周邊機構，及成立民營的聯華電子公司及台灣積體電路公司，將台灣半導體工業推進與世界最先進國家相當的層次。

至 1987 年底，蔣經國先生主政末期，台灣技術密集產業發展的大方向與架構，大致底定。各項配套措施也已完成，及相關支援機構也先後成立，奠定今後科技

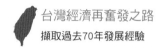

工業全面發展的基礎。

在此需要特別強調的是，台灣科技產業的發展，雖有政府主導，若不能獲得民間企業的有效配合、積極主動落實執行，其效果應屬有限。由於在以往勞力密集出口工業的長期快速發展過程中，民間企業不僅茁壯長大，財富大量累積；而且培養了一群具有前瞻性、國際觀、敢於冒險、勇於負責的企業家，以及能整合資源、洞察國際經濟動脈與高度應變能力的管理階層。尤其1984年政府全面推動經濟自由化、國際化、制度化，1987年7月15日解除戒嚴，同年11月2日開放國人赴大陸探親，1988年1月1日解除報禁、黨禁，啟動民主改革的列車，民間的活力被大量釋放出來。再加上過去前往美國留學的大量留學生，經過長時期在國外歷練，技術或管理經驗豐富，在國際企業界有良好的人脈，有的還擁有相當財力，大量回到台灣共襄盛舉，將台灣科技發展推向高峰，加速產業轉型的步伐。

兩岸經貿交流時期（1992年迄今）

大陸中共當局於1979年實施經濟改革開放政策，

我政府亦於 1987 年正式開放兩岸民間交流，1992 年鄧小平南巡講話，採取積極開放政策後，兩岸經貿日趨熱絡，對台灣產業發展已產生深遠影響。

台灣與大陸間經貿往來的快速成長，主要是兩岸經濟條件具有強烈的互補性。台灣資金充裕，行銷、管理及整合資源運用能力強，以及與國際企業合作的經驗；但缺少天然資源、土地狹小、勞力不足、且土地及勞動成本日高，傳統產業競爭優勢因而逐漸喪失，亟需前往外地發展。而大陸天然資源豐富、土地遼闊、勞力充沛且工資低廉，加以亟需外資，正好提供台灣傳統產業的出路。此外，大陸科技發展已有相當基礎，尤其在基礎研究方面；而台灣長於科技應用及商品化，雙方結合亦具有無比的發展潛力。兩岸貿易及台商赴大陸投資的結構，皆明顯反映出兩岸經濟條件之差異，可謂完全受到市場力量的驅使。

就政府政策而言，對台商與大陸廠商之間的經貿往來採許可制度，而且要透過第三地間接往來，顯見台商兩岸間經貿往來，政府並不鼓勵。尤其 1996 年前總統李登輝宣布「戒急用忍」後，對兩岸經貿往來採取一套

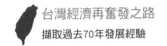

管制措施；至 2000 年首次政權輪替，民進黨執政不僅以「意識型態」治國，更將經發會建議的「積極開放、有效管理」，改為「積極管理、有效開放」的「鎖國政策」。台商不得不以各種方式迂迴前往大陸投資，而且在大陸經濟快速發展過程中，台商亦隨著壯大，並帶動台灣對大陸出口的快速成長，自 2000 年對大陸出口（包括香港）超過對美國出口成為台灣第一大出口對象。而自大陸進口則在層層限制下，進展有限，因此對大陸貿易每年都有巨額出超。近十多年來，若不是對大陸的巨額出超，台灣早已成入超國家了。

2008 年 5 月政權再度輪替，國民黨重新執政。馬英九總統在就職演說中，即呼籲：「期盼海峽兩岸能抓住當前難得的歷史機遇，共同開啟『和平共榮』的歷史新頁」。而大陸國家主席胡錦濤於 2009 年十一紀念大會致詞中八度提到「和平」二字，兩岸領導人的願景，不謀而合。

在兩岸關係方面，馬總統秉持「正視現實、開創未來；擱置爭議、追求雙贏」，尋求兩岸共同平衡點。而且堅持「不統、不獨、不武」主張，維持台灣現狀，也

穩定了兩岸關係。

兩岸經貿採取「開放與鬆綁」政策，在兩岸協商的順序上，則採取「先易後難」、「先急後緩」、「先經後政」的策略，並以推動兩岸經貿關係正常化，及維護交流秩序為最優先的考量。

兩年來已舉行四次「江陳會談」，簽署十二項協議和一項共識，解決了兩岸的旅遊、通航、通郵、投資、金融、食品安全、共同打擊犯罪及司法互助、產業合作、漁業勞務與農產品貿易等問題，並達成陸資來台投資的共識。此外，鬆綁赴大陸投資上限，開放人民幣在台灣兌換，促進海外企業來台上市等等。兩岸經貿關係正朝向正常化發展。

雖然兩岸官方公布台商在大陸投資只有數百億美元，但事實上，過去十多年因受到台灣政府的限制，許多台商透過各種管道，包括免稅天堂的英屬維京群島、香港、新加坡、甚至美國等地轉投資大陸；還有台商在大陸賺錢後，多未將盈餘匯出，留在當地再投資，是一筆很大的金額，並未列入兩岸官方的投資金額中。因此，到目前為止，台商在大陸投資估計高達 3000 億美

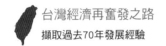
元，帶動台灣對大陸出口額，在 2007 與 2008 年都高達千億美元，高占總出口的 40％，出超亦高達 700 億美元上下。

台商在大陸巨額投資，善用大陸資源，優勢互補，互相合作，不僅開創事業第二春，也對兩岸的出口、就業與經濟成長，甚至對全球經濟都做出卓越貢獻，創造「多贏」局面。

對台灣經濟的貢獻

1. 2008 年對大陸（包括香港）出口 996 億美元，占總出口 39％，相當 GDP 的四分之一。

2. 2000-2009 年間對大陸出超 4922 億美元，是總出超 1966 億美元的 2.5 倍；對大陸以外地區入超高達 2956 億美元。顯然台灣高達 3400 多億美元外匯存底，都是對大陸出超所作的貢獻。

3. 2008 年對大陸出口 996 億美元，估計創造了 180 萬個就業機會，占總就業人口的六分之一。

4. 對台灣經濟成長做出重大貢獻。2001-2008 年平均每年經濟成長率 3.4％，其中外需貢獻

71.5％；而外需的增加，全賴對大陸出超擴大所
支應。

對大陸經濟的貢獻

1. 台商在大陸投資估計約 3000 億美元。

2. 2008 年台商在大陸出口，估計超過 2500 億美
   元，占總出口的六分之一。

3. 估計台商在大陸投資，直接創造超過 1000 萬人
   以上的就業機會；間接就業人數更大，紓解嚴重
   失業問題。

4. 2008 年台商在大陸生產總額，估計約為 3000 億
   美元，加速經濟成長。

5. 大陸 2.4 兆美元外匯存底中，估計台商貢獻四分
   之一（其中估計投資 3000 億美元，歷年在大陸
   台商出超累計超過 2000 億美元）。

6. 台商在大陸培訓大量產業員工，不僅提升生產技
   術，也提升企業現代化經營管理能力，與國際觀
   和前瞻性思維。

7. 兩岸交流，台灣許多精英分子前往大陸參訪演

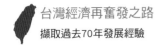

講、研討、教書，提供許多新的知識、新的觀
念以及新的思維，對大陸朝向現代化發展，應
有助益。

對世界經濟的貢獻

製造價廉物美產品，供全世界消費者享用，並有利
於物價的穩定。

提升大陸人民所得，提高消費能力，擴大進口；近
年來大陸進口大幅增加，成為各國出口動能的主要來
源，促進各國出口增加，創造就業，對東亞各國提前擺
脫金融風暴陰霾，及全球經濟復甦，做出重大貢獻。

台商低價電腦問世，使全球落後地區大多數窮苦兒
童都能有電腦可用，對第三世界提高人力素質及謀生能
力，大有助益，對全人類和平發展做出重大貢獻。

創造的經濟奇蹟

二次世界大戰後的前 50 年間，台灣自農業社會轉
變成世界高科技產業重鎮；平均每人 GDP 自不到 50 美

元提高到 1 萬 3500 美元（目前為 1 萬 7900 美元）；其間 1952-1991 年的 40 年間，平均每年經濟成長率高達 9%。

　　台灣經濟發展被國際間譽為「經濟奇蹟」、開發中國家經濟發展的典範，究竟創造哪些「經濟奇蹟」？根據本人 60 年來對台灣經濟發展的研究及親身參與規劃和體驗，認為下列「十大成就」，可稱為「奇蹟」。

穩定且快速的經濟成長

　　台灣光復初期，由於物資缺乏、需求增加，致物價膨脹迅速，加上受到當時大陸惡性物價膨脹的影響，物價飛漲。至 1948 年 7 月到 1949 年 6 月的一年間，台灣物價指數上升 8451%，即一年間上漲 84.5 倍，平均每月上漲 45%，物價問題極為嚴重。但在政府於 1949 年 6 月 15 日實施幣制改革及一連串有效措施後，物價漲幅逐漸減緩。至 1961 到 1972 年的 12 年間，台灣平均每年物價上漲率降到 3.3%，與工業國家同時期每年上漲 3.5%，毫不遜色；而台灣同期間平均每年經濟成長率高達 10.2%，是工業國家經濟成長率 4.6% 的兩倍以上，詳如表 8-1。

表 8-1　台灣早期物價上漲率與經濟成長率

時間	每年物價上漲率(%)	每年經濟成長率(%)
台灣		
1948 年 7 月－ 1949 年 6 月	8,451	
1950 年	305	
1951 年	66	
1952 年	23	
1953 年－ 1960 年	9.7	7.6
1961 年－ 1972 年	3.3	10.2
工業國家（1961-1972 年）	3.5	4.6
開發中國家（1961-1972 年）	9.7	5.6

資料來源：1.《台灣省物價統計月報》，1955 年 1 月
　　　　　2. 行政院經濟建設委員會，*Taiwan Statistical Data Book*，1989。
　　　　　3. IMF, *International Financial Statistics Yearbook*，1989。

　　根據諾貝爾經濟學獎得主顧志耐教授研究各國經濟發展的經驗，凡在快速經濟發展時期，由於需求大幅增加，隨同而來的即是通貨膨脹。各國為了抑制通貨膨脹，不得不採取緊縮措施，犧牲經濟成長。雖經濟快速成長與物價的穩定，是每個國家經濟發展所追求的目標，但無法同時達成。而台灣於 1961-1972 年的 12 年長時期裡，同時達成經濟快速成長與物價穩定的雙重目

標，在世界經濟發展史上還是首例，故被顧志耐教授稱為「經濟奇蹟」。

快速進步為新興工業化國家

根據各先進國家經濟發展史，一個國家的進步，除經濟不斷成長外，產業結構的轉型應是不可或缺的條件。在歐洲國家從以農業為主的社會，進步為工業國家，都需 100 年以上時間，英國甚至超過 200 年，美國也經歷了 100 年，日本也花了 70 年，而台灣則不足 30 年，也是一項了不起的成就。

表 8-2　從農業社會進步為工業國家所需時間

國家	所需時間
英國	超過 200 年
法國	127 年
德國	104 年
義大利	超過 100 年
美國	約 100 年
日本	70 年
台灣	28 年

資料來源：1. 日本野村陸夫及久保恭一合著，《日本工業結構的分析》，1967 年。
　　　　　2. 行政院經建會編印，*Taiwan Statistical Data Book*，1980 年。

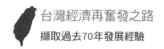

自依賴美援,達到自力成長

一個國家或地區經濟要持續成長,必須不斷的投資,而投資主要財源,應是國民儲蓄。但在台灣早期,由於所得低,能夠儲蓄的極少;在1950年代所得的90%用於消費,儲蓄僅占國內生產毛額(GDP)的10%,但當時投資卻占GDP的16%,其差額占GDP 6%,是靠美國的經濟援助。

1965年6月30日美援停止後,大家都擔心投資財源不足、投資率(即投資占GDP比率)會大幅下降影響經濟成長。實際上,早在美援停止前,政府即預料美援不可久恃,隨時都有停止的可能,故在1950年代末期,即進行未雨綢繆對策,採取全盤經濟改革。美援停

表 8-3　投資與儲蓄占國內生產毛額(GDP)百分比

時間	投資(%)	儲蓄(%)	差額(百分點)
1950 年代	16	10	-6
1960 年代	22	20	-2
1970 年代	30	32	2

資料來源:行政院主計處,《國民所得統計摘要》,1990年2月。

止後，由於儲蓄率的大幅提升，不僅投資率沒有下降，反而更加提高，加速經濟成長，達到自力成長目標。

突破資源貧乏、市場狹小限制，成為出口大國

台灣自然資源極為貧乏，光復初期工業也極落後，所需能源、農工原料幾全賴進口供應，而出口以糖、米為主，且受耕地面積及氣候影響，增加有限，故年年出現巨額入超。幸而在 1951-1965 年間有美援物資支援，解決了外匯短缺問題。

政府於 1950 年代中期，即採取以出口為導向的政策，至 1960 年代正逢國際經濟繁榮及美國主導自由貿易政策，台灣把握此有利機會出口迅速擴張，自 1961 至 1980 年的 20 年間台灣出口增加 123 倍，不僅由入超轉變為出超；至 1985 年台灣更成為世界第 11 位出口大國，列為四小龍之首，當年大陸排第 16 名，落後台灣5 名。

表 8-4　台灣進出口金額

單位：億美元

年度	出口	進口	入超	出超
1952 年	1.2	1.9	0.7	
1960 年	1.6	3.0	1.4	
1970 年	14.8	15.2	0.4	
1971 年	20.6	18.4		2.2
1980 年	198.1	197.3		0.8
1985 年	307.2	201.0		106.2

資料來源：行政院經濟建設委員會，*Taiwan Statistical Data Book*，1990 年。

每人所得加速增加

　　台灣在經濟發展早期，由於人口的大幅增加，每年經濟成長的一半，被增加的人口所吸收，因此每人所得的增加大幅下降，僅及經濟成長率的一半，與主要國家比較，相對增加緩慢。

　　但進入 1970 年代，台灣人口增加率大幅下降，顯然政府推動的家庭計畫所採取的「節育政策」成功，致使每人所得增加率大幅升高，儲蓄率與投資率亦隨之大幅上升，更加速了經濟成長。在 1971-1980 年，台灣不

論平均每年經濟成長率與每人所得增加率，在表 8-6 的
八個國家中，均列前茅。

表 8-5　1953-1958 年各國經濟與人口年成長數據比較

單位：%

	台灣	日本	美國	英國	西德	義大利	荷蘭
實質國民所得	7.1	9.2	2.8	2.5	7.3	5.8	6.5
人口	3.5	1.2	1.8	0.4	1.1	0.6	1.2
實質每人所得	3.5	7.9	1.0	2.1	6.1	5.2	5.2

資料來源：行政院美援運用委員會，*Taiwan Statistical Data Book*，1961 年 6 月。

表 8-6　1971-1980 年各國經濟與人口年成長數據比較

單位：%

	台灣	日本	美國	英國	西德	義大利	荷蘭	南韓
實質國內生產毛額	9.7	4.6	2.9	2.0	2.8	3.8	2.9	8.3
人口	1.9	1.2	0.8	0.1	0.1	0.6	0.9	2.0
實質每人生產毛額	7.7	3.4	2.1	1.9	2.7	3.2	2.0	6.2

資料來源：1. IMF, *International Financial Statistics Yearbook*，1993 年。
　　　　　2. 行政院經濟建設委員會，*Taiwan Statistical Data Book*，1981 年。

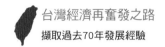

邁向中高國家所得之林

　　台灣在重建完成的 1952 年，其每人所得（每人 GNP）不及 100 美元，在國際間應屬低所得者；不過到 1988 年提高到 6318 美元。根據國際貨幣基金（IMF）當時將每人 GNP 超過 6000 美元，屬中高所得者，所以台灣自 1988 年開始，已進入中高所得國之林。

　　另值得一提的是，台灣自每人所得 100 美元，提高到 1000 美元，共經歷了 19 年之久；但自 1000 美元，提高至 1 萬美元，才花費 16 年。在歐美國家需要 20 年

表 8-7　台灣每人所得（每人 GNP）

時間	每人 GNP（美元）
1947 年	不足 50
1957 年	100
1976 年	1,159
1988 年	6,318
1992 年	10,856
1996 年	13,614
2008 年	17,941

資料來源：除 1947 年及 1957 年為作者估計外，其餘皆來自行政院主計處《國民所得統計年報》，2008 年。

以上，其他亞洲三小龍也要 18 年，因此台灣當時每人所得也是提升最快的國家。

實現充分就業

台灣光復初期，經濟相當落後，失業問題極為嚴重，除城市有大量失業人口外，在農村更隱藏大量失業人口。因此，當時政府施政主軸，在穩定物價與積極進行重建工作。當 1952 年重建工作完成後，1953 年起推動有計畫的經濟建設開始，就將創造就業機會列為第一要務。不論農業推動複作制度及精耕，工業方面則推動勞力密集產業發展，創造大量就業機會，不僅吸納了每年增加新勞力，也增用既有的失業人力，至 1968 年

表 8-8　台灣失業率

時間	失業率（%）
1950 年代（估計）	6.0
1960 年代	3.0
1970 年代	1.5
1980 年代	2.1
1990 年代	2.0

資料來源：行政院主計處編印之《國民經濟動向統計彙編》，2001 年 2 月。

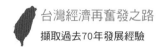
失業率降至 2％以下，1970 年代平均失業率僅 1.5％，
1980、1990 年代也不過 2％上下，達到充分就業階段。

貧富差距大幅縮減

　　貧富差距，在國際間一般是採用五分位法中最高與
最低所得組間的所得差距來比較。所謂五分位法是將所
有家庭按所得大小排列起來，從收入最少的開始，第
一組 20％家庭是最低所得者，依此類推，第二組 20％
家庭是較低，第三組是中間，第四組是較高，第五組
20％家庭是最高所得者。以最高所得組平均每戶所得與
最低組比較，其倍數即代表高低所得者間的差距。

　　該等所得資料是靠調查而來，早期在台灣政府未正
式調查前，台灣大學統計學教授張果為曾接受國民黨中
央黨部委託，調查台灣 1954 年的所得差距，其調查報
告指出高低所得差距是 15 倍，貧富差距相當懸殊。後
政府開始調查，1964 年調查的結果是 5.33 倍，到 1980
年下降到 4.17 倍，成為全世界所得差距最小的國家之
一。

　　顧志耐教授根據多年研究開發中國家經濟發展經驗

指出，多數開發中國家從事經濟發展後是「有錢人更有錢，窮的更窮」。因為以錢賺錢容易，以勞力賺錢較難，貧富差距擴大了，惡化了。台灣不但沒有惡化反而大幅改進，是台灣一項了不起的成就，他在國際間很多場合，對台灣經濟發展的成就，大加讚譽。

表 8-9　台灣高低所得差距

時間	按五分位法最高所得組與最低所得組 平均每戶所得差距
1954 年	15.00 倍
1980 年	4.17 倍
1990 年	5.18 倍
2001 年	6.39 倍
2008 年	6.05 倍

資料來源：除 1954 年外，皆來自行政院主計處 2008 年「家庭收支調查報告」。

由財源不足，變成世界投資大國

　　台灣在 1950 年代及 1960 年代時，投資財源中有 40％依賴美援支持。後經歷經濟的快速成長，不僅所得提高，儲蓄亦大幅增加，自 1970 年代達到自力成長目標。到了 1980 年代下半期，在新台幣大幅升值的有

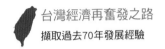
表 8-10　2008 年 12 月底止對外投資總額

經濟部核准對中國大陸投資	756 億美元
對其他國家投資	598 億美元
合計	1,354 億美元
央行外匯存底（2008 年底）	2,917 億美元
至 2008 年底對外投資淨額（央行統計）	5,767 億美元

資料來源：1. 經濟部外人及華僑投資審議委員會。
　　　　　2. 中央銀行《國際收支平衡表季報》，2009 年 8 月。

利對外投資條件下，台灣已有能力對外投資，尤其在
1992 年後，台商到大陸投資極為踴躍。根據經濟部核
准台商到大陸投資至 2008 年底僅 756 億美元，但因政
府的種種限制，台商透過維京群島、香港及美國到大陸
投資，亦有相當大金額；前文指出台商在大陸所賺到的
盈餘多未匯出，留在當地再投資，故筆者估計，台商在
大陸投資總額超過 3,000 億美元。

　　另據中央銀行統計，台灣對外投資淨額，至 2008
年底為 5,767 億美元，高居世界第六位對外投資大國。

自勞力密集產業進展為世界科技產業重鎮

　　台灣自 1970 年代後半期，積極規劃推動高科技產

業發展，歷經 30 年的努力，已獲得相當成就。2008 年台灣出口高科技產品 1263 億美元，已成為高科技產業國家。

另以資訊硬體生產為例，兩岸十多年來，分別被國際間稱呼：大陸是資訊硬體生產王國，台灣是資訊硬體重鎮，在國際間都有舉足輕重的力道。而兩地資訊硬體產業能夠受到如此之稱道，最大的貢獻者則是台商。以 2008 年為例，如圖 8-1 所示，台灣 2008 年海內外生產 1103 億美元，其中很多產品產量都高居世界第一或第二位，故被國際稱為資訊硬體重鎮。但其中在大陸台商生產 1013 億美元，高占台灣海內外生產的 92％。而中國大陸 2008 年生產資訊硬體產值 1216 億美元，故被稱為生產王國，其中台商生產 1013 億美元，高占 83％。

圖 8-1 中間重疊部分就是大陸台商的生產，顯現了兩岸資訊硬體產業，是你泥中有我，我泥中有你，已到密不可分的境地。若沒有台商生產，則大陸只生產 203 億美元，台灣本地及在其他國家生產更只有 90 億美元，產值微不足道，誰還會重視？更談不上「生產王國」與「重鎮」的讚譽了。此例充分顯現兩岸優勢互

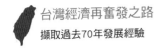

圖 8-1　兩岸產業的連體嬰（以 2008 年資訊硬體產值為例）

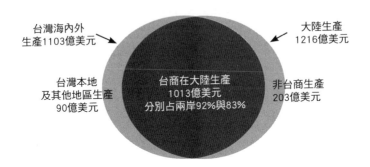

台灣海內外
生產1103億美元

大陸生產
1216億美元

台灣本地
及其他地區生產
90億美元

台商在大陸生產
1013億美元
分別占兩岸92%與83%

非台商生產
203億美元

資料來源：除大陸生產總額為筆者推估外，其餘係財團法人資策會資訊市場
　　　　　情報中心提供。

補，合則兩利、分則皆輸的局面。

　　另再以筆記型電腦為例，2001 年全球生產筆記型電腦 2500 萬台，其中台灣生產 1400 萬台，占 56％，高居世界第一。因該年網路泡沫破滅，全球經濟不景氣，筆記型電腦的跨國大企業，如 Dell、IBM、HP 都要求台灣代工廠降價推銷，以突破經濟的不景氣。當時，筆記型電腦生產已是微利事業，不可能削價推銷。但在這些跨國大企業的壓力下，正好台灣開放筆記型電腦赴大陸投資生產，於是台灣所有生產筆記型電腦的生產線，很快轉移到大陸生產，由於兩岸的優勢互補，成

本大幅降低，符合跨國企業的要求。削價推銷的結果，在全球經濟不振的情況下，2002 及 2003 年筆記型電腦銷售量一枝獨秀，高達兩位數的成長。

至 2008 年筆記型電腦全球生產 1.22 億台，與 2001 年相比較，7 年間平均每年成長率高達 25％，而其中在大陸台商生產 1.12 億台，平均每年增加率更高達 35％。而在 7 年間全球生產增加 9700 萬台，但台商生產增加 9800 萬台。顯然全球筆記型電腦市場的迅速擴大，全部都是台商增加生產所做的貢獻。

同時，全球筆記型電腦在過去 7 年間生產及市場能如此快速的擴大，如圖 8-2 所示，其主因是每台出廠價格自 2001 年的每台 860 美元，降為 2008 年的每台 510 美元，降價高達 41％的貢獻。

此外，台商不但為大陸爭取了 573 億美元外匯收入及大量就業機會，也為跨國企業貢獻了巨額銷售利潤，且為台灣帶動零組件及配件出口，並創造三角貿易的服務收入，以及大量就業機會。同時由於大幅降價，使全球消費者享受到價廉物美的電腦，創造了「多贏」的局面。

圖8-2　擴大世界市場：以筆記型電腦 (NB) 生產為例

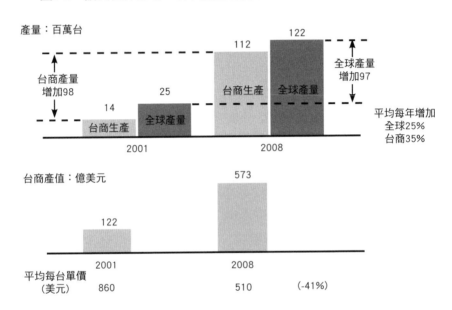

資料來源：根據財團法人資策會資訊市場情報中心資料計算。

　　以上分析，兩岸經貿合作所獲得的巨大成果，還是在過去政府長期打壓之下，由台商忍氣吞聲打拚，歷經千辛萬苦所打造的。這也充分顯現市場力量的巨大，台商冒險犯難的偉大精神。幸而馬政府在兩岸關係上秉持「開放與鬆綁」的大方向，加速促進兩岸經貿交流與

合作的正常化與秩序化發展。今後更期望兩岸在簽署
ECFA 後，政府再進一步爭取與東協、歐盟、美國、日
本、南韓等國簽署區域貿易協定（RTA）或自由貿易協
定（FTA），排除所有障礙，為台灣創造更有利的投資
環境。

政府重要經濟政策與改革

　　台灣經濟能獲得以上成就，其因素固多，但政府在
不同階段，推動的各項改革、採取的不同政策與重大建
設，並能貫徹執行，充分發揮公共政策領導經濟發展的
功能，應為其關鍵所在。

1949 年幣制改革

　　誠如前文所說，台灣光復初期物價大漲，人民對當
時使用的舊台幣完全沒有信心，錢一到手便趕快將它用
掉，多放一點時間就會貶值。因此，在 1949 年初，當
時台灣省政府財政廳長嚴家淦向省主席陳誠報告，舊台
幣無法維持，建議改革幣制，廢舊台幣發行新台幣。不

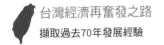

過為爭取人民對新台幣的信心，必須要有充足黃金或外匯作準備。估計發行新台幣 2 億元，需黃金 80 萬兩作準備，但台灣銀行金庫既無外匯，更無黃金。於是陳誠主席親自前往大陸面見蔣中正總統，報告台灣為穩定物價，要實施幣制改革，為鞏固幣信，需要黃金作準備，請中央自大陸運來的黃金中，撥 80 萬兩支援，獲得蔣中正總統同意。

結果，中央政府撥給 80 萬兩黃金，作為發行新台幣的十足準備，並另借外匯 1000 萬美元，供進口調度之用。所以台灣在 1949 年 6 月 15 日實施幣制改革，廢除舊台幣發行新台幣，而且是限額發行。當時額度是新台幣 2 億元，並成立新台幣發行監理委員會，邀請民意代表主持，每月底檢查發行額及黃金存量並公告，以取信於民。

若僅改革幣制而不採取有效配合措施，其效果將有限。因此，台灣銀行創辦高利率存款及黃金儲蓄存款以資配合。高利率到什麼程度？現在卡奴向銀行借款的年利率是 18％，高得驚人。當時優利存款一月利息 7％，按複利計年息更高達 125％，這種利率下的存款，

存 100 元，一年下來連本帶利是 225 元，比現在卡奴的 18％，高了 5、6 倍。這些還不夠，還創辦黃金儲蓄存款。當時黃金一市兩是新台幣 280 元，存款人每存入新台幣 280 元，存滿一個月後就可以提領黃金一市兩。

當時大陸運來台灣黃金，估計約 300 多萬兩。台灣銀行先後賣出約 200 多萬兩，收回新台幣約 6 億元。台灣銀行創辦優利存款及黃金儲蓄存款，其目的在收縮通貨，對物價穩定產生積極作用。同時改善政府財政收支與國際收支，減少赤字，以減緩對通貨膨脹的壓力。

1948-1953 年農地改革

陳誠先生擔任台灣省政府主席時，推動土地改革，分三階段進行：即 1.實施三七五減租，2.公地放領，3.實施耕者有其田。特別強調的是三七五減租。以前佃租都是 50％以上，一個佃農把土地租來種植作物生產後，要將收穫量一半以上歸地主，剩下的不到 50％，要花費在肥料、種籽、勞力、資金，還要付利息，佃農幾乎沒有錢可賺，佃農生活甚為艱苦，也無力改善生產技術，提高產量。當時政府要改善農民生活，提高

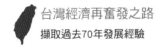
農業生產，先實施三七五減租，地租由過去的 50％減到 37.5％。過去的佃租是每年收穫量的 50％歸地主，所以生產量增加，繳的佃租也提高。可是改革後是按 1948 年生產量的 37.5％計算佃租給地主，剩下的全部歸佃農所得。也就是以後每年佃農繳給地主的佃租是按 1948 年產量的 37.5％計算，固定下來。佃農不但第一年拿到 62.5％，第二年增產了，增產的部分全部是佃農的所得，所以農業增長很快速。然後實施公地放領和耕者有其田，即政府將持有的農地賣給佃農，大地主將其持有超過政府規定面積的農地，也要賣給佃農，其地價按 1948 年收穫量的 2.5 倍計算，分 10 年償還，每年 25％，比地租還便宜，佃農當然踴躍購地。所以在 1950 年代及 1960 年代，台灣的農業生產每年增加5％，較全世界增產不到 3％，幾乎多出一倍。

1953-1960 年計畫性經濟建設

在擬訂計畫之前先訂定幾項基本準則：

1. 以「計畫性自由經濟」為推動經濟發展的基本原

則。

2. 以「以農業培養工業，以工業發展農業」的農工相輔相成發展政策。

3. 第一期四年計畫期間，以「進口替代工業」優先發展。

4. 第二期四年計畫期間，改以出口工業為發展主軸（即後來所稱的出口導向政策）。

第一期四年計畫研擬期間，社會上有兩派主張，一派主張計畫經濟，因為大陸時代經濟一直在管制，到台灣也要繼續管制下去；另一派認為台灣經濟發展一定要走自由化這條路。兩派爭論不休，後來有認為國父的民生主義既不是計畫經濟，也不是自由經濟，而是「計畫性自由經濟」。

何謂「計畫性自由經濟」？在民間力量沒有建立起來的時候，政府多做事，由政府主導經濟發展，並建立市場機制；待民間力量壯大，市場機制逐漸形成，就由民間按市場機制運行。所以在第一期四年計畫序言中開宗明義說，新興計畫以民營為原則，以台塑生產 PVC

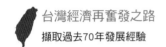
塑膠為例,原為公營事業台肥與台碱公司要生產。當時筆者所服務的經安會工業委員會研究認為這是極有前途的計畫,但因在全世界屬於新進的技術,風險很大,而且台灣市場小,早期不合經濟規模,因此建廠要快,成本必須最低,而且要有能力推廣,公營事業沒有辦法在市場上競爭,所以一定要由民間經營。

後來由王永慶與趙廷箴合夥投資,成立台灣塑膠(當初成立名為福懋塑膠公司)負責進行。但該公司並無專業人才,就由工業委員會專家及邀請公營台肥公司人力共同幫忙規劃設計,並爭取美援貸款。後採購機器設備,召開國際標,結果是日本廠商得標,而美國反對;台灣用美援的錢,怎麼去買日本機器,美國國務院提出抗議。後來工業委員會說服美國,因其價格比日本貴了一倍。重點是買美國設備成本高,根本無法生存競爭。

日為何便宜呢?派員去日本察看的結果,日本已有一個小工廠,一天只做 4 噸 PVC,現在照原設計模型再做一個而已,不用另行設計。而美國是大量生產,做如此小規模,重新設計,成本當然高,說服美國後決

定買日本機器設備。建廠完成以後生產出來的塑膠粉、塑膠粒銷路有限，不能完全賣掉，如不全力開工成本更高。好在台塑迅速投資新設南亞塑膠公司，用台塑PVC加工做塑膠布、塑膠杯、塑膠筷、塑膠雨衣、雨鞋等，再一步步打開市場。因此，台塑設備不斷擴充，不僅合於經濟規模，而且在 20 年前台塑就成為世界第一大的 PVC 塑膠工廠。如果當時不是堅持由民間經營的話，絕沒有今天的台塑。

1958 年外匯貿易改革

為配合第二期四年計畫的拓展出口政策，政府於1958 年開始實施外匯貿易改革，有以下三大重點：

1. 新台幣大幅貶值後，實施單一匯率維持 12 年未變。

   改革前的 1 美元兌 24.78 元台幣，貶值到 40元，貶值約 50％強。改革前的匯率雖稱複式匯率，實際上多達一百多種，極為複雜，廠商事前不知道適用哪種匯率，已到了非改不可的時候。

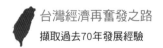
改革過程，先改為雙元匯率，至 1961 年改為單一匯率，1 美元兌 40 元台幣，一直維持到 1973 年 2 月升為 38 元兌 1 美元。

2. 自消極限制進口，改為積極鼓勵出口。

3. 解除部分進口及外匯管制。出口增加後外匯收入多了，就將原有的進口及外匯管制，部分解除。

很多國內外學者專家都認為，該次外匯貿易改革，是台灣自管制經濟走向自由化經濟邁出一大步，是重要的轉捩點。也是從 1958 年至今五十多年，台灣出口如此大幅擴張，它是最大功臣之一。

1960 年加速經濟發展方案

加速經濟發展方案是在 1960 年公布，其作用在加速經濟成長，以在美援停止後，能達到自力成長目標。在配合措施方面有二大重點：

推動十九點財經改革

1. 將以往為應付非常狀態的措施盡量予以解除，使

一切經濟活動正常化，以恢復市場機能。在過去
通貨膨脹及物資缺乏時期，所採取的經濟管制包
括物價管制、進口管制及外匯管制、投資限制
等，都影響市場機能的運作，而且在積極管理下
就成為腐敗貪汙的溫床，必須革除。

2. 以國民儲蓄作為經濟發展的主要資金來源；並整
頓租稅，控制預算。國防費用按固定幣值凍結，
使增加的所得能多用於投資，投資才能大幅增加。

3. 創立資本市場，確定獎勵辦法、調整金融體系，
進一步放寬外匯貿易管制，期能使新台幣自由兌
換。可見在 1960 年就希望台幣自由化兌換，但
到 1980 年代二十多年後才實現。

頒布「獎勵投資條例」

改革方案很多措施要立法或修法才能實施，如採取
減稅、免稅與退稅來鼓勵儲蓄、投資和出口，依據稅法
規定要徵稅的，現在要減免、退稅都是要修法的；又如
出售公營事業收入，不繳國庫，設立開發基金，徵收土
地成立工業區，這些都要修法或立法。一談到立法、修

.

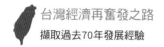

法，三到五年都不一定完成，拖延時日，改革不能落實。後來就想到特別法優於普通法，只要訂一個特別法，排除現有法律的規定。最後擬訂了「獎勵投資條例」，把減免稅的措施、設立開發基金、設置工業區等都納入「獎勵投資條例」。不用等到有關法規慢慢修訂或新立法了，只要「獎勵投資條例」很快通過就可落實改革。

加速經濟發展方案可說也是一項重大且全面性的經濟改革，奠定未來 50 年經濟發展的基礎。

1951-1965 年有效利用美援

1950 年 7 月韓戰爆發，美國除派第七艦隊進駐台灣海峽外，並自當年底恢復對我國經濟援助，至 1965 年 6 月底的 15 年間，共援助約 15 億美元，約為當時 GDP 的 6%。美援除解決台灣當時外匯及資金短缺外，更對台灣的物價穩定、經濟建設、技術人員培訓及政策建議，均做出重大貢獻。

由於台灣政府有效利用美援，經濟成長快速，所得與儲蓄大幅提高。在美國援助的眾多國家中，台灣是少數利用美援有效的國家之一，而與以色列和希臘同被美

國判定「有自力成長能力」的三個國家，而於 1965 年
6 月底，第一批被停止美援。

1965-1990 年推動人力發展計畫

　　台灣天然資源缺乏，惟人口眾多，人口密度偏高，
早期原是「生之者寡、食之者眾」的局面。在 1965 年
經合會草擬第四期四年經建計畫時，同時提出十年長期
計畫，其中重點之一即是「人口政策」，建議抑制人口
的快速成長，惟在報行政院時，遭到關鍵官員的反對，
致使院會決議「四年計畫」照案通過，「十年計畫」供
作內部參考的命運。

　　惟經合會於 1966 年 7 月召開「第一屆全國人力資
源研討會」，邀請產、官、學界精英代表 150 餘人參加
研討，獲得共識，建議政府推動人力發展計畫。於是經
合會原擬議中「第一期人力發展計畫」，根據研討會建
議，整理修正報行政院正式核定實施。

　　自 1965-1990 年間在人力發展政策方面，先後採取
重要政策，包括：1.制定「人口政策綱領」；2.實施「家
庭計畫」；3.延長至九年國民教育；4.建立技術與職業

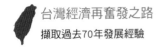

教育體系；5.實施工業職業訓練計畫；6.高等教育之改進與發展。由於人力發展計畫之適時推動，對台灣經濟能穩定且快速的發展貢獻良多。

財稅金融改革

財稅金融改革大大小小進行許多次，歸納來說：

建立預算制度

中央政府遷台之初沒有預算制度，賣黃金，寫條子拿錢，1950 年嚴家淦初任財政部長認為沒有預算制度，國家建設無從談起，乃向先總統蔣中正陳詞分析利弊，詳述政府預算制度的重要性與緊迫性，並面請先總統蔣中正，以後需款也按預算支用，以樹立預算的權威。蔣中正總統從善如流竟然同意，預算制度才得以建立。

賦稅改革

政府曾進行多次賦稅改革，其中以 1967 年行政院成立的賦稅改革委員會，請旅美學人劉大中博士主持、進行的全面性賦稅改革最具成效，對日後經濟發展及財

政收支的改善，助益甚大。

中央銀行復業

中央銀行於 1961 年 7 月 1 日在台復業，之前係由台灣銀行代理部分央行業務。央行復業後，完全負起金融調節、穩定經濟，並輔助經濟發展的任務。

建立資本、貨幣及外匯市場

使所有的市場都慢慢的經營起來，才真正成為市場經濟的國家。

全面翻修「銀行法」

1975 年公布「新銀行法」，對銀行種類及業務均有明確劃分，即採取長短期金融劃分原則，規定商業銀行以提供短期信用為主要任務，各種專業銀行則以提供中長期信用或特定部門的中長期信用為主要業務。

利率自由化先行

過去的利率都是中央銀行訂定，各銀行遵照辦理，

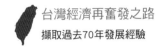

在中央銀行宣布今後利率不再統一規定，由各銀行自己訂定。但銀行都是公營的，每家銀行都不敢動，怕業務跑掉，三至五年時間才習慣，才真正落實自由化。

1974-1978 年十大建設

十大建設也是一項重大政策，包括：

交通運輸建設

有中山高速公路、鐵路電氣化、北迴鐵路、台中港、擴建蘇澳港、中正國際機場。尤其中山高速公路、中正國際機場及鐵路電氣化，使台灣的交通建設走上現代化。

能源：核能發電

核能發電可使能源朝向多元化發展，且降低汙染。

重化工業

包括一貫作業鋼鐵廠（中鋼）、大造船廠（中船）、石化工業。重化工業方面可說是從勞力密集產業走向重

化工業為主的一個轉捩點。十大建設也奠定台灣經濟邁向現代化的基石。

推動高科技產業發展

推動高科技產業發展，包括以下各項：

1. 成立工業技術研究院（1973 年）。

2. 策劃積體電路（IC）工業發展（1974 年），奠定電子工業邁向高科技產業發展的契機。

3. 召開全國科學技術會議（1978-1987 年），研訂「科學技術發展方案」，推動八大重點科技：能源、資訊、材料、自動化、光電、生物科技、B型肝炎防治與食品。

4. 創設「新竹科學園區」（1980 年）。

5. 設置「資訊工業策進會」（1980 年）。

6. 成立「聯華電子公司」（1980 年）。

7. 公布「加強培育及延攬高級科技人才方案」（1983 年）。

8. 成立「台灣積體電路公司」（1986 年）。

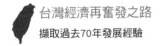
在 1980 年代初期，有關高科技產業發展的政策、方向已完成規劃，及其周邊機構、法令規章等都制定好了，近二十多年來享受發展成果。

1980 年代全面經濟自由化的推動

1984 年，俞國華就任行政院長，宣布將以「自由化、國際化、制度化」為經濟發展的基本政策。包括：外匯自由化、金融自由化、投資自由化、貿易自由化與公營事業民營化。於 1984 年提出來，卻受到相當大的阻力，1985 年政府成立「經濟革新委員會」，邀請產學界及官方代表參加，溝通研究，最後提出五十多項革新建言，才使經濟全面自由化逐步落實。由於全面自由化的實施，因而進入 WTO 世界貿易組織，與國際接軌；所受到的衝擊，大為減輕。

1993 年建設台灣成為亞太營運中心

1993 年行政院為面對國內外經濟情勢的變化，實施「振興經濟方案」，其中目標有二：一為促進產業升

級，二為建設台灣成為亞太營運中心；後者係當時研擬
該方案的經建會主委蕭萬長接受筆者的建議納入，其基
本精神在以台灣為根據地，吸引跨國企業到台灣投資或
策略聯盟，共同到大陸投資及技術合作，進軍世界市
場，以凸顯台灣在亞太地區經濟整合中扮演關鍵角色，
同時可以在先進國家與開發中國家間，擔負承先啟後的
「中繼者」角色。

　　此一政策於 1995 年公布整套實施方案後，在不到
一年間，即有多家跨國企業到台灣與當地企業策略聯
盟，等待兩岸直航後，到大陸投資，充分發揮台灣在資
本、技術、行銷以及地理區位的優勢。此「亞太營運中
心」政策如能順利推動，不僅可以開拓台灣經濟新局，
亦可促進大陸經濟進一步發展，為開創中國人世紀創造
契機。但不幸的是，1996 年李登輝總統祭出「戒急用
忍」政策，訂定限制台灣與大陸經貿合作的條款，致使
此極具前瞻性的「亞太營運中心」政策胎死腹中，阻斷
台灣經濟的進一步發展。

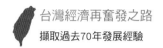
2001年經發會兩岸組共識

2000年政權輪替,民進黨執政在無預警情況中,突宣布已興建三分之一的第四核能發電廠(簡稱核四)停建,震驚海內外,嚴重衝擊台灣經濟。加以2001年網路泡沫破滅,致使台灣淪為50年來首次經濟負成長。

當時陳水扁總統為挽救此劣勢,邀朝野代表及產學界成立經發會,共分五組謀求對策。其中最重要的是兩岸組所獲得的「共識」,如下:

1. **兩岸協商問題**:建議政府盡速凝聚朝野共識,化解「九二共識」之分歧,依據中華民國憲法定位兩岸關係,擱置政治爭議,盡速與大陸方面協商「三通」及其他攸關人民福祉的議題。

2. **兩岸經貿發展以「積極開放、有效管理」為基本原則**。積極推動兩岸經貿關係正常化,開放兩岸三通(直接通航、通商及通郵);開放企業赴大陸直接投資與資金的限制;開放對大陸投資產業及產品項目;開放金融業赴大陸進行業務投資,

設立分行及子公司；推動簽署兩岸投資保障協定
及兩岸租稅協定等。

3. **開放陸資來台投資產業及不動產、積極推動大陸
人士來台觀光等。**

但實際上，以上共識很遺憾一直到第二次政黨輪替
後才落實執行，拖延了八年，致經濟一蹶不振，怎不讓
人嘆惜！

創造台灣經濟奇蹟的功臣

以上政策與改革的推行，根據筆者親身經歷，認為
陳誠、蔣夢麟、俞鴻鈞、徐柏園、尹仲容、嚴家淦、蔣
經國、李國鼎、孫運璿、俞國華等十位應是大功臣。而
其中嚴家淦、尹仲容、李國鼎、孫運璿、俞國華五位，
專業技術官員對財經貢獻最為卓著，其所主導的政策分
述如下：

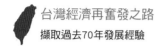
嚴家淦先生的貢獻

1. 主導改革、決策：最主要在幣制改革、預算制度
   建立、賦稅改革方面。
2. 協調或支持通過的重要改革與決策：農地改革、
   外匯貿易改革、十九點財經改革方案、獎勵投
   資條例、加工出口區的設立、新竹科學園區設
   立等等。

嚴家淦先生 1905 年生於江蘇蘇州，1926 年畢業
於上海聖約翰大學化學系，1993 年 12 月 24 日逝
世，享年 89 歲。

尹仲容先生的貢獻

1. 負責規劃光復初期台灣經濟的重建。
2. 確定未來經濟發展的方向。
3. 第一、二期四年經建計畫工業及交通運輸部門計
   畫的設計與推動。

4. 推動外匯貿易改革，確立出口導向政策。

5. 主持十九點財經改革方案。

6. 訂頒獎勵投資條例。

尹仲容先生祖籍湖南邵陽，1903 年生於江西南昌，1925 年畢業於南洋大學（交大前身）電機工程科，1963 年 1 月 13 日逝世，享年 61 歲。

李國鼎先生的貢獻

1. 研擬十九點財經改革方案。

2. 起草獎勵投資條例。

3. 推動投資環境改善。

4. 出口導向政策的推動。

5. 加工出口區設立。

6. 計畫家庭及人口政策的推動。

7. 人力資源的培育與教育政策的調整。

8. 十大建設財源籌措。

9. 研擬高科技產業發展方案與推動。

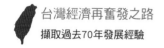

李國鼎先生 1910 年生於南京，1930 年畢業於中央大學物理學系，1934-37 年在英國劍橋大學物理研究所進修，2001 年 5 月 31 日逝世，享年 92 歲。

孫運璿先生的貢獻

1. 電力的重建與發展——普及率高達 99.7％。

2. 十大建設中的交通建設：高速公路、鐵路電氣化、桃園國際機場、北迴鐵路、台中港與蘇澳港的規劃。

3. 能源：核能發電的興建。

4. 重化工業：中鋼、中船、石化工業建設的推動。

5. 克服台美斷交的衝擊、穩定台美經貿關係、建立國人信心。

6. 第二次世界石油危機期間採取以價制量政策，安度危機，並以機械、電機、電子、資訊及精密工業等為策略性產業，納入第八期四年經建計畫（1982-1985 年）發展重點，全力推動。

7. 推動高科技產業發展（其中多項與李國鼎共同研擬、決策與推動）：

(1) 成立工業技術研究院（1973 年），成為台灣高科技人才及產業孕育的搖籃。

(2) 積極策劃積體電路（IC）工業發展（1974 年），做為未來電子、資訊等相關高科技產業發展的引擎。

(3) 邀請在美國對 IC 技術學有專精的海外學人，組成電子技術顧問委員會（1974 年），協助台灣技術引進的工作，以縮短研發時間，早日建立台灣的電子工業。

(4) 召開全國科學技術會議（1978-1984 年），研定「科學技術發展方案」，推動八大重點科技：能源、資訊、材料、自動化、光電、生物科技、B 型肝炎防治與食品。

(5) 設置新竹科學園區（1980 年），作為發展高科技產業基地。

(6) 成立資訊工業策進會（1980 年），推廣資訊的應用。

(7) 成立科技顧問組（1980 年），邀請世界一流科學家參與審查科技方案，並提供建言。

(8) 成立「聯華電子公司」（1980 年）與美國 RCA 同步量產 4 吋晶片，奠定 IC 發展基礎。

(9) 實施「加強培育與延攬高科技人才方案」，使任用高科技人才更富彈性。

(10) 1983 年開始籌劃大型積體電路的建設，於 1986 年成立的台灣積體電路公司（即稱台積電），成為世界最大的 IC 代工廠。

孫運璿先生 1913 年生於山東蓬萊縣，1934 年哈爾濱工業大學電機系畢業，2006 年 2 月 15 日逝世，享年 93 歲。

俞國華先生的貢獻

1. 籌措九年國民教育經費。

2. 賦稅改革方案的有效執行，包括實施加值型營業稅。

3. 建立中央銀行為「銀行之銀行」，發揮中央銀行應有的功能。

4. 建立外匯市場與貨幣市場，並為外匯自由化及利率自由化奠定基礎。

5. 因應兩次石油危機及退出聯合國與美日斷交的衝擊，保持經濟的穩健發展。

6. 確立「自由化、國際化、制度化」為經濟發展基本原則，推動經濟發展全面自由化。

7. 將教育經費提高到憲法規定的 15%。

8. 落實執行解除戒嚴、開放黨禁、解除報禁、開放人民前往大陸探親，以及制定第一屆中央民意代表自願退職條例，以便新民意代表的產生。

俞國華先生 1914 年生於浙江省奉化，1934 年清華大學畢業，1944-1947 年在哈佛大學及倫敦經濟學院進修經濟三年，2000 年 10 月 4 日逝世，享年 86 歲。

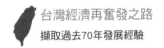
政府精英們的風範

政府精英們雖都處威權時代，但有主見、有執著、有擔當、具中國古代大臣風範：

1. 謀國求治心切，一切為國家為人民，絕不為個人權位考量，且具有無私、無求的基本精神，及追求國家現代化的強烈企圖心。
2. 都兼具中國傳統與西方文化知識的修養、心胸開闊、尊重專業與幕僚意見，做正確決策，並全力以赴，貫徹執行。
3. 操守廉潔、生活簡樸、公私分明，而且都有鞠躬盡瘁，死而後已的精神。

政府精英們的特質

1. 積極主動，勇於面對問題，敢於改革；明知困難，阻力重重，但有千萬人吾往矣的氣概。
2. 進取心特別強，不斷汲取新知、新觀念，也不時提出前瞻性看法，推動新制度、新計畫。

3. 以國家整體利益為重，絕無本位主義，各部會間團結合作，真正為國家經濟打拚。

結語

回顧 1990 年以前的四十多年間，台灣經濟發展較東南亞國家及韓國順利，且獲得較高成就，其原因有下列幾點：

1. 台灣有一個高效率的政府，在民間力量尚未壯大、市場條件尚未完全具備前，採取正確發展方向與策略，全力主導經濟發展，培養民間力量。待民間力量逐漸壯大，市場條件逐步完善過程中，逐步開放，讓所培養的民間潛在力量，有條不紊的釋放出來，真正落實「計畫性自由經濟」的最高指導方針。

2. 在產業發展方面採取量力而為、循序漸進的發展策略。自農業、輕工業進口替代、輕工業出口拓展、重化工業，再向技術密集產業發展。

3. 政府在各階段所採取因應對策，在克服所面臨困
   難的同時，還能為下一階段發展創造有利條件，
   使下一階段的發展更上一層樓。

4. 台灣率先訂頒「人口政策綱領」，有效推動家庭
   計畫，降低人口增加率。同時在人力培訓方面，
   尚能配合各階段人力的需求，不致因人才的不足
   而阻礙經濟發展。

前述所舉政府採取的十三項重大政策與改革，其中
七項是由經建會及前身提出，經行政院核定實施，另六
項也多是經建會及其前身領導階層主持或參與而完成。

創造台灣經濟奇蹟的十大功臣中，貢獻最卓著的五
位，都是經建會及其前身的領導階層。他們的成就雖都
具備特殊的條件，但經建會及其前身幕僚同仁的努力奉
獻，其功也不可沒。亦顯現經建會在台灣過去經濟發展
中，扮演的重要角色。

不幸的是，1990 年以後，台灣經濟不論是經濟成
長率、出口金額，及出口增加率都是每況愈下，其中
出口金額在全球排名更自第 11 名，倒退到 2009 年的第

17 名。自亞洲四小龍之首，淪為敬陪末座；唯一上升的是失業率。更嚴重的是每人所得（GDP），自 1992 年超過 1 萬美元後即停滯不前，陷人民於痛苦之中，怎不令人痛心疾首。

　　台灣經濟淪落到今天這個地步，用一句話來表達，就是「政黨惡鬥」的結果。希望這種「政黨惡鬥、內耗」的局面盡早結束，讓政府施政順利進行。相信以台灣的條件及民間的潛力，政府只要創造優良的投資，生活居住環境，台灣未來還是有光明遠大的前程，大家繼續努力吧！

第 **9** 章

落實經濟自由化的
建議方案

· 本文為 1985 年經濟革新委員會總結報告。

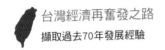
政府鑑於近年來國內外經濟發展環境產生了顯著的變化，同時國內經濟景氣亦持續不振，遂於 1985 年 5 月 7 日成立行政院經濟革新委員會（以下簡稱為經革會），聘請政府官員、學者專家及工商業者共 27 人為委員。其中，行政院經濟建設委員會主任委員趙耀東、中華經濟研究院院長蔣碩傑及全國工商協進會理事長辜振甫為總召集人；其下分設財稅、金融、產業、貿易及經濟行政等五個工作分組，預期以六個月時間，就影響投資及經濟發展的各種制度、政策及法規，進行全面深入的檢討，向行政院提出興革建議。

經革會於 1985 年 11 月 6 日如期結束，計提出建議方案 56 案，已陸續報請行政院採行；行政院並已陸續提出院會討論，依建議內容交各有關部會辦理、研究辦理或參考辦理，並指定經建會協調推動及列管追蹤。茲就經濟革新的基本方向、經濟革新的主要建議，以及有關本次經濟革新的檢討與期望，扼要說明如下。

經濟革新的基本方向

經革會成立後，認為：

1. 台灣地區的產業發展，歷經了長期的保護，已有
   相當堅實的基礎。保護政策大致上已善盡其扶植
   幼稚產業之功能；但若長期保護，除消費者繼
   續付出代價外，反而影響到產業效率之促進。
   因此必須加以全面檢討，以減少不必要的限制及
   補貼。事實上，此類檢討改進不應僅限於產業發
   展，亦應廣及金融、投資及貿易等方面。換言
   之，革新的第一個方向就是自由化。

2. 既要自由化，則自由化的範圍不應僅限於國內的
   經濟活動，何況我國近 20 年來國際貿易依存度
   日益增加，早年基於若干特殊理由對商品、資
   金、技術的國際間流通所做的限制，易遭致貿易
   對手國的不滿，亟應就現有經濟發展條件，對有
   關政策、規定進行檢討，力求提高經濟的開放程
   度；換言之，國際化是經濟革新的另一重要方向。

3. 在進行自由化、國際化的同時，應先健全有關之

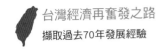
制度、政策及法規。鑑於經濟快速發展、社會急遽變遷，各種新的經濟、社會問題不斷產生，原有的社會經濟關係亦因發展環境及條件的改變而出現質的變化，從而形成摩擦、衝擊，亦亟待從制度法規上給予新而合理的規範。凡此，均為邁向現代化經濟所必要的制度化工作，亦應為經濟革新的主要方向。

經革會五個工作分組隨即基於以上觀點，分別就財稅、金融、產業、貿易及經濟行政五個方面進行檢討，擬訂改革方向；並根據改革方向，研擬各項改革方案，力求經濟發展之自由化、國際化與制度化。茲分別將此五個方面的主要革新建議，陳述如下。

主要革新建議

財稅方面

改進稅制合理化

1. **所得稅制度**：降低營利事業所得稅與綜合所得稅

最高稅率；綜合所得稅採用物價指數連動法調整
課稅級距、寬減額、免稅額，及扣除額。

2. **銷售稅制度：**

　(1) 國內銷售稅制度，應選擇適當時機，實施加
　　　值型營業稅。

　(2) 關稅方面，應繼續降低關稅稅率，並力求合
　　　理化；對於產業的保護，應訂定合理的保護
　　　幅度與明訂保護期間。

3. **財產稅制度：** 地價稅及土地增值稅改採比例稅率
　課徵，田賦改課地價稅；自用住宅與其用地之移
　轉，合於規定條件者，得退還土地增值稅與財產
　交易所得稅，並加強遺產與贈與稅之稽徵。

4. **其他賦稅制度：** 廢除屠宰稅，取消與契稅相關之
　監證費，降低契稅稅率，汽燃費改採隨油徵收方
　式。

改進稅務行政

1. **稅務行政組織：** 調整稅務行政組織體系，將所有
　稽徵機構隸屬於中央，統一稽徵國稅及地方稅。

2. **稅務人事制度：** 以重點突破方式改善，於稽徵機

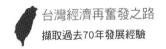
關內設置稽核師，大幅提高待遇，並應訂定「稅
務人員人事管理條例」，以改進稅務人事制度，
端正稅務風紀。

提高公共支出效益

1. **資源有效配置**：調整公共支出結構，並強化公共
   支出調節經濟景氣作用。
2. **健全計畫作業**：訂定中長程計畫規範、提高執行
   計畫與預算效率，加強計畫及預算成本與效益評
   估。
3. **改進地方財政**：改進中央及省補助制度，加強辦
   理市地重劃與工程受益費徵收，鼓勵公共造產。

加強運用非稅課財源

1. **加強規費徵收**：研訂「規費徵收法」、研究徵收
   清潔服務費，建立用戶付費制度。
2. **運用公債政策**：適度提高公債發行額度、研究實
   施公債標售制度、發行無實體公債，及擴大公債
   之發行與交易市場。

金融方面

改進金融制度

1. **提高公營銀行經營自主性與銀行業經營效率**：制訂「公營銀行管理法」、適時開放民營金融機構設立。

2. **健全信用合作社及信託投資公司之經營與管理**：制訂「信用合作社法」及「信託法」，適度擴增業務經營項目，強化內部管理制度及外部金融檢查。

3. **制定金融機構合併及改制之法律依據**：研究制訂同類及不同類金融機構間相互合併及改制之法律，以及金融主管機關之審核準則。

健全金融市場

1. **強化貨幣市場**：訂定「票券交易法」，適度開放票券交易商之新設，強化銀行同業拆款中心之功能。

2. **發展資本市場**：修訂「證券交易法」，加強證管會、證交所及證券中介機構功能，擴大證券發行

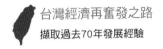
及交易市場規模,確保交易公正性。

3 **健全外匯市場**,並建立干預準則及逐步開放黃金市場。

促進金融自由化與國際化

1. **銀行存款利率逐步自由化**:各銀行自行彈性決定個別存放款利率,適時廢除「利率管理條例」。

2. **放寬外匯管制**:進出口(包括商品與勞務)外匯由審核制度改為申報制。

3. **促進銀行業務國際化**:基於互惠原則放寬外商銀行在台分行之業務,鼓勵國內績優之外匯指定銀行設立國外分行,加強國際金融業務管理。

維持金融秩序強化金融管理

1. **維持金融秩序**:增修訂「銀行法」等有關加強檢查與監督之法令,從速制訂「取締非法經營銀行業務辦法」,並督促金融業經營內容公開。

2. **強化金融管理**:建立整體性檢查稽核系統,明訂金融監督體制之權責劃分,改進金融檢查與行政處理流程。

產業方面

建立產業自由競爭之環境

1. **消除對原料取得與產品銷售之不合理干預：**

   (1) 大宗穀物進口辦法限期改為自由申報、自由採購。

   (2) 開放鋼鐵產品與石化原料自由進口。

2. **建立公民營企業公平競爭之環境：**

   (1) 除國防與自然獨占之公營事業外，准許民營業者自由投資。在油價結構合理化後，准許加油站由民間投資經營；並將菸酒公賣局改為公司組織營利事業。

   (2) 公共工程應以公開招標方式發包為原則。

3. 改進公司重整制度，從嚴審核，並訂定重整最長期間之限制。

4. 從速制訂「公平交易法」。

5. 在關稅未大幅降低至合理水準前，外銷沖退稅辦法不宜取消；對已取消沖退稅之產品，其實質負擔應不比實施沖退稅或按內外銷比例課稅時為重。

促進投資意願

1. 促使工業用地有效開發利用，放寬企業取得擴廠用毗鄰非工業用地之限制，並准許企業法人持有生產用之農牧用地。

2. 修訂「勞動基準法」及其施行細則有關退休制度、延長工時、女工夜間工作、休假等之規定，使勞工年資不因更換工作場所而中斷，並減少勞基法對企業調派勞工之過度干預。

改善企業經營體制

推動企業電腦化管理，企業購租電腦軟硬體適用投資抵減辦法，並給予租稅大赦。政府成立電腦化管理推動小組，限期執行。

貿易方面

積極推動貿易自由化

1. 有計畫逐步降低關稅；名目平均關稅至 2001 年降為 10% 以下為目標。

2. 進出口貨品管理採負面表列方式，除列舉項目

外，准許廠商自由進出口，毋須輸入出入許可證。

3. 大宗物資進口採購，自 1987 年 7 月 1 日起，改
為自由申報、自由採購。

強化貿易拓展能力

1. 積極扶植成立多功能之大型貿易商、建立海外行
銷據點及商情網。

2. 設立財團法人機構，負責貿易人才之培訓。

3. 放寬外匯管制，促進新台幣匯率合理化。

4. 改進外銷融資制度及輸出保險制度。

建立貿易秩序

1. 有效分散市場，以促進貿易成長。

2. 修訂「出進口廠商輔導管理辦法」有關規定，及
訂定「貿易商輔導準則」，以健全貿易廠商組織。

3. 採取有效措施，改善我國產品形象。

改進貿易行政

1. 改進通關手續，加強報關行之管理。

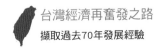

2. 改進出進口商品檢驗制度。

經濟行政方面

強化經濟行政組織與功能

1. **減少經濟管制，健全管理監督：**

    (1) 以除外規定方式大幅放寬僑外投資範圍，並簡化僑外投資手續，除政府規定之特定產業外，一律取消外銷比率、自製率、合資比率，及原料進口等限制。

    (2) 以「登記與管理分離」及「事後管理重於事前審查」原則，健全工、商登記與管理制度。

2. **合理調整經濟行政機關之組織及功能職掌：**

    (1) 財政部金融司改制為金融署，經濟部商業司改制為商業局，以強化金融及商業管理。

    (2) 調整商品檢驗局及中央標準局之功能，將國家標準及㊣字標記業務劃歸商品檢驗局；並將中央標準局正名為專利商標局，兼管工業智慧財產權之有關事宜。

    (3) 調整經濟部國貿局組織，擴大其編制，強化

其功能；並改組外貿協會，調整其工作方向，
加強經濟部對該會之督導。

3. 擴大公務人員晉用管道，健全升遷轉調辦法，並
加強培育訓練。

4. 建立合理之法治環境，制訂「採購法」、「貿易
法」、「工業發展條例」，並加強依法行政之觀念。

改進公營事業管理

1. 縮減公營事業經營範圍，除與國防或國計民生重
大攸關之事業外，均以民營為原則。由行政院設
置專案小組，檢討公營事業之合理範圍，擬訂公
營事業開放民營之具體辦法。

2. 促進公營事業採企業化方式經營，並強化其評鑑
制度。

健全工商團體組織功能

1. 加強經濟部對工商團體之輔導與監督責任。

2. 健全工商團體之組織人事，加強參與政府經濟事
務。

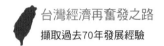

整飭經濟紀律

1. **建立經濟監督體系：**

   (1) 改善行政部門有關商業管理及監督之制度，維護交易之安全。

   (2) 健全工商會計制度、建立企業內部自我監督制度，保護投資股東。

   (3) 建立全國商業徵信系統，改善商業登記及公示制度。

2. **加強追訴經濟犯罪：**

   (1) 於台灣高等法院檢察處設立「偵查經濟犯罪中心」，加強經濟犯罪之追訴。

   (2) 加強防止經濟罪犯潛逃出境，由政府編列經費，對逃亡國外經濟罪犯進行調查及追訴，迫使逃亡國外經濟罪犯返國。

檢討與期望

經濟革新工作，經緯萬端，極為複雜，經革會在短短六個月期間所完成者，實屬有限。惟綜觀前述有關財

稅、金融、產業、貿易與經濟行政等各項興革建議，經革會全體工作人員半年來的辛勤努力，至少在以下四方面，已為我國未來經濟的進一步發展做出具體的貢獻。

增進對「自由化、國際化、制度化」的共識

政府於 1984 年 6 月間即已明確揭示「自由化、國際化、制度化」的基本經濟政策。惟無可諱言，一年多來此一政策的推動仍極為緩慢。不過，經革會在六個月的研討議事期間，始終秉持「自由化、國際化、制度化」的基本信念與方向，並以之作為研提各項興革建議的重要依據。經過半年來的持續公開討論，並透過大眾傳播媒體的不斷報導，無論是政府機構或社會大眾，對此一基本政策方向都有了更為明確的體認與共識。此種共識，對我國今後邁向現代化國家的努力，必將產生極大的助益。

促成多項久經爭議的變革獲致具體的突破

許多爭議已久的經濟問題，由於牽涉制度變革或看法互異，多年來始終未能有所突破。但是，這些問題經

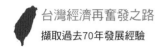

過本會反覆的研討，終於獲致較為一致的結論，並建議
政府採行。例如：屠宰稅的廢除；田賦改課地價稅；地
價稅與土地增值稅改採比例稅率課稅；「公營銀行管理
法」的訂定；黃金市場的開放；雜項外匯支出審核的大
幅放寬；大宗物資進口限期改採「自由申報、自由採
購」；「勞動基準法」若干條文的修改；部分經濟行政機
關組織與功能的調整；僑外投資範圍改採除外規定方
式；公營事業得自辦國外採購並採事後審計等。

明確指出未來興革重點方向

　　若干議案雖僅針對組織的調整、法令的修訂與增
訂、或政策的改變，提出原則性建議（例如：國營事業
經營範圍應予縮減；公共工程與公營事業採購應以公開
招標為原則；適時開放民營金融機構設立；調整公共支
出結構等），無法具有立竿見影之成效。惟如切實執行，
對我國經濟的長期發展，仍將有其深遠的影響。

樹立制訂公共政策的良好模式

　　本會結合政府官員、學者專家與工商企業三方面的

人士，濟濟一堂，對當前經濟發展所面臨的各種問題做充分的溝通與公開的討論。半年以來確已為政府制定公共政策樹立了一個良好的模式，亦累積了許多寶貴的經驗，可供未來擬訂重大政策之參考。

經革會經過六個月的努力，相信已為現階段的經濟革新工作奠定良好的基礎。但經革會深感經濟革新乃一歷史性的艱巨任務，絕非於短短六個月期間可以完成，亦絕非單單依靠政府力量可竟其全功；而必須依賴工商企業與社會大眾的團結共識，鍥而不捨地長期努力，始有成功的一日。因此，本會對政府當局、工商企業與社會大眾均有深切的期盼。在政府方面，深盼：

1. 對本會通過的各項議案，切實貫徹執行，並定期提出檢討報告。

2. 對本會未獲通過之若干議案，繼續檢討改進。

3. 將經濟革新工作列為長期施政重點，尤其是政府組織、經濟法規與文官制度等三方面，更是奠定經濟發展百年大計的根本要件，必待這三方面均予強化健全後，經濟現代化才能真正落實。

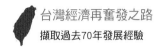

　　在工商企業方面，鑑於民間企業實為我國經濟發展的主導力量，因此深盼工商業者於面對瞬息萬變的動態經濟社會中，充分發揮敏於研究創新、精於經營管理、敢於承擔風險及守法守紀的企業家精神，共同來強化企業體質及提升企業水準，並善盡企業家應有的社會責任。

　　在社會大眾方面，經革會深感在當前經濟快速變化的過程中，絕大多數經濟問題的產生，均與國民的心態、觀念、行為及社會風氣等社會文化因素之落後有關，國民的一般水準不斷提高，更是一國經濟不斷進步的基本條件。換言之，沒有現代化的國民，絕對無法造就一個現代化的國家。因此，經革會亦深切期望全體國民均能同心協力，團結一致，在目前已有的基礎上共同為邁向經濟現代化國家的長期目標而努力。

台灣經濟發展大事年表

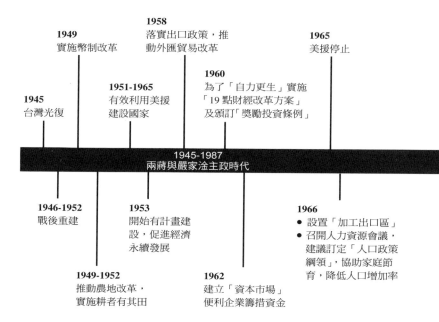

1945
台灣光復

1949
實施幣制改革

1958
落實出口政策，推動外匯貿易改革

1951-1965
有效利用美援建設國家

1960
為了「自力更生」實施「19點財經改革方案」及頒訂「獎勵投資條例」

1965
美援停止

1945-1987
兩蔣與嚴家淦主政時代

1946-1952
戰後重建

1953
開始有計畫建設，促進經濟永續發展

1949-1952
推動農地改革，實施耕者有其田

1962
建立「資本市場」便利企業籌措資金

1966
- 設置「加工出口區」
- 召開人力資源會議，建議訂定「人口政策綱領」，協助家庭節育，降低人口增加率

343

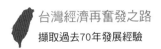
台灣經濟再奮發之路
擷取過去70年發展經驗

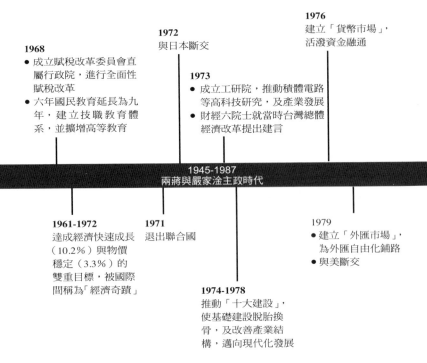

1976
建立「貨幣市場」,
活潑資金融通

1972
與日本斷交

1968
- 成立賦稅改革委員會直
  屬行政院,進行全面性
  賦稅改革
- 六年國民教育延長為九
  年,建立技職教育體
  系,並擴增高等教育

1973
- 成立工研院,推動積體電路
  等高科技研究,及產業發展
- 財經六院士就當時台灣總體
  經濟改革提出建言

1945-1987
兩蔣與嚴家淦主政時代

1961-1972
達成經濟快速成長
(10.2%)與物價
穩定(3.3%)的
雙重目標,被國際
間稱為「經濟奇蹟」

1971
退出聯合國

1979
- 建立「外匯市場」,
  為外匯自由化鋪路
- 與美斷交

1974-1978
推動「十大建設」,
使基礎建設脫胎換
骨,及改善產業結
構,邁向現代化發展

台灣經濟發展大事年表

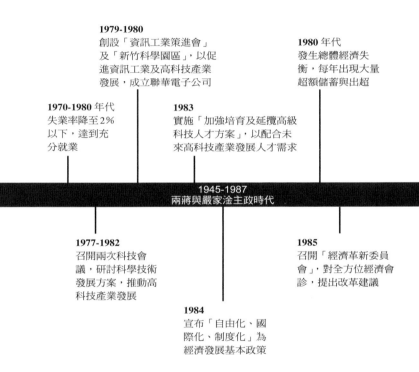

1979-1980
創設「資訊工業策進會」
及「新竹科學園區」，以促
進資訊工業及高科技產業
發展，成立聯華電子公司

1980 年代
發生總體經濟失
衡，每年出現大量
超額儲蓄與出超

1970-1980 年代
失業率降至 2%
以下，達到充
分就業

1983
實施「加強培育及延攬高級
科技人才方案」，以配合未
來高科技產業發展人才需求

1945-1987
兩蔣與嚴家淦主政時代

1977-1982
召開兩次科技會
議，研討科學技術
發展方案，推動高
科技產業發展

1985
召開「經濟革新委員
會」，對全方位經濟會
診，提出改革建議

1984
宣布「自由化、國
際化、制度化」為
經濟發展基本政策

345

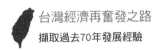

台灣經濟再奮發之路
擷取過去70年發展經驗

1987
● 解除外匯管制，經濟自由
　化的落實工作加速進行
● 成立台積電公司（TSMC）
　帶動一連串資訊工業發展

1988
邁入中高所得國
家之林

1987-1990
股市狂飆，股價指數自
1986 年底的 1012 點，到
1990 年 2 月飆至 1 萬 2495
點，3 年 5 個月暴漲 11.3 倍

1986
實施「加值型
營業稅」

1945-1987
兩蔣與嚴家淦主政時代

1988-1999
李登輝主政時代

1985-1987
成為世界第 11 位
出口大國，並為
「亞洲四小龍之首」

1989-1990
揭穿股市泡沫，1989 年 3 月
政府實施經濟穩定方案，降低
出超與強烈緊縮措施，股市自
1990 年 2 月 10 日的 1 萬 2495
點，至同年 10 月 31 日降至
2912 點，驟降近 1 萬點。1991
年開始經濟恢復正常運作

1985-1989
新台幣大幅升值，
自 1985 年的 1：39.85
到 1989 年一度升到
1：25，台灣錢淹腳目

1996
宣布「戒急用忍」，嚴格限制兩
岸經貿發展，使「亞太營運中
心計畫」胎死腹中，兩岸關係
陷入緊張，種下經濟下滑禍根

1992
台灣 1976 年人均所得落
後美國 34 年，1992 年大
幅縮小，只落後 14 年

2000
陳水扁當選總統不久，宣布「停建核四」
震驚海內外，後雖復建，但傷害已造成，
次年淨投資驟降近 40％，使經濟成長率淪
為 50 年來第一次負成長（-1.26％）

1988-1999 李登輝主政時代	2000-2007 陳水扁主政時代

1995
- 推動「建設台灣
  成為亞太營運中
  心計畫」
- 實施「全民健康
  保險」

2001
為挽救經濟召開經發
會，經討論為改善兩岸
關係建議「積極開放、
有效管理」，陳水扁改
為「積極管理、有效開
放」，採取鎖國政策

1998
發生亞洲金融危機，
衝擊亞洲各國經濟

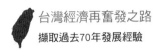

2008-15
馬英九當選總統，以「和
中、友日、親美」及「不
統、不獨、不武」為對外
最高指導原則

2000-2007
朝小野大，若干政策在立
法院無法通過，陳水扁坦
承「正名制憲做不到就是
做不到」名言

2009
發放消費券，每人 3600
元，以挽救經濟

2000-2007	2008-2015
陳水扁主政時代	馬英九主政時代

2004-2007
陳水扁第二任藉第
二次金融改革貪
汙，無暇顧及國政

2008
爆發世界金融危
機，全球經濟衰退

2007
台灣淪為「亞洲
四小龍」之末

2009-15
對中共「外交休兵」，
參與國際組織，如世界
衛生大會（WHA）、國
際民航組織（ICAO）
大會，及聯合國氣候變
化綱要公約（UNFCCC）
巴黎峰會等

台灣經濟發展大事年表

2015.11.7
「馬習會」在新加坡舉行，兩岸
「領導人」平起平坐，坐下來面對
面實質對話

2008-15
兩岸經貿往來，以「開放與
鬆綁」為施政主軸。兩岸
三通直航，並與對岸簽訂
ECFA 等 23 項協議

2008-2015
馬英九主政時代

2013
與紐西蘭及新
加坡簽署貿易
協定

2014
● 核四興建遭到在野黨杯
 葛，暫時封存
● 爆發太陽花運動，學生占領
 立法院，在立法院長與在
 野黨立委的維護下，拒絕
 警察進入處理，逾 20 天未
 能處理，政府威信盡失，
 故在 2014 年的「九合一」
 選舉及 2016 的大選，國民
 黨雙雙慘敗

2015
● 免入境簽證或落地簽證，自李
 登輝、陳水扁時代的 54 個，
 到馬英九時代增加到 164 個，
 較李陳時代增加兩倍以上
● 馬英九雖完全執政，但許多法
 案及協議送到立法院後遭到在
 野立委杯葛，交由立法院長王
 金平主持的密室協商，被擱置
 無法推動

2016-2019

- 蔡英文完全執政，不承認「九二共識」，模糊國家認同，利用立法院多數暴力，罔顧「信賴保護原則」強行推動若干改革，不斷撕裂社會，且有違憲違法之虞，使經濟缺乏動力，不斷下滑
- 「去中國化」為施政主軸，操縱民粹，成立多個東廠機構，淪為政治打手，把「公投」關入鐵籠，以「國家安全」為由修改「國家五法」，現又訂定「中共代理人法」，以政治操作限制言論自由，完全開民主倒車，使投資環境更為惡化

2019.07
爆發負責總統維安的總統府侍衛室特勤官員，利用總統出訪的專機及通道走私香菸（總統府自認是超購，不是走私，可是超購部分就是走私），甚至總統府侍衛室還派五輛專車運送私菸，驚爆全台

2018-2019
中美爆發「貿易戰」與「科技戰」導致全球經濟下滑

**2016-2019
蔡英文主政時代**

2018

- 社會湧現「討厭民進黨」，導致「九合一」選舉民進黨慘敗
- 台灣每人 GDP 2 萬 5026 美元，美國 1992 年就 2 萬 5336 美元，台灣落後美國年數擴大到 26 年

2019
「九合一」民進黨敗選的縣市長，幾完全奉召到中央升官，組成「敗選團隊」，完全藐視人民的選擇，影響新當選的國民黨主政縣市的發展

2019.07
工業總會公布《建言白皮書》，指出三年多前該會即向政府提出「五缺六失」的困境，迄今未見改善，顯見蔡政府未重視經濟，導致經濟一蹶不振

台灣經濟歷年數據

表 1-1　重要經濟指標

年別	總人口		就業人數		失業率	經濟成長率	國內生產毛額 GDP		每人 GDP	
	（百萬人）	年增率（%）	（百萬人）	年增率（%）	（%）	（%）	（新台幣億元）	（億美元）	（新台幣元）	（美元）
1951	7.9	—	—	—	—		123	-	1,589	-
1952	8.0	3.72	2.93	—	4.37	12.00	173	-	2,147	-
1953	8.3	3.56	2.96	1.19	4.20	9.49	230	-	2,764	-
1954	8.6	3.75	3.03	2.09	4.00	9.64	253	-	2,928	-
1955	9.1	3.72	3.11	2.71	3.81	7.72	302	-	3,364	-
1956	9.3	3.60	3.15	1.32	3.64	6.17	347	-	3,732	-
1957	9.6	3.32	3.23	2.54	3.73	7.81	405	-	4,225	-
1958	9.9	3.36	3.35	3.44	3.20	7.68	455	-	4,586	-
1959	10.3	3.71	3.42	2.46	3.88	8.81	525	-	5,105	-
1960	10.8	3.69	3.47	1.49	3.98	7.20	634	17	5,943	163
1961	11.0	3.40	3.51	0.92	4.10	7.05	711	18	6,448	161
1962	11.4	3.28	3.54	1.03	4.17	8.93	784	20	6,883	172
1963	11.8	3.24	3.59	1.44	4.26	10.74	887	22	7,545	189
1964	12.1	3.19	3.66	1.84	4.34	12.63	1,037	26	8,542	214
1965	12.6	3.09	3.76	2.87	3.29	11.89	1,148	29	9,173	229
1966	12.9	2.90	3.86	2.47	3.02	9.63	1,283	32	9,964	249
1967	13.2	2.61	4.05	5.03	2.29	11.15	1,484	37	11,231	281
1968	13.5	2.56	4.23	4.32	1.72	9.71	1,730	43	12,771	319
1969	14.1	3.84	4.39	3.91	1.88	9.59	2,007	50	14,266	357
1970	14.7	3.65	4.58	4.24	1.70	11.51	2,314	58	15,870	397
1971	14.9	2.27	4.74	3.54	1.66	13.43	2,691	67	18,045	451
1972	15.2	2.06	4.95	4.43	1.49	13.87	3,225	81	21,191	530
1973	15.5	1.87	5.33	7.62	1.26	12.83	4,185	109	26,991	706
1974	15.8	1.80	5.49	2.98	1.53	2.67	5,601	147	35,485	934
1975	16.2	1.84	5.52	0.64	2.40	6.19	6,018	158	37,438	985

年別	總人口		就業人數		失業率	經濟成長率	國內生產毛額 GDP		每人 GDP	
	（百萬人）	年增率（%）	（百萬人）	年增率（%）	（%）	（%）	（新台幣億元）	（億美元）	（新台幣元）	（美元）
1976	16.4	1.24	5.67	2.68	1.78	14.28	7,216	190	43,995	1,158
1977	16.7	2.01	5.98	5.49	1.76	11.41	8,457	223	50,545	1,330
1978	17.0	1.86	6.2	4.15	1.67	13.56	10,115	274	59,352	1,606
1979	17.4	1.94	6.4	3.21	1.27	8.83	12,196	339	70,202	1,950
1980	17.9	1.91	6.5	1.80	1.23	8.04	15,226	423	86,002	2,389
1981	18.0	1.84	6.7	1.90	1.36	7.11	18,050	491	100,113	2,721
1982	18.4	1.80	6.8	2.08	2.14	4.80	19,384	496	105,607	2,700
1983	18.7	1.63	7.1	3.80	2.71	9.04	21,700	542	116,335	2,904
1984	18.9	1.48	7.3	3.37	2.45	10.05	24,189	611	127,781	3,225
1985	19.3	1.38	7.4	1.65	2.91	4.81	25,360	636	132,142	3,315
1986	19.4	1.15	7.7	4.10	2.66	11.52	29,669	784	152,843	4,038
1987	19.6	1.06	8.0	3.74	1.97	12.70	33,450	1,050	170,513	5,350
1988	19.8	1.14	8.1	1.06	1.69	8.02	36,153	1,264	182,226	6,369
1989	20.1	1.09	8.3	1.86	1.57	8.75	40,331	1,527	201,096	7,614
1990	20.4	1.11	8.3	0.30	1.67	5.65	44,803	1,666	220,933	8,216
1991	20.5	1.11	8.4	1.88	1.51	8.36	50,238	1,873	245,019	9,136
1992	20.7	0.98	8.6	2.29	1.51	8.29	56,147	2,232	271,185	10,778
1993	20.9	0.94	8.7	1.31	1.45	6.80	62,053	2,351	296,920	11,251
1994	21.1	0.90	8.9	2.21	1.56	7.49	67,844	2,564	321,741	12,160
1995	21.4	0.86	9.0	1.19	1.79	6.50	73,967	2,792	347,789	13,129
1996	21.4	0.82	9.1	0.26	2.60	6.18	80,366	2,927	374,816	13,650
1997	21.6	0.90	9.2	1.19	2.72	6.11	87,172	3,037	402,939	14,040
1998	21.8	0.93	9.3	1.24	2.69	4.21	93,811	2,804	429,624	12,840
1999	22.0	0.80	9.4	1.03	2.92	6.72	98,156	3,042	445,951	13,819
2000	22.3	0.79	9.5	1.14	2.99	6.42	103,513	3,315	466,598	14,941

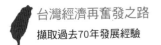
年別	總人口		就業人數		失業率	經濟成長率	國內生產毛額 GDP		每人 GDP	
	（百萬人）	年增率（%）	（百萬人）	年增率（%）	（%）	（%）	（新台幣億元）	（億美元）	（新台幣元）	（美元）
2001	22.4	0.71	9.4	-1.15	4.57	-1.26	101,582	3,005	454,687	13,448
2002	22.5	0.28	9.5	0.76	5.17	5.57	106,809	3,089	475,484	13,750
2003	22.6	0.44	9.6	1.26	4.99	4.12	109,659	3,186	486,018	14,120
2004	22.7	0.37	9.8	2.22	4.44	6.51	116,496	3,485	514,405	15,388
2005	22.8	0.37	9.9	1.60	4.13	5.42	120,923	3,758	532,001	16,532
2006	22.9	0.41	10.1	1.70	3.91	5.62	126,408	3,886	553,851	17,026
2007	23.0	0.41	10.3	1.81	3.91	6.52	134,071	4,083	585,016	17,814
2008	23.0	0.35	10.4	1.06	4.14	0.70	131,510	4,170	571,838	18,131
2009	23.1	0.35	10.3	-1.20	5.85	-1.57	129,617	3,921	561,636	16,988
2010	23.2	0.27	10.5	2.09	5.21	10.63	141,192	4,461	610,140	19,278
2011	23.2	0.23	10.7	2.06	4.39	3.80	143,122	4,857	617,078	20,939
2012	23.3	0.33	10.9	1.41	4.24	2.06	146,869	4,958	631,142	21,308
2013	23.4	0.32	11.0	0.99	4.18	2.20	152,307	5,116	652,429	21,916
2014	23.4	0.25	11.1	1.02	3.96	4.02	161,119	5,305	688,434	22,668
2015	23.5	0.25	11.2	1.08	3.78	0.81	167,707	5,256	714,774	22,400
2016	23.5	0.23	11.3	0.62	3.92	1.51	171,763	5,313	730,411	22,592
2017	23.6	0.17	11.4	0.75	3.76	3.08	175,012	5,749	742,976	24,408
2018	23.6	0.10	11.4	0.73	3.71	2.63	177,931	5,900	754,711	25,026

注1：總人口數為年中人口數。
注2：匯率在 1951-59 年因官價與黑市相距過大。
資料來源：行政院主計總處、內政部戶政司、中央銀行、行政院經建會 *Taiwan Statistical Data Book*, 1986。

表 1-2　重要經濟指標 (續)

年別	平均每戶可支配所得及所得分配指標				匯率 美元=1	外匯存底 (億美元)	貨幣供給額增加率		利率		物價上漲率	
	最高所得組所得（元）	最低所得組所得（元）	高低差距倍數（倍）	吉尼係數			M1A (%)	M1B (%)	貼現率 (%)	市場利率 ※ (%)	CPI	GDP 平減指數
1951												
1952					-	-	-	-	-	-	-	25.03
1953					-	-	-	-	-	-	-	21.81
1954					-	-	-	-	-	-	-	0.23
1955					-	-	-	-	-	-	-	10.60
1956					-	-	-	-	-	-	-	8.32
1957					-	-	-	-	-	-	-	8.46
1958					-	-	-	-	-	-	-	4.17
1959					-	-	-	-	-	-	-	6.11
1960					40.000	-	-	-	-	-	18.50	12.60
1961					40.000	0.93	-	-	14.400	16.20	7.88	4.83
1962					40.000	0.71	5.03	5.03	12.960	15.84	2.34	1.19
1963					40.000	1.77	28.06	28.06	11.520	14.04	2.15	2.21
1964	58,712	11,022	5.33	0.321	40.000	2.42	35.00	35.00	11.520	14.04	-0.14	3.71
1965					40.000	2.45	15.59	15.59	11.520	14.04	-0.07	-1.06
1966	66,337	12,643	5.25	0.323	40.000	2.75	12.30	12.30	11.520	14.04	1.97	1.98
1967					40.000	3.35	30.08	30.08	10.800	13.32	3.40	4.05
1968	79,666	15,097	5.28	0.326	40.000	3.00	9.57	11.48	11.880	13.32	7.87	6.28
1969					40.000	3.95	11.09	15.64	10.800	13.32	5.08	5.87
1970	86,058	18,773	4.58	0.294	40.000	4.82	11.30	14.97	9.800	12.60	3.58	3.38
1971					40.000	4.39	24.85	30.63	9.250	11.25	2.80	2.54
1972	111,023	24,729	4.49	0.291	40.000	6.51	37.85	34.06	8.500	11.25	2.99	5.23
1973					38.000	10.26	49.35	50.42	10.750	13.25	8.20	15.01
1974	179,295	41,048	4.37	0.287	38.000	10.55	6.96	10.42	12.000	14.75	47.41	30.37
1975					38.000	10.74	26.93	28.77	10.750	13.13	5.24	1.18
1976	216,666	51,754	4.18	0.280	38.000	15.16	23.06	25.06	9.500	11.88	2.50	4.91
1977	246,465	58,596	4.21	0.284	38.000	13.45	29.07	33.56	8.250	10.63	7.02	5.19
1978	289,447	69,221	4.18	0.287	36.986	14.06	34.12	37.01	8.250	10.63	5.80	5.34
1979	353,510	81,390	4.34	0.285	36.020	13.92	6.94	7.69	11.000	14.25	9.74	10.78
1980	428,911	102,772	4.17	0.278	36.000	22.05	19.88	22.68	11.000	14.50	19.00	15.56
1981	493,382	117,224	4.21	0.281	36.840	72.35	8.93	13.71	11.750	13.50	16.35	10.68
1982	512,814	119,603	4.29	0.283	39.110	85.32	5.89	14.61	7.750	9.50	2.94	2.47
1983	555,450	127,440	4.36	0.287	40.060	118.59	14.68	18.42	7.250	9.00	1.36	2.66
1984	586,988	133,434	4.40	0.287	39.600	156.64	5.73	9.25	6.750	8.50	-0.02	1.30
1985	603,196	134,105	4.50	0.291	39.850	225.56	7.88	12.20	5.250	7.50	-0.17	0.02

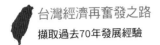

年別	平均每戶可支配所得及所得分配指標				匯率 美元=1	外匯存底（億美元）	貨幣供給額增加率		利率		物價上漲率	
	最高所得組所得（元）	最低所得組所得（元）	高低差距倍數（倍）	吉尼係數			M1A(%)	M1B(%)	貼現率(%)	市場利率※(%)	CPI	GDP平減指數
1986	651,995	141,750	4.60	0.296	37.820	463.10	46.11	51.41	4.500	6.75	0.69	4.91
1987	697,051	148,553	4.69	0.299	31.770	767.48	32.18	37.74	4.500	6.75	0.52	0.05
1988	785,101	161,874	4.85	0.303	28.590	738.97	23.52	24.44	4.500	7.00	1.30	0.06
1989	883,807	179,029	4.94	0.303	26.400	732.24	17.93	6.05	7.750	10.38	4.41	2.57
1990	1,003,925	193,685	5.18	0.312	26.890	724.41	-9.53	-6.65	7.750	10.00	4.12	5.15
1991	1,133,327	227,816	4.97	0.308	26.809	824.05	6.59	12.09	6.250	8.65	3.62	3.49
1992	1,236,407	235,752	5.24	0.312	25.163	823.06	8.25	12.39	5.625	8.30	4.47	3.19
1993	1,407,138	259,380	5.43	0.315	26.382	835.74	12.98	15.31	5.500	8.03	2.94	3.49
1994	1,507,414	280,259	5.38	0.318	26.455	924.55	7.95	12.23	5.500	7.94	4.10	1.71
1995	1,581,581	296,166	5.34	0.317	26.476	903.10	-4.50	0.76	5.500	7.67	3.66	2.36
1996	1,607,034	298,443	5.38	0.317	27.458	880.38	3.86	8.31	5.000	7.38	3.08	2.33
1997	1,689,517	312,458	5.41	0.320	28.662	835.02	4.74	8.44	5.250	7.50	0.91	2.23
1998	1,714,097	310,865	5.51	0.324	33.445	903.41	1.67	3.76	4.750	7.70	1.68	3.26
1999	1,744,245	317,001	5.50	0.325	32.266	1,062.00	13.22	16.92	4.500	7.67	0.18	-1.95
2000	1,748,633	315,172	5.55	0.326	31.225	1,067.42	-3.39	-0.34	4.625	7.71	1.26	-0.90
2001	1,785,550	279,404	6.39	0.350	33.800	1,222.11	0.84	11.88	2.125	7.38	-0.01	-0.61
2002	1,799,733	292,113	6.16	0.345	34.575	1,616.56	8.96	9.27	1.625	7.10	-0.20	-0.41
2003	1,799,992	296,297	6.07	0.343	34.418	2,066.32	20.77	19.32	1.375	3.43	-0.28	-1.40
2004	1,791,796	297,305	6.03	0.338	33.422	2,417.38	10.03	12.44	1.750	3.52	1.61	-0.25
2005	1,796,884	297,694	6.04	0.340	32.167	2,532.90	7.39	6.83	2.250	3.85	2.31	-1.53
2006	1,827,387	304,274	6.01	0.339	32.531	2,661.48	2.91	4.47	2.750	4.12	0.60	-1.03
2007	1,866,791	312,145	5.98	0.340	32.842	2,703.11	2.82	-0.03	3.375	4.31	1.80	-0.43
2008	1,834,994	303,517	6.05	0.341	31.517	2,917.07	2.08	-0.81	2.000	4.21	3.52	-2.60
2009	1,790,418	282,260	6.34	0.345	33.049	3,481.98	21.79	28.92	1.250	2.56	-0.87	0.13
2010	1,787,312	288,553	6.19	0.342	31.642	3,820.05	9.16	9.00	1.625	2.68	0.97	-1.54
2011	1,827,354	296,352	6.17	0.342	29.464	3,855.47	5.73	3.26	1.875	2.88	1.42	-2.34
2012	1,846,116	301,362	6.13	0.338	29.614	4,031.69	4.69	4.97	1.875	2.88	1.93	0.54
2013	1,882,680	309,459	6.08	0.336	29.770	4,168.11	10.91	8.47	1.875	2.88	0.79	1.47
2014	1,919,937	317,144	6.05	0.336	30.368	4,189.80	5.90	6.23	1.875	2.88	1.20	1.70
2015	1,939,718	320,312	6.06	0.338	31.898	4,260.31	8.82	6.87	1.625	2.83	-0.30	3.26
2016	2,004,165	329,400	6.08	0.336	32.318	4,342.04	4.64	5.78	1.375	2.63	1.39	0.89
2017	2,052,850	338,278	6.07	0.337	30.439	4,515.00	2.88	3.48	1.375	2.63	0.62	-1.15
2018	2,099,030	344,948	6.09	0.338	30.156	4,617.84	6.20	5.82	1.375	2.63	1.35	-0.95

※ 銀行業牌告利率期底，基準放款，97年10月以前為台灣銀行、合作金庫銀行、第一商業銀行、華南商業銀行及彰化商業銀行之平均利率；97年11月以後彰化商業銀行改為台灣土地銀行。

表 2　經濟成長率（平均年成長率）

單位 %

終止年	起始年											
	1951	1954	1959	1964	1969	1974	1979	1984	1989	1990	1991	1992
1952	12.0											
1955	9.7	7.7										
1960	8.5	7.6	7.2									
1965	9.1	8.8	9.7	11.9								
1970	9.4	9.2	10.0	10.6	11.5							
1975	9.5	9.4	9.9	10.2	10.0	6.2						
1980	9.8	9.7	10.2	10.5	10.5	10.3	8.0					
1985	9.4	9.3	9.6	9.7	9.5	8.9	7.3	4.8				
1990	9.4	9.3	9.6	9.6	9.4	9.0	8.2	8.5	5.6			
1991	9.3	9.3	9.5	9.6	9.4	9.0	8.2	8.5	7.0	8.4		
1992	9.3	9.2	9.5	9.5	9.3	8.9	8.2	8.5	7.4	8.3	8.3	
1993	9.3	9.2	9.4	9.4	9.2	8.8	8.1	8.3	7.3	7.8	7.5	6.8
1994	9.2	9.1	9.3	9.4	9.2	8.8	8.1	8.2	7.3	7.7	7.5	7.1
1995	9.2	9.1	9.3	9.3	9.1	8.6	8.0	8.1	7.2	7.5	7.3	6.9
1996	9.1	9.0	9.2	9.2	8.9	8.5	7.9	7.9	7.0	7.3	7.1	6.7
1997	9.0	8.9	9.1	9.1	8.8	8.4	7.8	7.8	6.9	7.1	6.9	6.6
1998	8.9	8.8	9.0	8.9	8.7	8.2	7.6	7.5	6.6	6.7	6.5	6.2
1999	8.9	8.8	8.9	8.9	8.6	8.2	7.5	7.5	6.6	6.7	6.5	6.3
2000	8.8	8.7	8.9	8.8	8.5	8.1	7.5	7.4	6.6	6.7	6.5	6.3
2001	8.6	8.5	8.6	8.5	8.2	7.8	7.1	6.9	5.9	6.0	5.7	5.4
2002	8.6	8.4	8.5	8.4	8.1	7.7	7.0	6.9	5.9	5.9	5.7	5.4
2003	8.5	8.3	8.4	8.3	8.0	7.5	6.9	6.6	5.8	5.8	5.6	5.3
2004	8.4	8.3	8.4	8.3	8.0	7.5	6.9	6.6	5.8	5.8	5.6	5.4
2005	8.4	8.3	8.3	8.2	7.9	7.4	6.8	6.6	5.8	5.8	5.6	5.4
2006	8.3	8.2	8.3	8.1	7.8	7.4	6.8	6.5	5.8	5.8	5.6	5.4
2007	8.3	8.2	8.2	8.1	7.8	7.4	6.8	6.5	5.8	5.8	5.7	5.5
2008	8.1	8.0	8.1	7.9	7.6	7.2	6.5	6.3	5.5	5.5	5.4	5.2
2009	8.0	7.8	7.9	7.7	7.4	6.9	6.3	6.0	5.2	5.2	5.0	4.8
2010	8.0	7.9	7.9	7.8	7.5	7.0	6.4	6.1	5.4	5.4	5.3	5.1
2011	7.9	7.8	7.8	7.7	7.4	6.9	6.3	6.0	5.4	5.3	5.2	5.0
2012	7.8	7.7	7.7	7.6	7.2	6.8	6.2	5.9	5.2	5.2	5.0	4.9
2013	7.8	7.6	7.6	7.5	7.1	6.7	6.1	5.8	5.1	5.1	4.9	4.8
2014	7.7	7.6	7.6	7.4	7.1	6.6	6.0	5.7	5.0	5.0	4.9	4.7
2015	7.6	7.4	7.4	7.3	6.9	6.5	5.9	5.6	4.9	4.8	4.7	4.6
2016	7.5	7.3	7.3	7.1	6.8	6.3	5.7	5.4	4.8	4.7	4.6	4.4
2017	7.4	7.3	7.2	7.1	6.7	6.3	5.7	5.4	4.7	4.7	4.5	4.4
2018	7.3	7.2	7.2	7.0	6.6	6.2	5.6	5.3	4.6	4.6	4.4	4.3

資料來源：行政院主計總處綜合統計處。

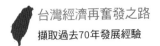
表 2　經濟成長率（平均年成長率）（續）

單位 %

終止年	起始年											
	1993	1994	1995	1996	1997	1998	1999	2000	2001	2002	2003	2004
1994	7.5											
1995	7.0	6.5										
1996	6.7	6.3	6.2									
1997	6.6	6.3	6.1	6.1								
1998	6.1	5.7	5.5	5.2	4.2							
1999	6.2	5.9	5.8	5.7	5.5	6.7						
2000	6.2	6.0	5.9	5.9	5.8	6.6	6.4					
2001	5.3	4.9	4.7	4.4	4.0	3.9	2.5	-1.3				
2002	5.3	5.0	4.8	4.6	4.3	4.3	3.5	2.1	5.6			
2003	5.2	4.9	4.7	4.5	4.3	4.3	3.7	2.8	4.8	4.1		
2004	5.3	5.1	4.9	4.8	4.6	4.6	4.2	3.7	5.4	5.3	6.5	
2005	5.3	5.1	5.0	4.8	4.7	4.8	4.4	4.0	5.4	5.3	6.0	5.4
2006	5.3	5.2	5.0	4.9	4.8	4.9	4.6	4.3	5.6	5.4	6.0	5.5
2007	5.4	5.3	5.2	5.1	5.0	5.0	4.8	4.6	5.6	5.6	6.0	5.9
2008	5.1	4.9	4.8	4.7	4.6	4.6	4.4	4.1	4.9	4.8	4.9	4.5
2009	4.7	4.5	4.3	4.2	4.0	4.0	3.8	3.5	4.1	3.9	3.8	3.3
2010	5.0	4.9	4.7	4.6	4.5	4.6	4.4	4.2	4.8	4.7	4.8	4.5
2011	4.9	4.8	4.7	4.6	4.5	4.5	4.3	4.1	4.7	4.6	4.6	4.4
2012	4.8	4.6	4.5	4.4	4.3	4.3	4.1	4.0	4.4	4.3	4.4	4.1
2013	4.7	4.5	4.4	4.3	4.2	4.2	4.0	3.8	4.2	4.1	4.1	3.9
2014	4.6	4.5	4.4	4.3	4.2	4.2	4.0	3.8	4.2	4.1	4.1	3.9
2015	4.4	4.3	4.2	4.1	4.0	4.0	3.8	3.6	4.0	3.9	3.8	3.6
2016	4.3	4.2	4.1	4.0	3.9	3.8	3.7	3.5	3.8	3.7	3.7	3.4
2017	4.3	4.1	4.0	3.9	3.8	3.8	3.6	3.5	3.8	3.7	3.6	3.4
2018	4.2	4.1	4.0	3.9	3.8	3.7	3.6	3.4	3.7	3.6	3.6	3.3

表 2　經濟成長率（平均年成長率）（續）

單位 %

終止年	起始年												
	2005	2006	2007	2008	2009	2010	2011	2012	2013	2014	2015	2016	2017
2006	5.6												
2007	6.1	6.5											
2008	4.2	3.6	0.7										
2009	2.8	1.8	-0.4	-1.6									
2010	4.3	4.0	3.1	4.4	10.6								
2011	4.2	3.9	3.3	4.2	7.2	3.8							
2012	3.9	3.6	3.0	3.6	5.4	2.9	2.1						
2013	3.7	3.4	2.9	3.4	4.6	2.7	2.1	2.2					
2014	3.7	3.5	3.1	3.5	4.5	3.0	2.8	3.1	4.0				
2015	3.4	3.2	2.8	3.1	3.9	2.6	2.3	2.3	2.4	0.8			
2016	3.3	3.0	2.6	2.9	3.5	2.4	2.1	2.1	2.1	1.2	1.5		
2017	3.2	3.0	2.7	2.9	3.5	2.5	2.3	2.3	2.3	1.8	2.3	3.1	
2018	3.2	3.0	2.7	2.9	3.4	2.5	2.3	2.4	2.4	2.0	2.4	2.9	2.6

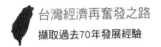

表 3-1 國內生產毛額依支出分－全額（當期價格）

單位：新台幣 10 億元

	國內生產毛額	國內需求					國外需求		
		小計	民間消費	政府消費	固定資本形成	存貨變動	差額	輸出	輸入
1951	12	13	9	2	1	0	-1	1	2
1955	30	31	22	6	4	1	-1	2	4
1960	63	68	43	12	11	2	-5	7	12
1965	115	118	72	19	20	6	-3	22	25
1970	231	232	129	41	52	9	0	69	69
1975	602	621	341	93	192	-4	-19	234	253
1980	1,523	1,540	777	243	472	47	-18	783	801
1985	2,536	2,209	1,259	420	530	-1	327	1,345	1,018
1990	4,480	4,294	2,341	810	1,111	31	187	2,020	1,833
1995	7,397	7,295	3,969	1,253	2,028	45	102	3,413	3,311
2000	10,351	10,145	5,706	1,624	2,723	93	206	5,373	5,167
2001	10,158	9,629	5,757	1,697	2,239	-63	529	4,943	4,413
2002	10,681	9,946	5,954	1,750	2,286	-44	735	5,427	4,692
2003	10,966	10,230	6,100	1,752	2,366	12	736	5,924	5,189
2004	11,650	11,248	6,491	1,803	2,854	101	402	6,982	6,581
2005	12,092	11,588	6,784	1,846	2,924	34	505	7,330	6,825
2006	12,641	11,913	6,948	1,854	3,063	48	728	8,316	7,588
2007	13,407	12,341	7,198	1,922	3,205	16	1,066	9,349	8,284
2008	13,151	12,468	7,260	1,991	3,045	172	683	9,231	8,548
2009	12,962	11,811	7,176	2,056	2,762	-181	1,150	7,827	6,677
2010	14,119	13,121	7,498	2,099	3,336	189	998	10,014	9,015
2011	14,312	13,349	7,799	2,168	3,347	36	963	10,420	9,457
2012	14,687	13,594	8,035	2,254	3,282	22	1,093	10,345	9,252
2013	15,231	13,851	8,248	2,243	3,379	-19	1,380	10,580	9,200
2014	16,112	14,453	8,589	2,343	3,494	27	1,659	11,254	9,595
2015	16,771	14,615	8,756	2,346	3,493	20	2,156	10,776	8,620
2016	17,176	15,060	9,034	2,463	3,589	-27	2,117	10,771	8,654
2017	17,501	15,270	9,265	2,462	3,584	-41	2,231	11,357	9,125
2018	17,793	15,924	9,544	2,586	3,744	50	1,869	11,883	10,014

資料來源：行政院主計總處綜合統計處。

表 3-2　國內生產毛額依支出分－分配比（當期價格）

單位：%

| | 國內生
產毛額 | 國內需求 | | | | | 國外需求 | | |
		小計	民間 消費	政府 消費	固定資本 形成	存貨 變動	差額	輸出	輸入
1951	100.00	104.70	72.80	17.28	10.96	3.66	-4.70	10.20	14.89
1955	100.00	104.29	72.18	18.52	11.61	1.98	-4.29	8.21	12.50
1960	100.00	107.42	67.50	19.21	17.14	3.56	-7.42	11.34	18.76
1965	100.00	102.94	62.68	16.84	17.79	5.63	-2.94	18.97	21.91
1970	100.00	100.05	55.89	17.74	22.60	3.82	-0.05	29.71	29.75
1975	100.00	103.21	56.69	15.40	31.83	-0.71	-3.21	38.83	42.04
1980	100.00	101.17	51.06	15.97	31.02	3.12	-1.17	51.44	52.61
1985	100.00	87.09	49.64	16.58	20.90	-0.02	12.91	53.06	40.15
1990	100.00	95.83	52.26	18.08	24.81	0.68	4.17	45.09	40.92
1995	100.00	98.62	53.66	16.94	27.42	0.60	1.38	46.14	44.76
2000	100.00	98.01	55.13	15.69	26.30	0.89	1.99	51.91	49.92
2001	100.00	94.79	56.67	16.70	22.04	-0.62	5.21	48.66	43.45
2002	100.00	93.12	55.74	16.38	21.40	-0.41	6.88	50.81	43.93
2003	100.00	93.29	55.63	15.98	21.57	0.11	6.71	54.02	47.32
2004	100.00	96.55	55.72	15.47	24.50	0.86	3.45	59.94	56.49
2005	100.00	95.83	56.10	15.26	24.18	0.28	4.17	60.62	56.44
2006	100.00	94.24	54.96	14.67	24.23	0.38	5.76	65.79	60.03
2007	100.00	92.05	53.69	14.34	23.91	0.12	7.95	69.74	61.79
2008	100.00	94.81	55.21	15.14	23.16	1.30	5.19	70.19	65.00
2009	100.00	91.13	55.36	15.86	21.31	-1.40	8.87	60.39	51.51
2010	100.00	92.93	53.10	14.86	23.63	1.34	7.07	70.92	63.85
2011	100.00	93.27	54.49	15.15	23.39	0.25	6.73	72.80	66.08
2012	100.00	92.56	54.71	15.35	22.35	0.15	7.44	70.44	62.99
2013	100.00	90.94	54.16	14.72	22.18	-0.12	9.06	69.46	60.41
2014	100.00	89.70	53.31	14.54	21.68	0.17	10.30	69.85	59.55
2015	100.00	87.15	52.21	13.99	20.83	0.12	12.85	64.25	51.40
2016	100.00	87.68	52.60	14.34	20.90	-0.16	12.32	62.71	50.38
2017	100.00	87.25	52.94	14.07	20.48	-0.24	12.75	64.89	52.14
2018	100.00	89.50	53.64	14.54	21.04	0.28	10.50	66.78	56.28

注：因四捨五入關係，部分合計數容或不等於細項數字之和。

表 3-3 國內生產毛額依支出分－實質成長率

單位：%

	國內生產毛額	國內需求					國外需求		
		小計	民間消費	政府消費	固定資本形成	存貨變動	差額	輸出	輸入
1951	-	-	-	-	-	-	-	-	-
1955	7.72	-1.82	6.27	7.74	-12.46	-21.98	-25.26	28.07	-14.05
1960	7.20	12.66	5.41	1.45	19.32	79.63	7.84	13.70	9.72
1965	11.89	19.51	11.83	4.94	29.31	53.80	21.51	25.76	23.46
1970	11.51	15.73	10.20	7.73	18.34	66.39	16.04	29.87	22.84
1975	6.19	-5.56	4.88	13.82	19.26	-107.16	-12.09	-0.88	-6.09
1980	8.04	6.99	4.96	10.57	15.48	-33.73	5.17	8.87	7.60
1985	4.81	1.11	5.30	6.90	-3.65	-105.58	-39.77	2.18	-4.29
1990	5.65	9.34	9.13	13.41	8.80	-29.36	17.62	0.70	5.09
1995	6.50	6.11	3.75	13.52	7.41	-18.32	3.99	12.73	9.99
2000	6.42	5.49	5.24	0.62	8.50	22.57	7.58	18.00	14.85
2001	-1.26	-5.15	1.43	2.44	-17.43	-177.14	-30.00	-8.47	-14.57
2002	5.57	3.11	3.48	1.77	1.80	-39.17	-10.99	11.64	6.39
2003	4.12	2.46	2.86	-0.66	1.18	-127.52	-2.63	10.02	7.56
2004	6.51	7.26	5.26	1.13	13.91	582.79	26.56	15.73	17.64
2005	5.42	2.34	3.36	0.42	3.17	-61.19	-17.35	7.62	2.90
2006	5.62	1.41	1.79	-0.63	1.52	27.00	-32.80	11.38	4.66
2007	6.52	1.83	2.42	2.20	1.14	-60.32	-67.02	10.45	2.89
2008	0.70	-2.44	-1.69	1.54	-11.13	881.16	-149.32	0.55	-4.13
2009	-1.57	-4.51	0.01	3.22	-8.81	-216.06	289.61	-8.42	-13.22
2010	10.63	10.29	3.76	1.05	19.31	-201.64	-6.87	25.67	28.03
2011	3.80	0.57	3.12	1.95	-1.15	-81.71	92.80	4.20	-0.46
2012	2.06	0.63	1.82	2.16	-2.61	-47.05	21.91	0.41	-1.78
2013	2.20	2.03	2.34	-0.79	5.30	-354.47	4.26	3.50	3.40
2014	4.02	3.71	3.44	3.66	2.05	-162.93	7.38	5.86	5.67
2015	0.81	1.91	2.63	-0.10	1.64	-15.70	-11.66	-0.37	1.09
2016	1.51	2.14	2.37	3.60	2.36	-238.23	-8.34	1.92	3.08
2017	3.08	1.24	2.54	-0.63	-0.12	67.34	28.75	7.43	5.28
2018	2.63	3.21	1.99	3.66	2.47	-210.62	-6.25	3.75	4.98

表 3-4　國內生產毛額依支出分－對經濟成長率之貢獻

單位：百分點

	國內生產毛額	國內需求					國外需求		
		小計	民間消費	政府消費	固定資本形成	存貨變動	差額	輸出	輸入
1951	-	-	-	-	-	-	-	-	-
1955	7.72	3.83	4.65	1.39	-1.68	-0.53	3.89	1.81	-2.08
1960	7.20	7.49	3.70	0.30	3.31	0.19	-0.30	1.71	2.01
1965	11.89	11.26	7.38	0.86	4.52	-1.50	0.63	5.06	4.43
1970	11.51	9.82	5.87	1.38	4.23	-1.66	1.69	7.87	6.18
1975	6.19	3.47	2.64	1.91	5.62	-6.70	2.71	-0.38	-3.09
1980	8.04	7.30	2.50	1.60	4.44	-1.25	0.74	4.63	3.89
1985	4.81	1.72	2.60	1.11	-0.83	-1.17	3.09	1.19	-1.90
1990	5.65	7.46	4.72	2.23	2.17	-1.66	-1.82	0.34	2.16
1995	6.50	5.20	2.05	2.15	2.01	-1.01	1.30	5.36	4.07
2000	6.42	4.61	2.88	0.10	2.20	-0.57	1.81	8.35	6.54
2001	-1.26	-4.14	0.79	0.38	-4.58	-0.73	2.88	-4.40	-7.27
2002	5.57	2.69	1.97	0.30	0.40	0.02	2.89	5.66	2.77
2003	4.12	2.35	1.60	-0.11	0.25	0.61	1.77	5.09	3.32
2004	6.51	6.35	2.92	0.18	3.00	0.25	0.15	8.50	8.35
2005	5.42	2.48	1.87	0.06	0.78	-0.23	2.93	4.57	1.64
2006	5.62	1.36	1.01	-0.10	0.37	0.08	4.26	6.90	2.63
2007	6.52	1.38	1.33	0.32	0.28	-0.55	5.14	6.87	1.73
2008	0.70	-2.24	-0.91	0.22	-2.66	1.11	2.94	0.39	-2.55
2009	-1.57	-4.25	0.01	0.49	-2.04	-2.70	2.68	-5.91	-8.59
2010	10.63	9.56	2.08	0.17	4.12	3.20	1.07	15.50	14.44
2011	3.80	0.53	1.65	0.29	-0.27	-1.14	3.27	2.98	-0.29
2012	2.06	0.59	0.99	0.33	-0.61	-0.12	1.47	0.30	-1.18
2013	2.20	1.88	1.28	-0.12	1.18	-0.46	0.32	2.46	2.14
2014	4.02	3.37	1.86	0.54	0.46	0.52	0.65	4.07	3.42
2015	0.81	1.71	1.40	-0.02	0.36	-0.03	-0.91	-0.26	0.65
2016	1.51	1.86	1.23	0.50	0.49	-0.37	-0.35	1.24	1.59
2017	3.08	1.08	1.34	-0.09	-0.02	-0.14	2.00	4.66	2.66
2018	2.63	2.80	1.06	0.51	0.51	0.72	-0.16	2.43	2.60

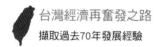

表 4-1　國內生產毛額依行業分－金額

單位：新台幣 10 億元

年別	國內生產毛額 (GDP)	農業	工業	製造業	服務業	批發及零售業	運輸及倉儲業	金融及保險業	公共行政及國防；強制性社會安全
1981	1,805	133	791	590	881	226	77	69	157
1985	2,536	145	1,134	890	1,255	309	117	96	218
1990	4,480	180	1,764	1,400	2,546	570	196	331	395
1995	7,397	243	2,495	1,896	4,668	1,062	316	549	619
2000	10,351	205	3,246	2,658	6,926	1,747	414	844	818
2001	10,158	189	2,983	2,446	6,986	1,701	413	826	843
2002	10,681	188	3,316	2,771	7,150	1,746	423	837	855
2003	10,966	184	3,543	3,007	7,306	1,789	411	814	885
2004	11,650	191	3,836	3,283	7,692	1,946	430	866	918
2005	12,092	196	3,920	3,372	8,028	2,079	417	908	944
2006	12,641	198	4,093	3,504	8,351	2,195	398	902	951
2007	13,407	192	4,363	3,765	8,680	2,310	412	944	947
2008	13,151	202	4,074	3,567	8,738	2,319	388	913	989
2009	12,962	215	4,035	3,423	8,557	2,223	363	798	994
2010	14,119	225	4,754	4,091	9,096	2,368	428	872	1,034
2011	14,312	246	4,725	4,102	9,341	2,444	398	915	1,054
2012	14,687	242	4,757	4,121	9,525	2,452	417	933	1,076
2013	15,231	256	5,074	4,360	9,835	2,574	423	973	1,063
2014	16,112	290	5,607	4,833	10,218	2,644	462	1,053	1,071
2015	16,771	282	5,895	5,047	10,535	2,729	507	1,094	1,068
2016	17,176	307	6,091	5,259	10,743	2,764	500	1,120	1,082
2017	17,501	310	6,236	5,444	11,003	2,845	533	1,172	1,085
2018	17,793	287	6,293	5,499	11,293	2,922	523	1,217	1,108

資料來源：行政院主計總處綜合統計處。

表 4-2　國內生產毛額依行業分－分配比

單位：%

年別	國內生產毛額（生產面）	農業	工業	製造業	服務業	批發及零售業	運輸及倉儲業	金融及保險業	公共行政及國防；強制性社會安全
1981	100.00	7.35	43.83	32.68	48.82	12.54	4.28	3.82	8.68
1985	100.00	5.71	44.75	35.13	49.54	12.18	4.63	3.79	8.62
1990	100.00	4.00	39.29	31.18	56.71	12.70	4.37	7.37	8.80
1995	100.00	3.29	33.69	25.60	63.03	14.34	4.26	7.41	8.36
2000	100.00	1.98	31.28	25.61	66.74	16.83	3.99	8.13	7.89
2001	100.00	1.86	29.37	24.08	68.78	16.74	4.07	8.13	8.30
2002	100.00	1.77	31.12	26.01	67.11	16.39	3.97	7.86	8.03
2003	100.00	1.66	32.11	27.26	66.22	16.21	3.72	7.37	8.02
2004	100.00	1.63	32.73	28.01	65.64	16.61	3.67	7.39	7.84
2005	100.00	1.61	32.28	27.77	66.11	17.12	3.43	7.48	7.77
2006	100.00	1.56	32.38	27.72	66.06	17.37	3.15	7.13	7.52
2007	100.00	1.45	32.96	28.44	65.59	17.45	3.11	7.13	7.16
2008	100.00	1.55	31.30	27.41	67.15	17.82	2.98	7.01	7.60
2009	100.00	1.68	31.50	26.73	66.82	17.36	2.84	6.23	7.76
2010	100.00	1.60	33.78	29.06	64.63	16.82	3.04	6.19	7.35
2011	100.00	1.72	33.02	28.66	65.27	17.07	2.78	6.39	7.37
2012	100.00	1.67	32.75	28.37	65.58	16.88	2.87	6.42	7.41
2013	100.00	1.69	33.46	28.75	64.85	16.97	2.79	6.41	7.01
2014	100.00	1.80	34.79	29.99	63.41	16.41	2.87	6.53	6.65
2015	100.00	1.69	35.27	30.20	63.04	16.33	3.03	6.54	6.39
2016	100.00	1.79	35.54	30.68	62.68	16.12	2.92	6.53	6.32
2017	100.00	1.77	35.53	31.02	62.70	16.21	3.04	6.68	6.18
2018	100.00	1.60	35.21	30.77	63.19	16.35	2.93	6.81	6.20

注：本表不含統計差異。

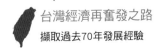

表 4-3　國內生產毛額依行業分－實質成長率

單位：%

年別	經濟成長率	農業	工業	製造業	服務業	批發及零售業	運輸及倉儲業	金融及保險業	公共行政及國防；強制性社會安全
1985	4.81	1.30	1.23	1.03	7.68	6.34	8.29	22.77	6.01
1990	5.65	0.93	-0.27	-1.68	9.77	9.41	4.04	12.05	9.99
1995	6.50	4.01	5.62	6.42	7.24	8.71	6.78	-1.74	7.45
2000	6.42	1.82	7.07	9.55	6.47	7.96	6.73	1.49	3.44
2001	-1.26	-4.79	-7.05	-6.88	0.58	1.19	-3.69	-3.59	1.06
2002	5.57	8.02	10.54	11.77	3.09	3.30	3.83	1.99	-0.31
2003	4.12	-1.13	9.06	10.87	2.93	2.77	0.92	1.35	2.37
2004	6.51	-5.12	10.01	10.51	5.18	6.60	6.29	7.55	0.99
2005	5.42	-3.91	7.63	8.44	4.05	6.69	2.59	4.58	1.39
2006	5.62	12.37	6.96	7.61	4.54	5.76	3.33	3.20	-0.13
2007	6.52	-0.02	11.07	12.92	4.62	5.89	4.96	7.20	-1.33
2008	0.70	0.02	-0.37	0.42	0.41	0.84	-1.15	-3.58	0.97
2009	-1.57	-2.60	-2.86	-2.51	-1.02	-1.88	-4.99	-7.49	0.82
2010	10.63	2.25	20.83	22.66	6.28	6.31	7.55	8.43	3.10
2011	3.80	4.52	5.98	6.79	3.07	3.74	2.10	4.22	0.03
2012	2.06	-3.20	3.29	3.72	1.27	1.10	1.83	1.09	0.70
2013	2.20	1.35	1.67	1.70	2.29	1.61	7.64	4.00	-0.65
2014	4.02	1.55	7.23	8.17	3.25	4.23	0.86	7.62	-0.24
2015	0.81	-8.42	-0.54	-0.27	1.24	0.35	-0.56	3.79	0.05
2016	1.51	-10.11	2.79	3.06	1.34	0.96	2.92	2.35	-0.07
2017	3.08	8.35	4.59	5.33	2.54	3.78	5.87	5.09	0.92
2018	2.63	2.27	3.34	3.43	2.57	3.42	4.77	3.42	0.92

表 4-4　國內生產毛額依行業分－對經濟成長率之貢獻

單位：百分點

年別	經濟成長率	農業	工業	製造業	服務業	批發及零售業	運輸及倉儲業	金融及保險業	公共行政及國防；強制性社會安全
1985	4.81	0.08	0.56	0.37	3.73	0.77	0.37	0.73	0.51
1990	5.65	0.04	-0.11	-0.54	5.33	1.13	0.18	0.85	0.81
1995	6.50	0.13	1.94	1.70	4.50	1.19	0.29	-0.14	0.62
2000	6.42	0.04	2.22	2.38	4.28	1.28	0.29	0.13	0.27
2001	-1.26	-0.09	-2.20	-1.76	0.38	0.20	-0.15	-0.29	0.08
2002	5.57	0.15	3.10	2.83	2.12	0.55	0.16	0.16	-0.03
2003	4.12	-0.02	2.84	2.83	1.95	0.45	0.04	0.11	0.19
2004	6.51	-0.09	3.21	2.87	3.44	1.07	0.23	0.56	0.08
2005	5.42	-0.06	2.49	2.36	2.66	1.11	0.10	0.34	0.11
2006	5.62	0.20	2.24	2.11	3.01	0.99	0.11	0.24	-0.01
2007	6.52	0.00	3.58	3.58	3.05	1.02	0.16	0.51	-0.10
2008	0.70	0.00	-0.13	0.12	0.28	0.15	-0.04	-0.26	0.07
2009	-1.57	-0.04	-0.89	-0.69	-0.69	-0.33	-0.15	-0.53	0.06
2010	10.63	0.04	6.56	6.06	4.19	1.10	0.21	0.53	0.24
2011	3.80	0.07	2.03	1.97	1.98	0.63	0.06	0.26	0.00
2012	2.06	-0.05	1.07	1.07	0.84	0.19	0.05	0.07	0.05
2013	2.20	0.02	0.55	0.48	1.50	0.27	0.22	0.26	-0.05
2014	4.02	0.03	2.40	2.35	2.12	0.72	0.02	0.49	-0.02
2015	0.81	-0.15	-0.21	-0.08	0.80	0.06	-0.02	0.25	0.00
2016	1.51	-0.17	0.99	0.92	0.84	0.16	0.09	0.15	0.00
2017	3.08	0.15	1.64	1.64	1.58	0.61	0.17	0.33	0.06
2018	2.63	0.04	1.20	1.08	1.60	0.55	0.14	0.23	0.06

注：本表不含統計差異。

表 5　國內生產與成本構成－金額

單位：新台幣 10 億元

年別	國內生產總額 a	中間消費 b	國內生產毛額 c=a-b	生產及進口稅淨額 d	固定資本消耗 e	國內要素所得 f=c-d-e	受僱人員報酬	營業盈餘
1981	4,521	2,716	1,805	234	182	1,389	877	512
1985	6,086	3,552	2,534	268	254	2,012	1,255	757
1990	9,821	5,331	4,490	437	423	3,629	2,292	1,338
1995	15,969	8,562	7,407	697	798	5,912	3,711	2,201
2000	21,640	11,263	10,378	662	1,248	8,468	4,914	3,554
2001	20,552	10,394	10,158	605	1,334	8,219	4,854	3,364
2002	21,739	11,085	10,654	654	1,392	8,608	4,869	3,739
2003	22,989	11,956	11,033	637	1,477	8,919	5,024	3,895
2004	25,879	14,160	11,719	694	1,623	9,401	5,268	4,133
2005	27,049	14,905	12,144	711	1,702	9,731	5,515	4,215
2006	29,013	16,372	12,641	707	1,835	10,099	5,768	4,331
2007	31,157	17,922	13,235	710	1,976	10,549	5,933	4,615
2008	31,541	18,528	13,013	669	2,166	10,178	6,026	4,152
2009	28,587	15,780	12,807	610	2,235	9,962	5,779	4,182
2010	33,931	19,856	14,075	728	2,310	11,036	6,165	4,871
2011	35,404	21,091	14,312	775	2,410	11,127	6,464	4,663
2012	35,400	20,875	14,525	775	2,486	11,264	6,611	4,653
2013	35,981	20,816	15,166	819	2,474	11,872	6,716	5,156
2014	37,700	21,586	16,114	877	2,566	12,671	7,059	5,612
2015	36,261	19,549	16,711	901	2,589	13,221	7,335	5,886
2016	36,103	18,963	17,140	957	2,674	13,510	7,512	5,998
2017	37,522	19,973	17,549	977	2,733	13,838	7,753	6,086

注：本表不含統計差異。
資料來源：行政院主計總處綜合統計處。

表 6　國內生產毛額與成本構成－分配比

單位：%

年別	國內生產毛額 a	生產及進口稅淨額 b	固定資本消耗 c	國內要素所得 d=a-b-c	受僱人員報酬	營業盈餘
1981	100.00	12.97	10.10	76.93	48.59	28.34
1985	100.00	10.59	10.01	79.39	49.53	29.86
1990	100.00	9.73	9.43	80.84	51.04	29.80
1995	100.00	9.41	10.78	79.82	50.11	29.71
2000	100.00	6.38	12.02	81.60	47.36	34.24
2001	100.00	5.96	13.14	80.91	47.79	33.12
2002	100.00	6.13	13.07	80.80	45.71	35.09
2003	100.00	5.77	13.38	80.84	45.53	35.31
2004	100.00	5.93	13.85	80.22	44.96	35.27
2005	100.00	5.86	14.02	80.13	45.42	34.71
2006	100.00	5.59	14.52	79.89	45.63	34.26
2007	100.00	5.36	14.93	79.70	44.83	34.87
2008	100.00	5.14	16.64	78.22	46.31	31.91
2009	100.00	4.76	17.45	77.79	45.13	32.66
2010	100.00	5.17	16.41	78.41	43.80	34.61
2011	100.00	5.42	16.84	77.75	45.16	32.58
2012	100.00	5.33	17.11	77.55	45.52	32.04
2013	100.00	5.40	16.31	78.28	44.29	34.00
2014	100.00	5.44	15.92	78.63	43.81	34.83
2015	100.00	5.39	15.50	79.12	43.89	35.22
2016	100.00	5.58	15.60	78.82	43.83	34.99
2017	100.00	5.57	15.57	78.86	44.18	34.68

表 7　重要產業附加價值率

單位：%

	全體經濟	農業	工業	製造業	電子零組件	電子零組件以外之製造業	服務業
1981	39.92	49.31	27.10	23.86	32.13	23.60	66.11
1985	41.63	47.40	29.25	26.36	30.72	26.19	65.93
1990	45.71	47.33	31.52	29.35	32.32	29.17	66.21
1995	46.38	48.45	28.94	26.58	30.42	26.19	68.19
2000	47.95	46.12	29.28	27.81	31.64	26.92	68.52
2001	49.43	44.09	29.77	28.39	30.09	28.01	69.14
2002	49.01	44.82	30.28	29.19	30.81	28.77	68.95
2003	47.99	43.06	29.51	28.54	33.48	27.20	69.22
2004	45.28	41.51	26.97	26.18	32.17	24.44	68.71
2005	44.90	42.64	26.35	25.68	31.32	23.96	68.56
2006	43.57	43.73	24.97	24.14	31.25	21.77	68.61
2007	42.48	41.66	24.38	23.73	30.66	21.47	67.82
2008	41.26	41.05	22.53	22.32	32.34	19.25	67.36
2009	44.80	44.72	26.04	25.24	32.77	22.76	67.85
2010	41.48	44.20	23.83	23.04	28.89	21.10	67.49
2011	40.43	43.80	22.51	21.91	29.25	19.84	67.42
2012	41.03	43.40	23.02	22.48	31.57	19.84	67.17
2013	42.15	44.85	24.41	23.72	33.89	20.54	67.24
2014	42.74	47.36	25.71	25.08	36.75	21.10	66.86
2015	46.09	47.82	29.32	28.52	38.64	24.84	67.66
2016	47.48	50.23	31.01	30.31	39.58	26.79	67.78
2017	46.77	50.08	30.18	29.73	40.36	25.70	67.75

資料來源：行政院主計總處綜合統計處。

表 8　重要產業固定資本形成毛額與淨額

單位：新台幣 10 億元

	全體經濟		製造業						製造業以外之產業	
					電子零組件		電子零組件以外之製造業			
	毛額	淨額	毛額	淨額	毛額	淨額	毛額	淨額	毛額	淨額
1981	513	331	150	82	—	—	—	—	363	249
1985	530	276	137	51	—	—	—	—	393	226
1990	1,111	688	291	143	—	—	—	—	821	545
1995	2,028	1,230	600	324	—	—	—	—	1,428	906
2000	2,723	1,475	1,135	649	486	304	648	345	1,588	826
2001	2,239	904	811	282	376	163	435	119	1,428	622
2002	2,286	894	840	285	393	154	446	130	1,446	609
2003	2,366	889	913	316	441	170	472	146	1,453	573
2004	2,854	1,231	1,265	600	716	395	548	205	1,589	630
2005	2,924	1,222	1,276	560	687	321	589	239	1,648	662
2006	3,063	1,228	1,420	638	812	390	608	248	1,643	591
2007	3,205	1,229	1,545	687	863	383	682	304	1,660	542
2008	3,045	880	1,359	409	726	183	633	226	1,686	471
2009	2,762	526	1,099	91	555	-31	544	122	1,662	435
2010	3,336	1,026	1,546	503	884	270	662	233	1,790	523
2011	3,347	937	1,505	404	830	172	675	232	1,842	533
2012	3,282	797	1,430	282	762	70	668	213	1,852	514
2013	3,379	905	1,513	375	855	167	658	208	1,866	530
2014	3,494	928	1,543	353	867	141	676	212	1,951	574
2015	3,493	904	1,574	368	902	160	672	208	1,919	536
2016	3,589	916	1,688	427	996	210	692	217	1,901	489
2017	3,584	851	1,619	327	948	134	671	193	1,965	525
2018	3,744	900	…	…	…	…	…	…	…	…

資料來源：行政院主計總處綜合統計處。

表 9　總人口按年齡分

| 年別 | 總人口（千人） | 各組年齡人數（千人） | | | 人口結構（%） | | | 扶養比 (%) | | 人口老化指數 |
		15 歲以下	15～64 歲	65 歲以上	15 歲以下	15～64 歲	65 歲以上	扶幼比	扶老比	
1951	7,869	3,312	4,364	193	42.09	55.45	2.46	75.90	4.43	5.84
1955	9,078	3,940	4,915	223	43.41	54.14	2.45	80.17	4.53	5.65
1960	10,792	4,904	5,620	268	45.44	52.07	2.48	87.27	4.77	5.46
1965	12,628	5,667	6,626	335	44.88	52.47	2.65	85.53	5.05	5.90
1970	14,676	5,821	8,426	428	39.66	57.42	2.92	69.08	5.08	7.36
1975	16,223	5,738	9,917	568	35.37	61.13	3.50	57.85	5.73	9.90
1980	17,866	5,739	11,361	766	32.12	63.59	4.29	50.52	6.74	13.35
1985	19,314	5,716	12,621	977	29.60	65.35	5.06	45.29	7.74	17.09
1990	20,401	5,525	13,607	1,269	27.08	66.70	6.22	40.61	9.32	22.96
1995	21,357	5,076	14,650	1,631	23.77	68.60	7.64	34.65	11.13	32.13
2000	22,277	4,703	15,652	1,921	21.11	70.26	8.62	30.05	12.27	40.85
2001	22,406	4,662	15,770	1,973	20.81	70.39	8.81	29.56	12.51	42.33
2002	22,521	4,599	15,891	2,031	20.42	70.56	9.02	28.94	12.78	44.17
2003	22,605	4,482	16,035	2,088	19.83	70.94	9.24	27.95	13.02	46.58
2004	22,689	4,387	16,152	2,150	19.34	71.19	9.48	27.16	13.31	49.02
2005	22,770	4,259	16,295	2,217	18.70	71.56	9.74	26.14	13.60	52.05
2006	22,877	4,146	16,444	2,287	18.12	71.88	10.00	25.21	13.91	55.17
2007	22,958	4,031	16,585	2,343	17.56	72.24	10.21	24.30	14.13	58.13
2008	23,037	3,905	16,730	2,402	16.95	72.62	10.43	23.34	14.36	61.51
2009	23,120	3,778	16,884	2,458	16.34	73.03	10.63	22.38	14.56	65.05
2010	23,162	3,624	17,050	2,488	15.65	73.61	10.74	21.26	14.59	68.64
2011	23,225	3,502	17,195	2,528	15.08	74.04	10.89	20.37	14.70	72.20
2012	23,316	3,412	17,304	2,600	14.63	74.22	11.15	19.72	15.03	76.21
2013	23,374	3,347	17,333	2,694	14.32	74.15	11.53	19.31	15.55	80.51
2014	23,434	3,277	17,348	2,809	13.99	74.03	11.99	18.89	16.19	85.70
2015	23,492	3,188	17,366	2,939	13.57	73.92	12.51	18.36	16.92	92.18
2016	23,540	3,142	17,292	3,106	13.35	73.46	13.20	18.17	17.96	98.86
2017	23,571	3,092	17,211	3,268	13.12	73.02	13.86	17.96	18.99	105.70
2018	23,589	3,048	17,107	3,434	12.92	72.52	14.56	17.82	20.07	112.64

注：1.1971(含) 年以前資料不包括金門縣及連江縣。
　　2. 幼年人口依賴比 (扶幼比)=(0-14 歲人口)/(15-64 歲人口)×100。
　　3. 老年人口依賴比 (扶老比)=(65 歲以上人口)/(15-64 歲人口)×100。
　　4. 老幼人口比 (老化指數)：為衡量一地區人口老化程度之指標，即老化指數 =(65 歲以上人口
　　　(0-14 歲人口)×100。
　　5. 扶養比：依賴人口對工作年齡人口扶養負擔的一種簡略測度，即扶養比 =(0-14 歲人口 +65 歲
　　　上人口)/(15-64 歲人口)×100。
資料來源：內政部戶政司 (https://www.ris.gov.tw/app/portal/346) 06 三階段人口及扶養比 (35)。

表 10　就業人口按教育程度分

年別	就業人數（千人）	各級就業人數（千人）			結構比 (%)		
		國中及以下	高中（職）	大專及以上	國中及以下	高中（職）	大專及以上
1951	2,893	-	-	-	-	-	-
1955	3,108	-	-	-	-	-	-
1960	3,473	-	-	-	-	-	-
1965	3,763	3,363	282	119	89.37	7.49	3.16
1970	4,576	3,929	472	176	85.86	10.31	3.85
1975	5,521	4,406	784	331	79.80	14.20	6.00
1980	6,547	4,588	1,279	681	70.07	19.53	10.41
1985	7,428	4,703	1,797	928	63.32	24.19	12.50
1990	8,283	4,456	2,473	1,354	53.79	29.86	16.35
1995	9,045	4,180	2,999	1,866	46.21	33.15	20.64
2000	9,491	3,520	3,375	2,596	37.09	35.56	27.35
2001	9,383	3,318	3,371	2,694	35.36	35.93	28.71
2002	9,454	3,179	3,424	2,851	33.62	36.22	30.16
2003	9,573	3,063	3,491	3,019	32.00	36.47	31.54
2004	9,786	2,975	3,592	3,220	30.40	36.70	32.90
2005	9,942	2,880	3,605	3,458	28.97	36.25	34.78
2006	10,111	2,770	3,631	3,711	27.40	35.91	36.70
2007	10,294	2,689	3,680	3,925	26.13	35.75	38.13
2008	10,403	2,560	3,667	4,176	24.61	35.25	40.14
2009	10,279	2,392	3,551	4,336	23.27	34.55	42.18
2010	10,493	2,361	3,583	4,549	22.50	34.15	43.36
2011	10,709	2,312	3,645	4,752	21.59	34.04	44.37
2012	10,860	2,268	3,674	4,917	20.89	33.83	45.28
2013	10,967	2,226	3,661	5,080	20.30	33.38	46.32
2014	11,079	2,124	3,675	5,280	19.17	33.17	47.66
2015	11,198	2,061	3,692	5,445	18.40	32.97	48.63
2016	11,267	2,009	3,688	5,571	17.83	32.73	49.44
2017	11,352	1,959	3,694	5,698	17.26	32.55	50.20
2018	11,434	1,913	3,706	5,814	16.73	32.42	50.85

資料來源：行政院主計總處、台灣地區勞動力各行業就業及失業人口資料銜接與調整說明。

表 11-1　就業人口按行業分－人數

單位：千人

年別	就業人數	行業別								
		農業	工業	製造業	服務業	批發及零售業	運輸及倉儲業	金融及保險業	住宿及餐飲業	教育業
1960	3,473	1,742	713	514	1,018	-	154	25	-	-
1965	3,763	1,748	839	612	1,176	-	179	40	-	-
1970	4,576	1,681	1,278	958	1,617	-	248	65	-	-
1975	5,521	1,681	1,927	1,518	1,913	-	314	88	-	-
1980	6,547	1,277	2,784	2,152	2,487	-	332	87	-	-
1985	7,428	1,297	3,088	2,501	3,044	-	385	121	-	-
1990	8,283	1,064	3,382	2,653	3,837	-	441	220	-	-
1995	9,045	954	3,504	2,449	4,587	-	469	311	-	-
2000	9,491	738	3,534	2,655	5,220	1,701	481	367	500	479
2001	9,383	706	3,432	2,594	5,245	1,679	421	373	532	484
2002	9,454	709	3,388	2,572	5,356	1,693	407	380	579	488
2003	9,573	696	3,398	2,600	5,480	1,698	414	378	590	514
2004	9,786	642	3,514	2,681	5,631	1,726	419	390	605	538
2005	9,942	590	3,619	2,732	5,733	1,726	412	406	634	556
2006	10,111	554	3,700	2,777	5,857	1,759	417	407	665	563
2007	10,294	543	3,788	2,842	5,962	1,782	415	404	681	588
2008	10,403	535	3,832	2,886	6,036	1,770	414	411	687	605
2009	10,279	543	3,684	2,790	6,051	1,735	402	413	693	613
2010	10,493	550	3,769	2,861	6,174	1,747	404	428	727	619
2011	10,709	542	3,892	2,949	6,275	1,763	411	428	728	629
2012	10,860	544	3,935	2,975	6,381	1,800	414	426	750	630
2013	10,967	544	3,965	2,988	6,458	1,817	425	422	775	634
2014	11,079	548	4,004	3,007	6,526	1,825	433	416	792	645
2015	11,198	555	4,035	3,024	6,609	1,842	437	420	813	650
2016	11,267	557	4,043	3,028	6,667	1,853	440	424	826	652
2017	11,352	557	4,063	3,045	6,732	1,875	443	429	832	652
2018	11,434	561	4,083	3,064	6,790	1,901	446	432	838	653

注：1. 1978-1998 年參照行業標準分類第六次修訂；1999-2000 年參照行業標準分類第七次修訂；
2. 2001-2011 年參照行業標準分類第八次修訂；2012-2016 年參照行業標準分類第九次修訂；
3. 2017 年後參照行業標準分類第十次修訂。
資料來源：行政院主計總處、台灣地區勞動力各行業就業及失業人口資料銜接與調整說明。

表 11-2　就業人口各行業之結構

單位：%

年別	就業人數	行業別								
		農業	工業	製造業	服務業	批發及零售業	運輸及倉儲業	金融及保險業	住宿及餐飲業	教育業
1960	100.00	50.16	20.53	14.80	29.31	-	4.43	0.72	-	-
1965	100.00	46.45	22.30	16.26	31.25	-	4.76	1.06	-	-
1970	100.00	36.74	27.93	20.94	35.34	-	5.42	1.42	-	-
1975	100.00	30.45	34.90	27.50	34.65	-	5.69	1.59	-	-
1980	100.00	19.50	42.52	32.87	37.98	-	5.07	1.33	-	-
1985	100.00	17.45	41.57	33.67	40.98	-	5.18	1.63	-	-
1990	100.00	12.85	40.83	32.03	46.32	-	5.33	2.66	-	-
1995	100.00	10.55	38.74	27.08	50.71	-	5.18	3.44	-	-
2000	100.00	7.78	37.23	27.97	54.99	17.92	5.07	3.87	5.27	5.05
2001	100.00	7.52	36.58	27.65	55.90	17.90	4.49	3.98	5.67	5.15
2002	100.00	7.50	35.84	27.20	56.66	17.90	4.30	4.02	6.12	5.16
2003	100.00	7.27	35.49	27.16	57.24	17.74	4.32	3.95	6.16	5.37
2004	100.00	6.56	35.90	27.40	57.54	17.64	4.29	3.99	6.18	5.50
2005	100.00	5.94	36.40	27.47	57.67	17.36	4.14	4.08	6.38	5.60
2006	100.00	5.48	36.59	27.46	57.92	17.39	4.12	4.03	6.58	5.57
2007	100.00	5.28	36.80	27.61	57.92	17.31	4.03	3.93	6.61	5.71
2008	100.00	5.14	36.84	27.74	58.02	17.01	3.98	3.95	6.60	5.81
2009	100.00	5.28	35.85	27.15	58.87	16.88	3.91	4.02	6.75	5.96
2010	100.00	5.24	35.92	27.27	58.84	16.65	3.85	4.08	6.93	5.90
2011	100.00	5.06	36.34	27.54	58.60	16.47	3.83	4.00	6.80	5.87
2012	100.00	5.01	36.23	27.39	58.75	16.58	3.82	3.92	6.90	5.80
2013	100.00	4.96	36.16	27.24	58.89	16.57	3.88	3.85	7.07	5.78
2014	100.00	4.95	36.14	27.14	58.91	16.47	3.90	3.76	7.15	5.82
2015	100.00	4.95	36.03	27.00	59.02	16.45	3.90	3.75	7.26	5.80
2016	100.00	4.95	35.88	26.87	59.17	16.45	3.90	3.77	7.33	5.79
2017	100.00	4.90	35.79	26.83	59.31	16.52	3.90	3.78	7.33	5.75
2018	100.00	4.90	35.71	26.80	59.38	16.62	3.90	3.78	7.33	5.71

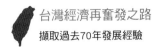
表 12　對外貿易海關進出口

單位：億美元

年別	進出口合計	出口	進口	入超或出超	年增率 %			占 GDP%	
					進出口合計	出口	進口	出口	進口
1952	3.04	1.16	1.87	-0.71	-	-	-	8.5	14.7
1955	3.24	1.23	2.01	-0.78	6.4	32.1	-4.9	6.4	10.4
1960	4.61	1.64	2.97	-1.33	18.6	4.5	28.2	9.4	17.0
1965	10.06	4.50	5.56	-1.06	16.8	3.9	29.9	15.7	19.4
1970	30.05	14.81	15.24	-0.43	32.9	41.2	25.7	25.6	26.4
1975	113	54	60	-6	-10.6	-5.8	-14.5	33.8	37.7
1980	396	199	198	1	28.0	22.9	33.5	46.9	46.8
1985	510	308	201	107	-3.1	0.8	-8.4	48.4	31.7
1990	1,222	674	548	126	2.9	1.5	4.7	40.4	32.9
1995	2,174	1,133	1,040	93	20.8	20.2	21.4	40.5	37.2
2000	2,927	1,519	1,407	112	24.6	22.8	26.6	45.7	42.4
2001	2,362	1,266	1,096	170	-19.3	-16.7	-22.1	42.0	36.4
2002	2,509	1,358	1,151	207	6.2	7.2	5.0	43.9	37.2
2003	2,816	1,513	1,302	211	12.2	11.5	13.1	47.5	40.9
2004	3,552	1,836	1,716	121	26.1	21.3	31.7	52.8	49.3
2005	3,852	1,998	1,854	143	8.4	8.8	8.1	53.2	49.3
2006	4,323	2,259	2,064	195	12.2	13.1	11.3	58.2	53.1
2007	4,719	2,488	2,231	257	9.2	10.1	8.1	60.9	54.7
2008	5,025	2,581	2,445	136	6.5	3.7	9.6	61.6	58.3
2009	3,833	2,057	1,776	281	-23.7	-20.3	-27.4	52.3	45.2
2010	5,343	2,780	2,563	217	39.4	35.2	44.3	62.2	57.3
2011	6,010	3,129	2,881	249	12.5	12.6	12.4	64.2	59.1
2012	5,837	3,064	2,773	291	-2.9	-2.1	-3.7	61.8	55.9
2013	5,894	3,114	2,780	334	1.0	1.6	0.2	60.6	54.1
2014	6,019	3,201	2,818	382	2.1	2.8	1.4	60.1	52.9
2015	5,226	2,853	2,372	481	-13.2	-10.9	-15.8	53.9	44.8
2016	5,109	2,803	2,306	498	-2.2	-1.8	-2.8	52.6	43.3
2017	5,765	3,172	2,593	580	12.8	13.2	12.4	55.2	45.1
2018	6,222	3,359	2,863	496	7.9	5.9	10.4	56.9	48.5

注：1. 由於統計方式變更，前後期統計範圍略有差異，1972 年以前出口及進口
　　　總數資料均以淨值（如出口毛額 - 復進口）表示，1973 年起改採毛值表
　　　示，2006 年起改採總值（如出口 + 復出口）表示，並資料回溯至 1971
　　　年，但 1999 年以前貨品別資料以毛值表示，1997 年以前國家別資料以
　　　毛值表示。
　　 2. 表中 1952-1970 年資料為淨值，1971-2018 年為總值。
資料來源：財政部統計處。

表 13-1　主要產品出口金額

單位：億美元

年別	合計	糖 HS code 17	化學品及塑、橡膠及其製品	紡織品、鞋帽及其他飾品	基本金屬及其製品	機械及電機設備			
							電子零組件	機械	資通與視聽產品
1952	1.16	0.69	0.05	0.01	0.01	0	-	0	-
1955	1.23	0.61	0.05	0.03	0.02	0	-	0	-
1960	1.64	0.72	0.10	0.23	0.07	0.01	-	0.01	-
1965	4.50	0.59	0.25	0.71	0.22	0.18	-	0.06	-
1970	14.81	0.49	0.65	4.70	0.94	2.31	-	0.48	-
1975	54	2.65	5.68	14.77	2.54	9.73	-	1.92	-
1980	199	2.28	26.16	44.80	12.58	43.44	-	7.45	-
1985	308	0.28	20	88	24	74	30	15	13
1990	674	0.26	57	144	52	231	77	58	50
1995	1,133	0.26	113	175	100	488	163	83	99
2000	1,519	0.36	132	162	136	855	338	100	198
2001	1,266	0.41	123	134	114	700	211	101	314
2002	1,358	0.20	137	128	126	749	234	116	312
2003	1,513	0.18	160	125	144	813	284	128	309
2004	1,836	0.21	207	132	184	958	374	154	316
2005	1,998	0.27	250	124	205	993	412	157	300
2006	2,259	0.26	274	123	240	1,130	525	166	299
2007	2,488	0.30	340	121	278	1,197	553	176	287
2008	2,581	0.26	373	114	283	1,160	553	180	258
2009	2,057	0.23	307	97	194	967	500	125	217
2010	2,780	0.33	419	118	260	1,340	691	186	312
2011	3,129	0.40	481	132	303	1,481	755	225	368
2012	3,064	0.43	456	123	282	1,428	752	225	316
2013	3,114	0.53	468	122	277	1,476	806	215	311
2014	3,201	0.59	465	121	291	1,581	902	229	310
2015	2,853	0.62	393	112	255	1,504	859	215	305
2016	2,803	0.60	371	103	245	1,542	928	211	302
2017	3,172	1.56	424	105	290	1,779	1,072	256	341
2018	3,359	2.24	474	105	316	1,850	1,108	274	353

注：1. 1980 年以前主要貨品分類以我國商品標準分類、SITC 為主，與現今分類不同。

2. 主要貨品內容自 2016 年起改編，資料僅回溯至 2001 年，其中原電子產品部分挪移至資通與視聽產品，並改為電子零組件，原機械內涵亦有所更動，表列 1985 至 2000 年資料為舊制資料，僅供參考。

3. 表中 1985-1999 年採毛值，2000-2018 年為總值，底下表 13-1、13-2 同。

資料來源：財政部統計處。

表 13-2　主要產品出口金額結構比

單位：億美元

年別	合計	糖 HS code 17	化學品及塑、橡膠及其製品	紡織品、鞋帽及其他飾品	基本金屬及其製品	機械及電機設備			
							電子零組件	機械	資通與視聽產品
1952	100.0	59.5	4.3	0.9	0.9	0	0	0	0
1955	100.0	49.6	4.1	2.4	1.6	0	0	0	0
1960	100.0	43.9	6.1	14.0	4.3	0.6	-	0.6	-
1965	100.0	13.1	5.6	15.8	4.9	4.0	-	1.3	-
1970	100.0	3.3	4.4	31.7	6.3	15.6	-	3.2	-
1975	100.0	4.9	10.5	27.4	4.7	18.0	-	3.6	-
1980	100.0	1.4	13.2	22.5	6.3	21.8	-	3.7	-
1985	100.0	0.09	6.5	28.4	7.6	24.1	9.9	4.8	4.3
1990	100.0	0.038	8.5	21.4	7.7	34.3	11.5	8.6	7.5
1995	100.0	0.023	10.0	15.4	8.8	43.1	14.3	7.4	8.7
2000	100.0	0.024	8.7	10.7	8.9	56.3	22.2	6.6	13.0
2001	100.0	0.032	9.7	10.6	9.0	55.3	16.6	8.0	24.8
2002	100.0	0.015	10.1	9.4	9.3	55.2	17.2	8.5	23.0
2003	100.0	0.012	10.5	8.3	9.5	53.7	18.8	8.5	20.4
2004	100.0	0.011	11.3	7.2	10.0	52.2	20.4	8.4	17.2
2005	100.0	0.013	12.5	6.2	10.2	49.7	20.6	7.9	15.0
2006	100.0	0.012	12.1	5.4	10.6	50.0	23.2	7.3	13.2
2007	100.0	0.012	13.7	4.9	11.2	48.1	22.2	7.1	11.6
2008	100.0	0.010	14.4	4.4	11.0	45.0	21.4	7.0	10.0
2009	100.0	0.011	14.9	4.7	9.4	47.0	24.3	6.1	10.5
2010	100.0	0.012	15.1	4.2	9.4	48.2	24.9	6.7	11.2
2011	100.0	0.013	15.4	4.2	9.7	47.3	24.1	7.2	11.7
2012	100.0	0.014	14.9	4.0	9.2	46.6	24.5	7.3	10.3
2013	100.0	0.017	15.0	3.9	8.9	47.4	25.9	6.9	10.0
2014	100.0	0.018	14.5	3.8	9.1	49.4	28.2	7.2	9.7
2015	100.0	0.022	13.8	3.9	8.9	52.7	30.1	7.5	10.7
2016	100.0	0.021	13.2	3.7	8.8	55.0	33.1	7.5	10.8
2017	100.0	0.049	13.3	3.3	9.2	56.1	33.8	8.1	10.8
2018	100.0	0.067	14.1	3.1	9.4	55.1	33.0	8.2	10.5

表 14-1　主要產品進口金額

單位：億美元

| 年別 | 合計 | 原油 | 化學品及塑、橡膠及其製品 | 基本金屬及其製品 | 運輸工具 | 精密儀器 | 機械及電機設備 | | | 資通與視聽產品 |
								電子零組件	機械	
1952	1.87	0	0.50	0.04	0.06	-	-	-	0.11	-
1955	2.01	0	0.39	0.14	0.06	-	-	-	0.18	-
1960	2.97	0.19	0.55	0.28	0.19	-	-	-	0.46	-
1965	5.56	0.13	0.85	0.66	0.58	-	-	-	0.69	-
1970	15.24	0.48	19.0	1.18	1.63	-	-	-	2.02	-
1975	59.52	6.24	8.24	3.94	3.15	-	-	-	9.62	-
1980	197.33	41.04	17.81	13.42	7.34	-	-	-	23.95	-
1985	201	33	25	16	11	-	45	15	17	4
1990	548	32	72	60	39	-	164	58	54	17
1995	1,040	38	144	129	60	-	357	168	103	23
2000	1,407	81	167	111	47	-	664	274	171	113
2001	1,096	68	138	79	53	34	483	197	112	111
2002	1,151	68	153	93	46	35	509	220	104	115
2003	1,302	96	179	114	51	40	539	240	123	103
2004	1,716	131	235	186	65	59	674	290	184	105
2005	1,854	182	261	189	81	53	695	310	181	109
2006	2,064	236	293	233	66	56	735	347	187	103
2007	2,231	245	320	269	67	60	740	339	185	111
2008	2,445	331	344	292	55	48	720	328	187	106
2009	1,776	197	267	153	50	40	604	291	156	89
2010	2,563	255	387	245	76	64	885	398	275	116
2011	2,881	304	445	273	88	65	919	412	263	134
2012	2,773	356	400	233	92	66	841	381	230	131
2013	2,780	336	402	220	93	66	868	387	247	142
2014	2,818	322	395	234	109	76	886	409	242	144
2015	2,372	161	336	192	118	71	841	383	240	133
2016	2,306	129	326	168	113	77	920	420	286	131
2017	2,593	169	362	205	118	80	1,019	495	280	156
2018	2,863	233	393	225	120	88	1,107	571	280	156

注：本表情形與表 12 類同，惟原精密儀器與現行資料內容差距頗大，不適列同時間數列參考。

表 14-2　主要產品進口金額結構比

單位：%

年別	合計	原油	化學品及塑、橡膠及其製品	基本金屬及其製品	運輸工具	精密儀器	機械及電機設備	電子零組件	機械	資通與視聽產品
1952	100.0	0	26.7	2.1	3.2	-	-	-	5.9	-
1955	100.0	0	19.4	7.0	3.0	-	-	-	9.0	-
1960	100.0	6.4	18.5	9.4	6.4	-	-	-	15.5	-
1965	100.0	2.3	15.3	11.9	10.4	-	-	-	12.4	-
1970	100.0	3.1	12.5	7.7	10.7	-	-	-	13.3	-
1975	100.0	10.5	13.8	6.6	5.3	-	-	-	16.2	-
1980	100.0	20.8	9.0	6.8	3.7	-	-	-	12.1	-
1985	100.0	16.6	12.4	8.1	5.7	-	22.2	7.4	8.4	2.1
1990	100.0	5.8	13.2	10.9	7.1	-	29.9	10.5	9.8	3.2
1995	100.0	3.6	13.9	12.4	5.8	-	34.3	16.2	9.9	2.2
2000	100.0	5.7	11.9	7.9	3.4	-	47.2	19.5	12.1	8.1
2001	100.0	6.2	12.6	7.2	4.8	3.1	44.0	18.0	10.2	10.2
2002	100.0	5.9	13.3	8.1	4.0	3.1	44.2	19.1	9.0	10.0
2003	100.0	7.4	13.7	8.8	3.9	3.1	41.3	18.4	9.4	7.9
2004	100.0	7.7	13.7	10.8	3.8	3.4	39.3	16.9	10.7	6.1
2005	100.0	9.8	14.1	10.2	4.3	2.8	37.5	16.7	9.8	5.9
2006	100.0	11.4	14.2	11.3	3.2	2.7	35.6	16.8	9.1	5.0
2007	100.0	11.0	14.3	12.0	3.0	2.7	33.2	15.2	8.3	5.0
2008	100.0	13.5	14.1	11.9	2.3	2.0	29.4	13.4	7.7	4.3
2009	100.0	11.1	15.0	8.6	2.8	2.3	34.0	16.4	8.8	5.0
2010	100.0	10.0	15.1	9.6	3.0	2.5	34.5	15.5	10.7	4.5
2011	100.0	10.5	15.4	9.5	3.0	2.3	31.9	14.3	9.1	4.7
2012	100.0	12.9	14.4	8.4	3.3	2.4	30.3	13.7	8.3	4.7
2013	100.0	12.1	14.4	7.9	3.3	2.4	31.2	13.9	8.9	5.1
2014	100.0	11.4	14.0	8.3	3.9	2.7	31.4	14.5	8.6	5.1
2015	100.0	6.8	14.2	8.1	5.0	3.0	35.5	16.2	10.1	5.6
2016	100.0	5.6	14.1	7.3	4.9	3.4	39.9	18.2	12.4	5.7
2017	100.0	6.5	14.0	7.9	4.5	3.1	39.3	19.1	10.8	6.0
2018	100.0	8.1	13.7	7.8	4.2	3.1	38.6	19.9	9.8	5.4

注：本表情形與表 12 類同，惟原精密儀器與現行資料內容差距頗大，不適列同時
　　間數列參考。

表 15-1　主要進出口地區金額

單位：億美元

年別	日本 出口	日本 進口	日本 出(入)超	美國 出口	美國 進口	美國 出(入)超	中國大陸與香港 出口	中國大陸與香港 進口	中國大陸與香港 出(入)超	歐洲 出口	歐洲 進口	歐洲 出(入)超	亞洲(日本、中國大陸與香港除外) 出口	亞洲(日本、中國大陸與香港除外) 進口	亞洲(日本、中國大陸與香港除外) 出(入)超
1952	0.61	0.58	0.03	0.04	0.29	-0.25	0.09	0.17	-0.08	0.06	0.12	-0.06	0.29	0.06	0.24
1955	0.73	0.61	0.12	0.05	0.96	-0.90	0.07	0.03	0.04	0.07	0.14	-0.07	0.30	0.21	0.09
1960	0.62	1.05	-0.43	0.19	1.13	-0.94	0.21	0.05	0.16	0.10	0.33	-0.23	0.47	0.31	0.16
1965	1.38	2.21	-0.84	0.96	1.76	-0.81	0.28	0.06	0.22	0.46	0.47	-0.01	1.09	0.57	0.52
1970	2.16	6.53	-4.37	5.64	3.64	2.00	1.36	0.27	1.09	1.49	1.48	0.01	2.09	1.33	0.76
1975	6.94	18.12	-11.18	18.23	16.52	1.71	3.63	0.75	2.88	7.98	7.55	0.43	6.57	4.80	1.77
1980	21.73	53.53	-31.80	67.60	46.73	20.87	15.51	2.50	13.01	31.21	18.61	12.60	19.57	17.64	1.93
1985	34.61	55.49	-20.88	147.73	47.46	100.27	25.40	3.20	22.20	29.97	24.54	5.43	23.56	18.75	4.81
1990	83.38	159.98	-76.61	217.46	126.12	91.34	85.56	14.46	71.10	122.33	95.86	26.48	87.99	64.06	23.93
1995	131.57	302.66	-171.09	264.07	207.71	56.36	264.82	49.34	215.48	157.25	187.01	-29.76	190.27	160.01	30.25
2000	168.87	386.22	-217.35	355.88	252.70	103.19	371.33	85.94	285.40	239.04	190.90	48.14	251.11	316.79	-65.69
2001	130.33	261.05	-130.72	281.28	190.91	90.37	338.10	78.33	259.77	199.89	151.68	48.21	206.41	242.41	-36.01
2002	123.95	276.10	-152.15	273.75	190.24	83.51	437.39	97.95	339.45	188.08	148.51	39.57	223.30	259.16	-35.86
2003	124.79	331.02	-206.23	265.77	177.95	87.83	541.92	128.36	413.56	207.65	164.59	43.06	250.18	279.87	-29.69
2004	139.53	443.24	-303.70	288.15	226.19	61.96	697.91	190.01	507.90	238.20	215.20	23.00	324.26	342.71	-18.45
2005	152.49	466.85	-314.36	291.65	218.86	72.79	782.76	220.63	562.14	236.42	221.42	14.99	365.98	367.10	-1.13
2006	165.09	468.49	-303.40	324.75	238.39	86.35	900.46	266.04	634.42	261.51	219.18	42.33	417.18	445.62	-28.44
2007	161.67	467.10	-305.43	321.65	276.42	45.23	1,012.03	298.57	713.46	287.51	239.96	47.55	485.75	466.05	19.70
2008	178.57	470.88	-292.31	309.81	275.93	33.88	1,005.71	329.32	676.38	300.24	240.32	50.42	529.14	469.20	59.94
2009	146.32	367.51	-221.20	237.07	192.01	45.06	846.40	256.02	590.38	227.26	197.76	29.49	423.32	378.20	45.13
2010	186.45	529.10	-342.66	316.75	267.99	48.76	1,162.20	378.22	783.98	295.46	269.34	26.12	586.92	547.29	39.63
2011	192.42	531.49	-339.06	365.58	277.67	87.91	1,259.71	456.81	802.90	314.27	307.75	6.52	714.84	621.02	93.81
2012	196.24	483.42	-287.18	332.24	257.01	75.23	1,211.61	440.16	771.45	288.97	295.07	-6.10	748.82	572.66	176.16
2013	193.91	436.90	-242.99	326.30	284.10	42.20	1,253.05	449.31	803.75	279.06	310.12	-31.06	771.90	595.69	176.21
2014	201.42	419.84	-218.42	351.14	300.36	50.78	1,285.34	509.89	775.44	291.22	320.45	-29.23	788.96	608.43	180.53
2015	195.92	388.65	-192.73	345.43	291.96	53.47	1,125.40	467.34	658.06	259.64	284.99	-25.35	695.45	508.50	186.96
2016	195.51	406.22	-210.71	335.23	285.97	49.26	1,122.77	453.21	669.55	262.21	289.24	-27.04	688.81	522.76	166.05
2017	207.82	419.43	-211.61	369.42	302.37	67.05	1,302.13	515.55	786.58	291.55	314.23	-22.68	787.17	600.75	186.42
2018	230.82	441.36	-210.54	396.93	347.16	49.78	1,383.47	551.93	831.54	315.70	345.77	-30.06	804.67	687.53	117.14

注：表中 1952-1980 年採淨值，1981-1997 年採毛值，1998-2018 年採總值。

表 15-2　主要進出口地區結構比

單位：%

年別	各進口地區占總進口比重					各出口地區占總出口比重				
	日本	美國	中國大陸與香港	歐洲	亞洲	日本	美國	中國大陸與香港	歐洲	亞洲
1952	31.20	15.52	8.97	6.56	3.03	52.57	3.49	7.71	5.26	25.18
1955	30.46	47.53	1.51	6.96	10.22	59.48	4.38	5.50	5.44	24.01
1960	35.33	38.11	1.59	11.21	10.45	37.67	11.50	12.60	6.00	28.80
1965	39.80	31.72	1.04	8.54	10.22	30.60	21.28	6.21	10.33	24.23
1970	42.83	23.87	1.79	9.72	8.75	14.56	38.08	9.17	10.08	14.11
1975	30.40	27.71	1.25	12.66	8.05	13.08	34.33	6.84	15.03	12.38
1980	27.09	23.65	1.26	9.42	8.93	10.97	34.12	7.83	15.76	9.88
1985	27.55	23.57	1.59	12.18	9.31	11.26	48.08	8.27	9.75	7.67
1990	29.20	23.02	2.64	17.50	11.69	12.40	32.35	12.73	18.20	13.09
1995	29.10	19.97	4.74	17.98	15.38	11.78	23.65	23.72	14.08	17.04
2000	27.44	17.96	6.11	13.56	22.51	11.11	23.42	24.44	15.73	16.53
2001	23.82	17.42	7.15	13.84	22.12	10.29	22.22	26.70	15.79	16.30
2002	23.98	16.53	8.51	12.90	22.51	9.13	20.16	32.21	13.85	16.45
2003	25.41	13.66	9.86	12.64	21.49	8.25	17.56	35.81	13.72	16.53
2004	25.84	13.18	11.08	12.54	19.98	7.60	15.69	38.00	12.97	17.66
2005	25.18	11.80	11.90	11.94	19.80	7.63	14.60	39.19	11.83	18.32
2006	22.69	11.55	12.89	10.62	21.59	7.31	14.38	39.86	11.58	18.47
2007	20.94	12.39	13.38	10.75	20.89	6.50	12.93	40.68	11.56	19.52
2008	19.26	11.29	13.47	10.22	19.19	6.92	12.01	38.97	11.63	20.51
2009	20.69	10.81	14.42	11.14	21.30	7.11	11.53	41.15	11.05	20.58
2010	20.65	10.46	14.76	10.51	21.36	6.71	11.39	41.80	10.63	21.11
2011	18.45	9.64	15.86	10.68	21.56	6.15	11.68	40.26	10.04	22.84
2012	17.43	9.27	15.87	10.64	20.65	6.40	10.84	39.54	9.43	24.44
2013	15.72	10.22	16.16	11.16	21.43	6.23	10.48	40.24	8.96	24.79
2014	14.90	10.66	18.09	11.37	21.59	6.29	10.97	40.16	9.10	24.65
2015	16.38	12.31	19.70	12.01	21.44	6.87	12.11	39.44	9.10	24.37
2016	17.62	12.40	19.66	12.54	22.67	6.97	11.96	40.05	9.35	24.57
2017	16.18	11.66	19.88	12.12	23.17	6.55	11.64	41.04	9.19	24.81
2018	15.41	12.12	19.28	12.08	24.01	6.87	11.82	41.19	9.40	23.95

註：亞洲不包括日本、中國大陸與香港。

國家圖書館出版品預行編目 (CIP) 資料

台灣經濟再奮發之路：擷取過去 70 年發展經驗
／葉萬安著 . – 第三版 . – 臺北市：遠見天下文化，
2020.11
384 面；14.8×21 公分 . -- （財經企管；BCB715）

ISBN 978-986-5535-93-3（平裝）

1. 臺灣經濟 2. 經濟政策 3. 經濟自由化

552.33   109016054

財經企管 BCB715

台灣經濟再奮發之路：
擷取過去 70 年發展經驗

作者——葉萬安

總編輯——吳佩穎
書系主編——蘇鵬元
責任編輯——鄭佳美（第一版）、蘇鵬元
封面設計——張議文

出版人——遠見天下文化出版股份有限公司
創辦人——高希均、王力行
遠見・天下文化・事業群　董事長——高希均
事業群發行人／CEO——王力行
天下文化社長——林天來
天下文化總經理——林芳燕
國際事務開發部兼版權中心總監——潘欣
法律顧問——理律法律事務所陳長文律師
著作權顧問——魏啟翔律師
社址——臺北市 104 松江路 93 巷 1 號
讀者服務專線——02-2662-0012 ｜傳真——02-2662-0007；02-2662-0009
電子郵件信箱——cwpc@cwgv.com.tw
直接郵撥帳號——1326703-6 號　遠見天下文化出版股份有限公司

電腦排版——極翔企業有限公司
製版廠——中原造像股份有限公司
印刷廠——中原造像股份有限公司
裝訂廠——中原造像股份有限公司
登記證——局版台業字第 2517 號
總經銷——大和書報圖書股份有限公司 ｜ 電話——02-8990-2588
出版日期——2020 年 11 月 4 日第三版第一次印行

定價——500 元
ISBN——978-986-5535-93-3
書號——BCB715
天下文化官網——bookzone.cwgv.com.tw

天下文化
BELIEVE IN READING